U0579049

权威·前沿·原创

皮书系列为

“十二五”“十三五”“十四五”时期国家重点出版物出版专项规划项目

BLUE BOOK

智库成果出版与传播平台

水利风景区蓝皮书

BLUE BOOK OF WATER PARK

中国水利风景区发展报告（2023）

DEVELOPMENT REPORT OF WATER PARK IN CHINA (2023)

主　编／李仰智　曹淑敏

副主编／董　青　李　虎　汤勇生

　　　　李灵军　卢玫珺

社会科学文献出版社

SOCIAL SCIENCES ACADEMIC PRESS (CHINA)

图书在版编目(CIP)数据

中国水利风景区发展报告.2023／李仰智，曹淑敏主编；董青等副主编.--北京：社会科学文献出版社，2024.2

（水利风景区蓝皮书）

ISBN 978-7-5228-2812-1

Ⅰ.①中…　Ⅱ.①李…②曹…③董…　Ⅲ.①水利建设-风景区-研究报告-中国-2023　Ⅳ.①K928.7

中国国家版本馆CIP数据核字（2023）第217974号

水利风景区蓝皮书

中国水利风景区发展报告（2023）

主　　编／李仰智　曹淑敏
副 主 编／董　青　李　虎　汤勇生　李灵军　卢玫珺

出 版 人／冀祥德
责任编辑／张建中
责任印制／王京美

出　　版／社会科学文献出版社·政法传媒分社（010）59367126
　　　　　地址：北京市北三环中路甲29号院华龙大厦　邮编：100029
　　　　　网址：www.ssap.com.cn
发　　行／社会科学文献出版社（010）59367028
印　　装／天津千鹤文化传播有限公司

规　　格／开 本：787mm×1092mm　1/16
　　　　　印 张：17.5　字 数：259千字
版　　次／2024年2月第1版　2024年2月第1次印刷
书　　号／ISBN 978-7-5228-2812-1
定　　价／138.00元

读者服务电话：4008918866

《中国水利风景区发展报告（2023）》
编　委　会

主编简介

李仰智 男，汉族，1973 年 3 月生，河南民权人，中共党员，博士，二级教授，博士生导师，享受国务院政府特殊津贴专家，全国文化名家暨“四个一批”人才，国家“百千万人才工程”国家级人选，国家有突出贡献中青年专家，华北水利水电大学副校长。长期从事中国语言文学、文化教育管理、思想政治教育。主持完成国家社会科学基金项目 3 项，省部级重大、重点、委托、一般课题 15 项。出版著作 5 部、论文 60 余篇，其中，16 篇（次）论文被《新华文摘》《中国社会科学文摘》等转载或摘编。先后获中国文联文艺评论优秀成果奖 2 项，河南社会科学优秀成果一等奖 1 项，广西社会科学优秀成果一等奖 3 项、二等奖 4 项，广西文艺创作“铜鼓奖”（文艺理论）2 项。

曹淑敏 女，满族，1963 年 11 月生，河北省涞水县人，中共党员，水利部水利风景区建设与管理领导小组办公室副主任，水利部综合事业局总工程师，教授级高级工程师，中国水利学会科普工作委员会副主任，国际水资源学会中国委员会常务理事。长期从事水资源管理、水利风景区管理、水利规划与计划、科技项目管理工作，出版专著 10 本，发表论文 7 篇，主持完成公益性科研项目 3 项、政策研究与财政专项项目几十项，获得大禹水利科学技术奖一等奖 1 项、大禹水利科学技术奖三等奖 1 项、甘肃省水利科技进步奖一等奖 1 项。

副主编简介

董　青　女，1977 年 2 月生，湖北武汉人，中共党员，博士，正高级工程师，硕士生导师，水利部综合事业局景区规划建设处处长。长期从事水利风景区管理、财政项目管理、水生态环境保护、水利专业规划编制、标准制修订等工作，负责完成 10 余项规章制度和技术标准的编制，主持完成 20 余项规划、专题研究、专项调查等项目，发表学术论文、调研报告 10 余篇，出版学术著作 10 余部，获水利部综合事业局昆仑科技奖和管理奖 9 次。

李　虎　男，汉族，1972 年 11 月生，河南濮阳人，中共党员，博士，正高级工程师，国家一级注册建筑师，华北水利水电大学建筑学院院长、博士生导师。长期从事大跨度建筑、人居环境设计理论与实践研究。在国内外期刊发表论文 10 余篇，出版学术著作 1 部，完成国家级、省级及其他工程项目 30 余项，水利风景区相关理论研究的省部级科研项目 10 余项，获河南省科技进步二等奖、三等奖各 1 项。

汤勇生　男，1980 年 8 月生，江西鄱阳人，中共党员，高级工程师，水利部综合事业局景区监督事务处处长，从事水利风景区建设与管理工作及相关研究。

李灵军　男，1982 年 9 月生，江西南昌人，中共党员，正高级工程师，硕士生导师，水利部综合事业局首批青年科技英才，水利部综合事业局景区规划建设处副处长。长期从事水利风景区管理、财政项目管理、水利专业规划编制和标准制修订等工作，负责完成10余项规划、规章制度和技术标准的编制，主持完成公益性科研项目1项，发表论文10余篇，出版学术著作10余部，获大禹水利科学技术奖二等奖1次、北京水利学会科学技术奖一等奖1次、水利部综合事业局昆仑科技奖7次。

卢玫珺 女，汉族，1970年8月生，河南漯河人，教授，华北水利水电大学建筑学院硕士生导师，长期从事人居环境设计理论与实践研究。在国内外期刊发表论文40余篇，主编或参编学术著作4部；主持或主要参与人居环境相关理论研究的国家自然科学基金、国家社会科学基金及水利风景区相关省部级科研项目10余项，获河南省科技进步二等奖1项，获河南省教学成果一等奖、二等奖各1项。

前　言

《中国水利风景区发展报告（2023）》以习近平生态文明思想为指导，围绕新阶段水利事业高质量发展的目标任务，在编委会的组织下，由以科研院校专家学者为主体的第三方研究团队编制。2022 年是党的二十大召开之年，也是实施“十四五”规划、全面建设社会主义现代化国家的重要一年。《“十四五”水安全保障规划》《“十四五”水文化建设规划》《“十四五”水利科技创新规划》等专项规划，都明确了水利风景区相关工作任务。本书通过客观分析我国水利风景区发展态势，全面反映水利风景区发展成效，从理论上开展创新探索分析，力求多方位反映 2022 年发展情况，多角度总结发展经验，多层面分析发展形势，并提出发展建议，为水利风景区高质量发展提供理论支撑与实践经验。

《中国水利风景区发展报告》前八部的出版发行在社会公众中产生了积极广泛的影响，已经成为社会各界了解中国水利风景区建设与发展状况的重要载体、各级党委和政府进行决策的重要参考、行业管理者与业内人士开展工作的基础依据。《中国水利风景区发展报告（2023）》框架结构与《中国水利风景区发展报告（2022）》总体保持一致，编写工作历时一年。为了能够客观反映和分析水利风景区发展状况，研究团队于 2022 年初成立了编写组、技术咨询组和编审组，在大量的实地调研、资料收集、理论研讨的基础上，历经多次编撰修改、会审统审，得以成稿。每个环节，专家倾注心血、真诚奉献，李仰智、曹淑敏、李虎、董青、汤勇生、卢玫珺、李灵军共同制定了书稿整体思路与框架结构，李虎、卢玫珺、董青、汤勇生、李灵军、陈岭、张俊峰、宋鑫、宋海静、吴亦宁、卢素英、刘琪、韩鹏、朱伟利、范永明、王红炎做了统稿修改，总报告部分由卢玫珺、李灵军、陈岭、张俊峰、宋鑫、宋海静、韩鹏等共同完成编写，吴亦宁、关业祥、董青、谭佩君、赵敏、韩凌杰、邱颖、李军霖、赵朋、吴兆丹、于小迪、王欣苗、廖梦均、谢祥财、吴殿廷、刘林松、温乐平、卢漫、孔莉莉、冯晓、夏炎、吴慧、相征、杨烁、万云江、刘凌燕、杨伟、郑丹颖、张俊峰、宋鑫、范永明、卢素英、刘琪、王红炎、曾恒、黄诗颖、何钰雯、张世昌等参与了本书其他部分的编写工作。

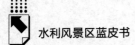

《中国水利风景区发展报告（2023）》是专家学者辛勤劳动和智慧的结晶，得到水利部领导及专家，相关基层党委、政府和水利风景区各级管理单位的关注、关心和帮助，得到江西、浙江丽水市、陕西、湖北、黑龙江、河北等省（市）水利风景区管理部门和兰考黄河、吴江区太湖浦江源、襄阳市三道河水镜湖、浦东新区滴水湖、宜昌百里荒和舞钢市石漫滩水库等水利风景区管理单位的支持与协助，社会科学文献出版社政法传媒分社社长曹义恒、编辑张建中对本书的出版给予指导，在此一并表示感谢。由于时间和调研等方面的局限，本书难免存在不足之处，我们将会在今后的工作中改进和完善。

《中国水利风景区发展报告（2023）》编委会

2023年4月

摘　要

2022年是实施“十四五”规划的重要一年，《“十四五”水安全保障规划》《“十四五”水文化建设规划》《“十四五”水利科技创新规划》等专项规划，都明确了水利风景区相关工作任务。本书以2022年中国水利风景区发展的基本情况和开展的主要工作为研究对象，总结了各级水利部门在制度建设、规划实施、监督管理、交流宣传、人才培养、平台建设等方面，深入推进水利风景区高质量发展所开展的主要工作，水利风景区在生态、经济、社会和文化等方面取得较大提升。2022年，各级水利部门适应新时代发展要求，在建立景区激励机制、破解景区建设资金难题、优化融合发展路径、挖掘文化内涵、擦亮品牌建设等方面积累了发展经验。围绕全面推进水利基础设施建设、复苏河湖生态环境、推进文化自信自强、加快数字中国建设等发展形势，提出新阶段水利风景区发展应积极响应国家战略，依托水利资源优势，发挥水利行业综合服务功能，加强文化内涵建设，提升智慧化运营，创新投融资机制，有力维护河湖健康生命，助力幸福河湖建设，让广大人民群众共享水利高质量发展最新成果。

《中国水利风景区发展报告（2023）》由总报告、专题报告、典型省市域和景区发展报告以及附录四部分组成。

本书聚焦新阶段水利风景区管理办法解读、新阶段水利风景区高质量发展实现路径、黄河流域国家水利风景区发展现状评估、新阶段水利风景资源开发与管理投融资创新模式，从理论层面开展深入研究，提出新阶段应全局谋划整体推进，锚定水利风景区战略布局，进一步完善规划体系、塑造水利风景区品牌、强化监督管理，认为地方应结合实际，尽快出台相关水利风景区管理办法，开创各具特色的水利风景区高质量发展新局面。构建了包含3个目标、11项准则和41个指标的黄河流域国家水利风景区发展现状评估指标体系，提出完善顶层设计、提升景区发展品质、优化景区管理机制的高质量发展对策建议。针对水利风景资源开发与管理现有投融资模式及主要问题，提出拓宽财政资金投入通道、加大银企资金投入力度、合理利用多种金融工具的投融资创新模式。

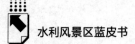

本书总结了江西省、浙江省丽水市、兰考黄河水利风景区、太湖浦江源水利风景区、襄阳市三道河水镜湖水利风景区、上海浦东新区滴水湖水利风景区和河南舞钢市石漫滩水库水利风景区建设管理典型实践成效与经验。

关键词： 水利风景区 高质量发展 品牌建设 幸福河湖

目 录

Ⅰ 总报告

Ⅱ 专题报告

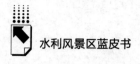

Ⅲ 典型省市域和景区发展报告

皮书数据库阅读**使用指南**

总 报 告

General Report

B.1

2022年中国水利风景区发展现状与展望

卢玫珺　李灵军　陈　岭　张俊峰　宋　鑫　宋海静　韩　鹏*

摘　要： 2022年是党的二十大召开之年，也是推动“十四五”规划任务实施的关键之年。本报告从国家战略、行业需求视角出发，分析了2022年水利风景区发展现状，总结了各级水利部门在制度建设、规划实施、监督管理、交流宣传等方面开展的主要工作，在生态、经济、社会和文化等方面取得的发展成效，以及在建立景区激励机制、破解景区建设资金难题、优化融合发展路径、挖掘文化内涵、提升品牌方面积累的发展经验。围绕全面推进水利基础设施建设、复苏河湖生态环境、推进文化自信自强、加快数字中国建设等发展形势，提出新阶段水利风景区发展应积极响应国

* 卢玫珺，华北水利水电大学教授，研究方向为人居环境设计；李灵军，水利部综合事业局景区规划建设处副处长，正高级工程师，研究方向为水利风景区管理；陈岭，水利部综合事业局景区监督事务处副处长，高级工程师，研究方向为水利风景区管理；张俊峰，博士，华北水利水电大学副教授，研究方向为地理信息系统；宋鑫，华北水利水电大学讲师，研究方向为城乡规划设计；宋海静，华北水利水电大学讲师，研究方向为城乡规划设计；韩鹏，博士，河南省社会科学院助理研究员，研究方向为城市经济、生态经济。

家战略，依托水利资源优势，发挥水利行业综合服务功能，加强文化内涵建设，提升智慧化运营水平，创新投融资机制。

关键词： 水利风景区 高质量发展 品牌形象

一 中国水利风景区发展现状

2022年，各级水利部门全面落实党的二十大做出的重大战略部署，深入贯彻习近平生态文明思想、“节水优先、空间均衡、系统治理、两手发力”治水思路和关于治水重要讲话指示批示精神，锚定全面提升国家水安全保障能力总体目标，紧扣《“十四五”水安全保障规划》《“十四五”水文化建设规划》《“十四五”水利科技创新规划》等专项规划，立足新发展阶段，完整、准确、全面贯彻新发展理念，对标新阶段水利高质量发展要求，进一步提高认识，落实责任，锚定目标任务，全力推动水利风景区高质量发展，为人民群众提供更多优质水生态产品和服务，不断增强人民群众的获得感、幸福感和安全感。

（一）基本情况

1. 数量规模

2022年，水利部开展第二十批国家水利风景区认定工作，新增19个国家水利风景区，涵盖了11个省、自治区，集中分布于东、中部地区（见表1）。截至2022年底，全国共批准设立了921个国家水利风景区（见表2）。

2022年，各地继续加大省级水利风景区建设力度，共批准设立省级水利风景区71个。2019~2022年全国新增省级水利风景区数量呈明显上升趋势（见表3）。其中，江苏、福建、湖北、广西、四川5省（区）连续4年有新增省级水利风景区，河北、吉林、江西、河南4省连续3年有新增省级水利风景区。

综合2019~2022年各地国家和省级水利风景区新增数量情况，江苏、湖北、四川等地水利风景区建设发展势头强劲。

国家水利风景区名录和 2019~2022 年新增省级水利风景区名录见附录一和附录二。

表 1　2022 年新增国家水利风景区

序号	主管部门与省份	景区名称
1	淮河水利委员会	中运河宿迁枢纽水利风景区
2	河北	迁西滦水湾水利风景区
3	黑龙江	铁力呼兰河水利风景区
4	江苏	南京浦口象山湖水利风景区
5		武进滆湖水利风景区
6	浙江	金华梅溪水利风景区
7		德清洛舍漾水利风景区
8		丽水瓯江源—龙泉溪水利风景区
9	福建	德化银瓶湖水利风景区
10		上杭城区江滨水利风景区
11	江西	乐安九瀑峡水利风景区
12		泰和槎滩陂水利风景区
13	山东	郯城沭河水利风景区
14	湖北	襄阳引丹渠水利风景区
15	广西	贵港九凌湖水利风景区
16	四川	洪雅烟雨柳江水利风景区
17		剑阁翠云湖水利风景区
18		仪陇柏杨湖水利风景区
19	甘肃	庆阳西峰清水沟水利风景区

资料来源：根据水利风景区网站相关资料整理。

表 2　2001~2022 年国家水利风景区认定情况

单位：个

批次	年份	数量	批次	年份	数量
1	2001	18	4	2004	54
2	2002	37	5	2005	53
3	2003	30	6	2006	42

续表

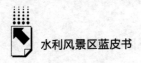

批次	年份	数量	批次	年份	数量
7	2007	38	14	2014	70
8	2008	42	15	2015	61
9	2009	56	16	2016	59
10	2010	53	17	2017	54
11	2011	52	18	2018	46
12	2012	43	19	2021	24
13	2013	70	20	2022	19
总计	921				

资料来源：根据水利风景区网站相关资料整理。

表 3　2019~2022 年新增省级水利风景区

单位：个

省份	2019 年	2020 年	2021 年	2022 年
河北	—	1	4	5
辽宁	—	1	—	2
吉林	—	2	1	3
上海	—	1	—	—
江苏	6	8	12	10
福建	1	2	3	4
江西	—	3	8	8
山东	—	4	3	—
河南	—	4	2	2
湖北	1	1	6	10
湖南	—	—	—	1
广西	3	1	2	1
海南	1	—	—	—
四川	4	8	6	25
山西	1	—	—	—
甘肃	1	—	—	—
总计	18	36	47	71

资料来源：根据地方水利风景区网站或相关部门网站资料整理。

2. 类型结构

水利风景区在建设发展过程中逐步形成了水库型、自然河湖型、城市河湖型、水土保持型、湿地型和灌区型等六大主体类型。近年来，湿地型已被纳入河湖型。2022 年新增的 19 个国家水利风景区中，城市河湖型 8 个、自然河湖型 5 个、水库型 3 个、灌区型 2 个、水土保持型 1 个（见图 1）。

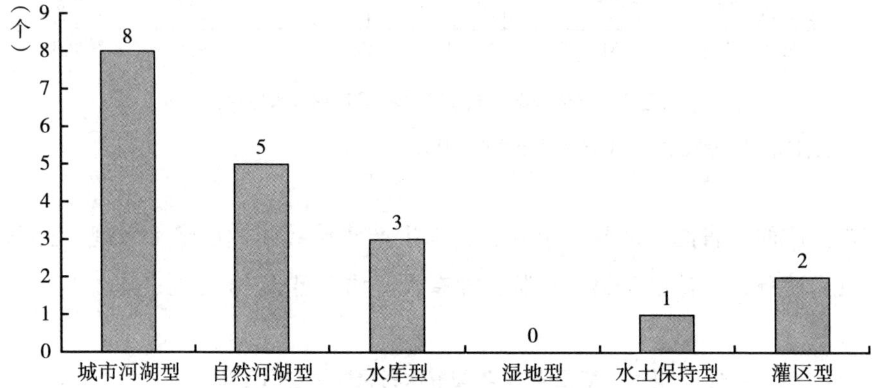

图 1　2022 年新增国家水利风景区类型分布

资料来源：根据水利风景区网站相关资料整理。

截至 2022 年底，全国 921 个国家水利风景区中，各类型数量及占比由高到低分别是：水库型 382 个，占比 41.48%；城市河湖型 212 个，占比 23.02%；自然河湖型 207 个，占比 22.48%；湿地型 47 个，占比 5.10%；水土保持型 39 个，占比 4.23%；灌区型 34 个，占比 3.69%（见图 2）。国家水利风景区类型结构逐步由水库型的“一支独大”向水库型、城市河湖型、自然河湖型等多元化协调发展转变。

3. 空间布局

截至 2022 年底，全国国家水利风景区按照行政区划明显形成三个梯队。其中，山东、江苏、四川、江西、河南、安徽、湖南、浙江、陕西、福建处于第一梯队，均拥有 40 个以上的景区；贵州、黑龙江、吉林、内蒙古、湖北、甘肃、河北、云南处于第二梯队，均拥有景区 20~40 个；山西、重庆、

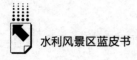

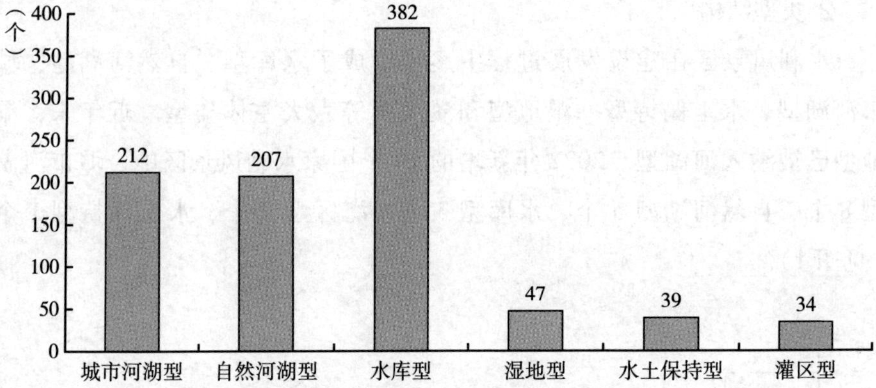

图 2　截至 2022 年国家水利风景区类型分布

资料来源：根据水利风景区网站相关资料整理。

广东、广西、青海、新疆、宁夏、新疆生产建设兵团、辽宁、海南、上海、北京、西藏、天津处于第三梯队，拥有景区均不足 20 个（见表 4）。

表 4　截至 2022 年国家水利风景区空间分布

单位：个

主管部门	2022 年新增景区数	累计数	主管部门	2022 年新增景区数	累计数
水利部	—	2	江西省水利厅	2	48
长江水利委员会	—	3	山东省水利厅	1	97
黄河水利委员会	—	23	河南省水利厅	—	45
淮河水利委员会	1	3	湖北省水利厅	1	29
海河水利委员会	—	2	湖南省水利厅	—	43
松辽水利委员会	—	2	广东省水利厅	—	14
太湖流域管理局	—	1	广西壮族自治区水利厅	1	14
北京市水务局	—	3	海南省水利厅	—	5
天津市水务局	—	2	重庆市水利局	—	15
河北省水利厅	1	24	四川省水利厅	3	48
山西省水利厅	—	19	贵州省水利厅	—	34
内蒙古自治区水利厅	—	29	云南省水利厅	—	23
辽宁省水利厅	—	12	西藏自治区水利厅	—	3
吉林省水利厅	—	31	陕西省水利厅	—	41
黑龙江省水利厅	1	32	甘肃省水利厅	1	29

续表

主管部门	2022 年新增景区数	累计数	主管部门	2022 年新增景区数	累计数
上海市水务局	—	5	青海省水利厅	—	13
江苏省水利厅	2	66	宁夏回族自治区水利厅	—	12
浙江省水利厅	3	42	新疆维吾尔自治区水利厅	—	13
安徽省水利厅	—	43	新疆生产建设兵团水利局	—	10
福建省水利厅	2	41	合计	19	921

资料来源：根据水利风景区网站相关资料整理。

从经济区域分布看，截至 2022 年底，东部地区国家水利风景区数量达到 316 个，占总量的 34.3%；中部地区国家水利风景区数量达到 244 个，占总量的 26.5%；西部地区国家水利风景区数量达到 285 个，占总量的 30.9%；东北地区国家水利风景区数量达到 76 个，占总量的 8.3%。2022 年新增国家水利风景区的经济区域分布呈现从东部、西部、中部地区到东北地区递减的态势。东部地区新增国家水利风景区 10 个，占年度增量的 52.6%；中部地区新增国家水利风景区 3 个，占年度增量的 15.8%；西部地区新增国家水利风景区 5 个，占年度增量的 26.3%；东北地区新增国家水利风景区 1 个，占年度增量的 5.3%。各经济区域国家水利风景区分布见表 5。

表 5　截至 2022 年国家水利风景区经济区域分布

单位：个，%

经济区域	包含省、区、市（含流域机构）	2022 年新增国家水利风景区数量		国家水利风景区总量	
		数量	比重	数量	比重
东北地区	辽宁、吉林、黑龙江	1	5.3	76	8.3
东部地区	北京、天津、河北、江苏、浙江、上海、福建、山东、广东、海南	10	52.6	316	34.3
中部地区	山西、安徽、江西、河南、湖北、湖南	3	15.8	244	26.5
西部地区	四川、重庆、贵州、西藏、陕西、甘肃、青海、宁夏、内蒙古、广西、云南、新疆	5	26.3	285	30.9
总计		19	100	921	100

资料来源：根据水利风景区网站相关资料整理。

（二）管理状况

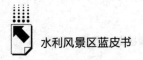

2022 年，水利部高度重视水利风景区建设和管理工作，河湖司继续负责水利风景区的业务指导与监督，以月度办务会形式，将水利风景区建设管理纳入工作日程；河湖管理年度工作要点提出持续推动建设一批高质量国家水利风景区。2022 年 4 月，水利部召开水利风景区建设与管理视频工作会议，引导和激励各地推动水利风景区高质量发展。按照工作部署，各地结合本地实际，持续在制度建设、规划实施、监督管理、交流宣传、人才培养和平台建设等方面开展探索实践。

1. 制度建设

2022 年，水利部加强政策支持和引导，持续加强水利风景区制度建设，修订出台了《水利风景区管理办法》（水综合〔2022〕138 号），印发了《关于推动水利风景区高质量发展的指导意见》（水综合〔2022〕316 号）等政策文件，对充分发挥水利设施功能、维护河湖健康生命，推动新阶段水利风景区高质量发展做出部署，为新阶段水利风景区高质量发展提供制度保障；开展了《水利风景区评价规范》《水利风景区规划技术导则》等技术规范修订工作，已形成《水利风景区评价规范》送审稿（复审稿）。

陕西、黑龙江、河北、湖北等地结合本地实际，制定出台一系列制度持续支持和引导水利风景区建设管理工作。陕西出台的《陕西省水利风景区管理办法》明确了水利风景区建设与管理工作制度化、规范化的具体要求。黑龙江印发的《关于推动黑龙江省水利风景区高质量发展的指导意见》提出，将打造一批特色鲜明、底蕴深厚、要素聚集、功能完善的高质量水利风景区，进一步丰富优质水生态产品、提升旅游服务质量、增强品牌影响力和辐射力，做大做强水利旅游产业，使水利风景区成为“水美龙江”的典型示范。河北印发的《河北省推动水利风景区高质量发展的指导意见》提出，围绕京津冀协同发展等国家和省重大战略及区域发展战略，完善水利风景区总体布局，建立健全水利风景区管理制度体系，提升监管能力，推动水利风景区高质量发展。湖北印发的《关于共同缔造高质量水利风景区的指导意见》提出，践行以人民为中心的发展思想，深入开展美好环境与幸福生活共同缔造活动，建设发展群众身边的水利风景区，推动水利风景区高质量发展。

江西、广东、四川等地在水利高质量发展意见中对水利风景区建设管理提出新要求。江西印发的《关于推进全省水利高质量发展的意见》提出，构建人水和谐共生的滨水空间，推进幸福河湖、水系连通及水美乡村建设，建设一批水生态文明村、绿色小水电站，打造一批各具特色的水利风景区；广东印发的《关于推进水利高质量发展的意见》提出，建设秀水长清的万里碧道网，传承和弘扬先进水文化，以大中型水利工程为依托，推进水利风景区建设，打造爱国主义教育和水利科普教育基地；四川出台的《关于进一步加强水利工程建设保障经济社会高质量发展的意见》提出，将“加强水利风景区、河湖公园建设”作为水生态保护工程的重要载体，以此“带动区域产业升级和城市功能提升，促进休闲观光、文化旅游、健康养生等产业发展”。

江西、云南等地将水利风景区工作纳入相关河湖建设管理。江西印发的《江西省关于强化河湖长制建设幸福河湖的指导意见》将水利风景区建设融入幸福河湖建设工作。云南印发的《云南省城乡绿化美化三年行动（2022—2024 年）》，将纳入全省河（湖）长制实施范围的水利风景区列入绿美河湖建设范围，要求重要城镇周边水利风景区加强水文化专题景观建设，打造民生水利宣传、教育、示范基地，增强全民水资源、水生态保护意识，并提出建设 15 个城镇周边水利风景区的三年目标。

2. 规划实施

2022 年是推动“十四五”规划实施的关键之年，各级水利部门扎实落实《“十四五”水安全保障规划》《“十四五”水文化建设规划》等重要规划。长江委、黄委和广东、浙江、贵州等推动规划实施。

长江委指导汉江集团、陆管局编制完成《丹江口大坝水利风景区水文化内涵提升总体规划方案》《陆水水利枢纽景观提升规划》。黄委山东黄河河务局编制《山东黄河生态屏障带建设五年规划（2021—2025 年）》，将景区建设纳入其中，济南百里黄河、黄河三门峡大坝水利风景区分别纳入《济南黄河生态风貌带规划》《三门峡市黄河流域水生态保护和高质量发展规划（湖滨区段）》。山西蒲津渡水利风景区纳入地方政府“黄河旅游线路规划”。

深圳、佛山、东莞等地落实《广东省水利发展“十四五”规划》，编制市水利（务）局“十四五”规划，要求加强水利风景区的申报和建设；广东贯彻实施《广东万里碧道总体规划（2020—2035 年）》，以碧道、水利风景区等生态建设载体为抓手，打造绿色水经济新业态。广州编制碧道水上运动产业带发展规划，发挥市河长办牵头抓总和统筹协调作用，主动对接水利、体育、自然资源、航道、海事等部门；江门推进“碧道+乡村振兴”“碧道+文旅”“碧道+绿色经济”，直接带动当地经济收入。

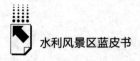

浙江丽水印发的《丽水市文化和旅游发展“十四五”规划》，提出推进水经济与旅游融合，推进水利工程、水生态环境、水文化、水上运动、休闲养生融合发展，打造一批水旅产品和品牌；推进市级水利风景区提升改造与周公源流域、黄南水库、松源溪流域等水利风景区建设；印发的《丽水市水旅融合规划》提出，将丽水“绿水资源”解构为“水域资源、水生态资源、水文化资源、水利工程资源”四大资源载体，通过开发滨水空间、激活亲水空间、活化水文化价值、盘活水利工程新功能四条路径，“点、线、面”立体发展的水旅融合三大模式，重点打造休闲观光、户外运动、文化研学、生态康养四大主题产品。

贵州推进实施《贵州省“十四五”水及水产业发展规划》，开展水利旅游项目摸底调查工作，从景区基本情况、运营情况、经营情况、与其他景区重叠情况等方面对规划中的 32 处景区进行摸底调查。

3. 监督管理

2022 年，水利部强化水利风景区监管、推进景区复核工作，各地水利部门结合水利管理要求，依托河湖长制平台，进一步加强水利风景区监督管理和安全管理。

启动国家水利风景区复核工作。水利部印发《国家水利风景区复核工作方案》，部署国家水利风景区复核工作，明确自 2023 年开始，每五年完成一次全覆盖。每年第一季度末，各国家水利风景区管理机构完成自查；每年第三季度末，各流域管理机构、各省级水行政主管部门组织完成年度复核工作；每年 11 月 30 日之前，水利部景区办组织完成年度抽查工作。

各地、各流域管理机构根据地方实际，制定复核工作方案，开展景区复核工作，强化水利风景区监督管理。江西、广西、贵州等地制定《国家水利风景区复核工作方案》，吉林、广西等地制定《省级水利风景区复核工作方案》，陕西制定《水利风景区复核规范》。黑龙江、安徽、山东、湖北、湖南、广西、甘肃等地开展国家级水利风景区复核工作，黑龙江、福建、江西、山东、河南、湖北、湖南等地开展省级水利风景区复核工作。长江委组织各景区强化常态化巡查以及节假日和特殊日前后专项检查，开展景区自查、复核工作。太湖局加强对水利风景区工作的行业指导，加大监督管理力度，指导太湖浦江源国家水利风景区按时完成年度自查，完成年度水利风景区复核工作。

各地、各流域管理机构以河湖长制平台为抓手，强化景区监督管理。湖南结合河湖长制、河湖巡查等工作，强化对辖区内水利风景区的日常监督检查，累计派出 56 批次 120 人次，深入 14 个市州，重点抽查检查部分景区内水利工程设施及游乐设施是否存在安全隐患、水事违法行为、河湖“四乱”问题及水污染突出问题等，并以省河长办名义通报有关情况。福建泉州建立部门协同、社会参与的工作机制，推动两法衔接，创新设立公安干警、检察官、法官驻河长办工作室，整合河长制成员单位执法力量，开展综合执法巡查，采用政府购买服务的方式，依托社会力量组建河流管护队伍，将水利风景区纳入河长制综合管理信息系统，提高景区日常巡查监管效率。宁夏结合河湖长制重点工作，不定期对全区 12 家国家水利风景区和 1 家自治区级水利风景区进行监督检查，对景区的建设管理、功能发挥、安全隐患三个方面进行检查，及时通报发现的问题，督促水利风景区管理单位及相关部门进行整改，全年督导调研、暗访检查 13 次，推动提升水利风景区管理质量。海委利用“流域机构+省级河湖长”协作机制，全面核查水利风景区范围内漳河、卫河、卫运河、南运河和滦河干流等相关妨碍河道行洪的突出问题，督促地方河湖长履职尽责，指导市县河务局积极主动配合属地河长办开展问题排查复核及清理整治工作，大力推动直管河道清违清障，推进水利风景区直管河湖“四乱”问题清仓见底。

湖北、四川、陕西等地完善工作制度，加强景区安全管理。湖北印发《关于加强汛期和暑期水利风景区安全管理工作的通知》《关于做好国庆和党的二十大期间水利风景区安全生产工作的通知》，将水利风景区安全管理核查纳入湖北省旅游安全生产专业委员会暑期汛期安全明察暗访督导。四川印发《水利风景区安全隐患排查工作要点》，结合农村水利工程安全度汛检查等，分3批次开展水利风景区专项检查；围绕牢牢守住景区安全运行底线和维护河湖健康生态红线，压紧压实景区单位运行管理和水行政主管部门监督管理“两个责任”，推动景区管理常态化、规范化。陕西印发《关于做好2022年度水利风景区安全管理工作的通知》，要求水利风景区主管部门，督促景区完善安全管理、消防安全和疫情防控等各项工作预案。

4. 交流宣传

水利部高度重视水利风景区交流宣传工作，围绕“水美中国”主题开展了一系列品牌建设活动，积极扩大水利风景区品牌影响力。各地水利部门按照水利部工作部署，积极响应，认真组织，采用多种方式，开展系列宣传活动。

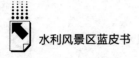

举办“水美中国”首届国家水利风景区高质量发展典型案例发布会。2022年7月28日，水利部水利风景区建设与管理领导小组办公室联合中国农影中心在北京举办“水美中国”首届国家水利风景区高质量发展典型案例发布会。河南林州红旗渠、内蒙古巴彦淖尔二黄河、湖北武汉江滩、福建莆田木兰陂、浙江太湖溇港、江苏江都水利枢纽、陕西西安汉城湖、上海浦东新区滴水湖、辽宁本溪关门山、山东沂南竹泉村、湖北兴山高岚河等水利风景区所在省（区、市）水利（水务）厅（局）、所在地政府和景区单位有关负责人出席发布会。

遴选12个景区纳入《2022年度国家水利风景区高质量发展典型案例名单》。2022年，水利部组织开展了国家水利风景区高质量发展典型案例征集与推广工作。各地积极响应，认真组织，推荐了35个案例。经专家初审、征求意见、公众投票、实地核实、专家复审、领导小组成员单位审核、公示公告等程序，遴选出兰考黄河水利风景区等12个景区的典型经验做法纳入《2022年度国家水利风景区高质量发展典型案例名单》，四川省都江堰水利风景区等10个案例入选《第二批国家水利风景区高质量发展典型案例重点推介名单》（国家水利风景区高质量发展典型案例及第二批重点推介名单见附录五）。

遴选50个景区纳入《红色基因水利风景区名录》。为迎接党的二十大胜利召开，落实水利部《“十四五”水文化建设规划》和《关于推动水利风景区高质量发展的指导意见》，深入挖掘蕴含在水利中的清廉文化，传承红色基因、赓续红色血脉，加强党领导人民治水红色资源的保护传承，提升水利风景区公益形象，水利部开展传承红色基因水利风景区名录遴选工作。经审核推荐、现场核查、专家复审、领导小组成员单位审核及网络公示，河南林州红旗渠等50家水利风景区入选《红色基因水利风景区名录》（《红色基因水利风景区名录》见附录六）。

推出“‘60秒看水美中国’水利风景区短视频”。为塑造水利风景区良好的公益形象，展示新时代水利风景区风采，打造“水美中国”公益品牌，由水利部河长制湖长制工作领导小组办公室指导，水利部水利风景区建设与管理领导小组办公室联合中国水利水电出版传媒集团、水利部宣传教育中心、水利部河湖保护中心、中国宋庆龄青少年科技文化交流中心主办的“第四届‘守护幸福河湖’全国短视频公益大赛”活动面向全社会征集“‘60秒看水美中国’水利风景区短视频”优秀作品，推出一等奖3个、二等奖5个、三等奖12个、优秀奖40个（《“60秒看水美中国”专题活动评选获奖名单》见附录七）。

水利风景区相关系列丛书编撰工作有序推进。水利部组织编撰《中国水利风景区故事·长江篇》，通过讲好长江故事，挖掘历史智慧，凝聚中国精神，支撑长江经济带高质量发展。自2018年起，湖北省连续5年持续推进《湖北省水利风景区发展报告》（水利风景区蓝皮书）编制出版工作。

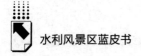

拓宽渠道开展形式多样的景区宣传。水利部景区办联合中国水利水电出版社推出“水美中国”年历。各地坚持宣教融合，利用网站、报刊、电视、广播等传统媒体，微信公众号、抖音、小红书、自媒体等新媒体，多手段、多渠道、多时点进行宣传报道与推介，筑好体现水利特色的宣教阵地。山西制作完成山西省水利风景区《表里山河》宣传片，从黄河、汾河几大流域以 11 个地域板块为主线，全方位展示山西省水利风景区。宁夏与中央广播电视总台联合出品纪录片《天下黄河富宁夏》第二季，摄制组到唐徕闸水利风景区取景拍摄，录制古渠风貌、灌溉工程遗产、水文化遗迹，呈现水韵独具的田园风光。新疆天山天池水利风景区有 25 条宣传报道被中央级媒体采用，44 条宣传报道被区、州级媒体采用，中国新闻网、新华网等网络媒体宣传报道 100 余条；库尔德宁水利风景区宣传片《新疆库尔德宁：天山雪岭云杉如波如潮》，在中央一套播放 3 次。江苏编撰“水韵江苏·河湖印记丛书”，入选“江苏省 2022 年主题出版重点出版物”，在《江苏水利》推出水文化专栏，连续 9 期展现水利风景区、水利遗产管理保护成果，全年推送专题信息报道 40 余篇。陕西编印《陕西省水利风景区（水秀三秦，风景独好）》画册，编纂《水利风景区有关文件资料汇编》，全面反映水利风景区发展现状，总结水利风景区建设与管理工作典型经验。湖北水利风景区微信公众号推送 200 篇订阅消息，宣传各景区旅游资讯和建管动态，吸引众多粉丝关注和实地体验；在元旦、中秋等节假日张贴水利风景区宣传海报，制作湖北水利风景区喜迎二十大系列电子海报，展现灵秀湖北、荆楚水韵。江苏省水利风景区协会微信公众号开设“60 秒看江苏水景”专栏，展示水利风景区水韵风采（水利风景区微信公众号一览表见附录八）。江苏上线全国首个水利风景区线上服务平台——云上水景，为公众提供景区资讯导览服务、配套设施查询等功能，集宣介江苏美好水景、服务公众游赏需求、全民参与水景管理、公众水情教育等作用于一体。河南林州市红旗渠水利风景区线上启动元宇宙剧场发布会，利用数字化科技手段，沉浸式解读红旗渠精神，快手直播间累计在线观看达 1100 万人次；国庆特别策划 VR 豫游记，在红旗渠纪念馆通过 VR 直播互动，邀请广大网友云端感受刻在太行山岩上的精神力量，满足用户沉浸式体验需求。湖北武汉江滩水利风景区横渡长江博物馆特别推出“线上展厅”，方便外地游客随时随地观展。

强化品牌效应，开展形式丰富的景区活动。各地积极举办各项活动，强化品牌效应，扩大宣传，增强水利风景区对公众的影响力和吸引力。兰考县人民政府、华北水利水电大学作为主办单位，筹划并圆满完成2022年黄河流域水利风景区水文化产品创意设计大赛（河南·兰考）工作，受到广泛参与和各方好评。山西在汾河二库水利风景区联合开展“汾河碧波美如画，节水美德远流长——节水实践走进汾河二库水情教育基地”宣传教育活动，向省内青少年宣传普及《公民节约用水行为规范》《山西省节约用水条例》，增强节水意识，带动青少年参与节水宣传、教育和社会实践。江苏创新推出“故道千里远、故事千年传”等15条水利风景区主题精品线路。浙江杭州市桐庐县在富春江水利风景区亲水平台举行“六五”世界环境日主题宣传暨“美丽·共富”健康跑活动。河南在郑州龙湖、舞钢市石漫滩水库等10家水利风景区举行“水美河南，出彩中原”河南省水利风景区建设成就巡回展活动，宣传水利风景区整体形象；开封市水利局通过在局办公场所摆放展板，组织开展《水利风景区管理办法》宣传活动，提高广大干部职工对修订《水利风景区管理办法》的认知。湖北北闸水利风景区组织开展“红色文艺轻骑兵”进景区文艺演出活动，围绕荆江分洪工程建成七十周年系列庆祝活动，突出“我们的中国梦”主题，让北闸周边群众和过往游客走进大国重器，感受中国力量，感悟中华文化。湖南怀化市芷江县在和平湖水利风景区沿岸开展“助力河长制·共护母亲河”学雷锋志愿服务活动。陕西举办陕西省级水利风景区徽标图案（logo）征集活动，制作“五一”打卡最美水利风景区路线图，组织“陕西人游陕西”活动，提升景区知名度，集聚旅游人气。宁夏以“世界水日”“中国水周”“六五环境日”“生物多样性日”等活动为载体，营造主题化、集中化宣传声势，刊发河湖保护治理专版及水利风景区相关新闻报道40余篇。新疆生产建设兵团石河子桃源水利风景区每年举办国际桃花节、屯垦龙舟文化节、荷花文化节、冰雪风情节等活动。黄委经管局印发《黄委经管局关于在黄河水利风景区开展黄河文化标识展示活动的通知》，在黄委23家国家水利风景区中开展黄河标志和吉祥物展示活动，将黄河文化元素融入水利风景区建设和宣传，打响黄河文化品牌，讲好黄河故事。淮委沂河刘家道口枢纽水利风景区组织开展“关爱山川河流守护国之重器”志愿活动、骆马湖嶂山水利风景区与地方单位联合开展“嶂山闸公众开放日”活动，中运河宿迁枢纽水利风景区联合社区师生开展一系列节水教育活动。海委漳卫南局机关举办第八期“道德讲堂”暨“机关大讲堂”活动，“机关大讲堂”以《漳卫南运河水利风景区建设管理》为题，从漳卫南运河流域水利风景区基本情况、主要景区节点、景区工作进展、景区建设发展及规划、建设成效等方面，讲述漳卫南运河水利风景区建设管理。太湖局太湖浦江源水利风景区承办2022年苏州市中国农民丰收节，提升“江村”品牌影响力；举办“昆曲木偶”演出，擦亮非物质文化遗产的文化名片；以“咖啡+花园”为主题的精致网红打卡地江村 Camp，进一步擦亮太湖七都旅游品牌，提升水利风景区文化吸引力。

5. 人才培训

为进一步提高水利风景区建设管理人员业务素质，水利部及各地围绕高质量发展主题，开展人才培训工作。2022年，水利部景区办组织举办两期全国水利风景区建设与管理培训班，共设置26门培训课程，培训学员170人。其中，8月16~18日，第一期培训班在江西省南昌市举办，各流域管理机构、各省（区、市）水利（水务）厅（局）、新疆生产建设兵团水利局有关部门负责人，市县级水行政主管部门有关负责人共80人参加培训；9月6~8日，第二期培训班在河南省郑州市举办，水利风景区单位负责人及业务骨干共90人参加培训。

河南、陕西两地连续两年举办水利风景区建设管理培训班。邀请专家解读政策，传授相关领域知识和经验，共培训近200人，培训对象涉及各市（区）水利（水务）局景区管理部门负责人及业务骨干、部分景区单位负责人和厅属单位景区管理部门负责人，为水利风景区高质量发展提供必要的技能保障和知识储备。

多渠道举办水利风景区相关培训。河海大学第一届水文化节举行首场讲座——江苏大运河文化带建设赋能水利风景区高质量发展，讲座采取直播连线的“云开讲”形式，来自水文院、水电院、港航院、大禹学院等多个学院的师生500余人通过线上直播形式“云参与”讲座。华北水利水电大学以兰考黄河水利风景区为载体，举办了2022年黄河流域水利风景区水文化产品创意设计大赛（河南·兰考）线上赛事培训会，培训内容包括研学课程、文化科普装置、文创产品，吸引河海大学、河南大学、西安建筑科技大学、安徽师范大学、黄河勘测规划设计研究院有限公司等高校和设计机构共200人次参会。

6. 平台建设

2022年各地积极整合优势资源，搭建水利风景区行业平台和研究平台，建立人才智库，共享发展成果，促进相互交流，助力水利风景区高质量发展。

各地水利风景区产学研平台显成效。福建省幸福河湖促进会成立，该促进会是由福建省内从事河湖领域的管理者、研究者和实践者自愿结成的非营利性社会团体，首批由178家会员单位和88名个人会员组成，架起政府与社会之间沟通的桥梁，形成职能部门、科研院校、企事业单位合作的纽带。围绕乡村振兴与水利风景区高质量发展主题，湖北省水利学会水利风景区专业委员会在湖北宜昌百里荒水利风景区举办2022年水利风景区高质量发展学术研讨会，对生态、景观、建筑设计与水利风景区的深度融合起到良好的促进作用，也为湖北省生态水利建设提供有益的借鉴，全省17个地市州水利和湖泊局分管水利风景区工作的负责人参加会议。

各地建立人才智库助力高质量发展。江西省持续发挥专家在水利风景区建设与管理方面的指导、咨询服务作用，向高校、科研院所征集推荐，通过遴选确定评审专家131名，纳入“省级水利风景区评审专家库”。甘肃省搭建人才智库，特邀省内外知名院校教授、学者及相关行业专业技术人才等50余名组建水利风景区专家库，参与水利风景区规划设计、评审、咨询等工作。

各地水利风景区研究平台建设卓有成效。2022年，各地依托已成立的水利风景区研究平台优势，积极参与水利风景区建设管理工作、学术智库建设。在水利部景区办指导下，由华北水利水电大学主办，河海大学、云南大学、福建农林大学、南宁师范大学、浙江水利水电学院、南昌工程学院共同协办，围绕弘扬黄河文化，赋能乡村振兴，线上召开2022中国水利学术大会水利风景区分会场会议，各单位承担专题讲座工作。南昌工程学院水利风景区研究中心协助水利部在南昌举办第一期水利风景区建设管理培训班。华北水利水电大学国家水利风景发展研究中心协助水利部在郑州举办第二期水利风景区建设管理培训班；参与河南省省级水利风景区规划和评审工作，主持完成河南省21家省级水利风景区复核工作；指导完成水利风景区相关硕士学位论文3篇。福建农林大学国家水利风景区研究中心完成乡村水环境与生态景观规划设计模式及评价指标研究、基于水联网的隆德县宜居水环境系统治理研究两项省级课题，围绕水利风景区，培养5名硕士研究生，发表7篇期刊论文，获3项专利。河海大学水利风景区与文旅研究中心承担江苏省社会科学基金项目“流域生态产品价值核算与实现路径研究”，协助河海大学世界水谷研究院、河海大学商学院筹办首届淮河国际论坛暨第八届世界水谷论坛。浙江水利水电学院国家水利风景区发展研究中心参与水美中国丛书征稿、省级水利风景区管理办法起草工作。南宁师范大学国家水利风景区发展研究中心指导广西崇左市天等县丽川河水利风景区获批自治区水利风景区，指导研究生开展水利风景区调查研究，完成硕士学位论文1篇、学术论文1篇。

二　中国水利风景区发展成效

2022年是推动“十四五”规划任务实施的关键之年。各地水利风景区工作按照“节水优先、空间均衡、系统治理、两手发力”治水思路，高位谋划，系统推进，落细举措，高质量推进水利风景区建设与管理。以“幸福河湖”建设为目标，积极发挥水利设施功能、努力维护河湖健康生命、大力传承弘扬水文化，景区的生态效益、经济效益、社会服务水平、文化服务水平明显提升，水美中国建设得到有效推进，为满足人民群众美好生活需要提供了更多的优质水生态产品。

（一）生态效益

2022 年，景区防治并举，协调发展，统筹维护水体健康生命、因地制宜稳步修复水生态，绿色发展改善水环境，为人与自然之间的和谐相处创造了有利条件，让人民群众共享水清河畅岸绿景美的生态环境。对 677 家国家水利风景区的抽样调查显示，截至 2022 年底，水利风景区内水域总蓄水面积约 16 万平方公里，林草覆盖面积约 4.3 万平方公里，水土流失综合治理面积为 1.69 万平方公里，生态岸线长度为 2.7 万公里，生态岸线长度比上年同期有所增加，促进了景区生态系统的恢复和稳定，为人们提供更高品质的生态环境和更有价值的生态产品；92%的水利风景区的水质达到了Ⅲ类及以上标准，较上年同期上升 6 个百分点，其中 60 家景区的水质达到了Ⅰ类，261 家景区达到了Ⅱ类，为各地饮用水水源提供了有力保障，在保护生态环境、维护河湖健康、涵养水源方面做出应有贡献。

浙江丽水市通过不断投资基础设施建设，全力补齐截污治污、防洪排涝、保供抓节等基础设施短板，改善整体水环境，丽水市森林覆盖率超过 80%，生态环境质量居浙江第 1 位，水环境质量列全国第 15 位，全市水利风景区为此做出巨大贡献。浦东新区滴水湖水利风景区水质大部分指标达到Ⅰ~Ⅲ类，利用“湖、河”环网相连，完善环网放射的河道水系网络，实现绿地网络化渗透，支撑“城在景中”的生态体验；依托楔形绿地，形成放射状嵌入城市的重要生态空间。在当地政府的大力支持下，舞钢市石漫滩水库水利风景区周围水土流失总治理度达 93%，林草植被恢复率达 98%，绿地覆盖率达 94%以上，林草面积占宜林宜草面积的 96%，景区为舞钢市优美的自然环境提供重要保障。宁夏沙湖国家水利风景区因地制宜防治结合，有效改善了沙湖水质，2022 年沙湖水质提升为Ⅲ类，水生态逐步恢复，生物多样性丰富度提高，为西北内陆干旱地区绿洲灌溉退水补给型湖泊、旅游类湖泊污染问题治理提供经验借鉴；景区恢复了“清水绿岸、鱼翔浅底”美丽景象，成为人民群众身边的优质生态产品，群众获得感、幸福感明显提升，2022 年，被生态环境部评选为全国首批 18 个美丽河湖优秀（提名）案例之一。

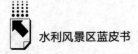

（二）经济效益

2022 年，水利风景区利用其休闲游憩、文化教育、产业发展等综合功能，积极发展水美经济，探索景区更多营收模式。通过推动景区内文旅、农业、科技、体育等产业不断融合，促进景区周边产业链发展，创造更多就业岗位，带动景区所在区域经济发展。对 670 家国家水利风景区的抽样调查显示，景区年均投入约 3100 万元，年均接待游客量约 800 万人次，较上年同期均有所增长，景区年均经营性收入约为 456 万元。景区带动地方经济发展，持续促进地方就业，景区直接就业人数在 500 人以上的景区占 8.6%，景区间接就业人数在 500 人以上的景区占 22.8%。

2022 年，湖北省各景区得到当地政府或文旅部门抒困资金总计 25423 万元，带动就业 24000 人。宜昌百里荒水利风景区所在的旅游集团累计投资近 10 亿元，助推打造旅游驱动型乡村振兴样板区，三大产业带动区域农民稳定增收致富，为满足游客需求，现已打造 60 家精品农家乐和 18 家精品民宿；山里来蔬菜专业合作社利用蔬菜基地打造“农文旅”融合示范园，发展果蔬采摘等休闲农业，为村民提供就业机会，村民月收入 2000 多元，景区年接待游客已突破 200 万人次。林州市红旗渠水利风景区盯紧项目建设，加快转型升级，提升服务品质，打造优质景区，2022 年接待游客 25.78 万人次，旅游收入 1958.5 万元。浙江丽水通过市级水利风景区创建，推进水旅融合发展，普惠当地群众，2022 年“五一”期间，丽水市瓯江绿道游客量超过 5 万人次，龙泉溪水利风景区全年游客量达 78352 人次，年收入达 780 万元；云和长汀沙滩水利风景区全年游客量达 60 万人次，年收入约 900 万元。

（三）社会效益

水利风景区是水利增进民生福祉的重要抓手，为人民群众提供游憩、休闲的空间，已成为居民近水、亲水、陶冶情操、锻炼身体和体验独特魅力的重要场所，有效提高了当地人民群众的生活质量和幸福指数，其社会价值日益显现。对686家国家水利风景区的抽样调查显示，截至2022年底，约75%的水利风景区为公益性景区，方便服务沿线人民群众；80%的景区建有绿道，平均长度约14公里；超过60%的景区建有体育健身场地，平均有5处，面积大小不等；约69%的景区建有亲水平台或者滨水公园。由此看出，大部分景区建有供人们健身、游憩、休闲的户外场地，景区的社会服务设施逐步完善，综合服务能力不断提升。

上海浦东新区滴水湖水利风景区通过生态护岸、生态湿地、慢跑道、特色景观桥、亲水栈道、全龄儿童游乐设施、精致游憩设施等建设，打造成为市民亲水和休闲娱乐的公共活动平台；建设环湖80米景观带，内涟河贯穿滴水湖核心区环湖绿带，中、外涟河为城市社区水景，涟河与射河交汇构成众多人工湖泊，成为城市水岸空间会客厅。舞钢市石漫滩国家水利风景区立足山水资源优势，通过打造亲水和休闲的公共活动空间，持续举办体育赛事、水灯节活动。宜昌百里荒水利风景区将水土保持工程措施、植物措施、生态保护与景点景观融为一体，建成特色水土保持示范工程，成为高山避暑休闲运动基地、冬季滑雪运动乐园。

（四）文化效益

2022年，水利风景区更加注重水文化的系统挖掘与传播，通过多种方式全面展示景区水文化风采，弘扬治水精神、传播水文化、宣传水知识，既丰富了水利风景区的文化内涵，又提升了大众的思想境界，也使水利风景区以更加时尚、更加亮丽和更加迷人的风采展现在世人面前，成为彰显水文化与风光秀美的胜地。

各地水利风景区持续丰富文化内涵，积极参加各类基地建设，获得较多的荣誉称号。对750家国家水利风景区的抽样调查显示，截至2022年底，全国法治宣传教育基地有44家，占比约为6%；全国科普教育基地有78家，占比约为10%；爱国主义教育基地有183家，占比约为24%；全国水利科普基地有60家，占比约为8%；水利法治宣传教育基地有81家，占比约为11%；国家水情教育基地有72家，占比约为10%；161家成为水利工程与水文化有机融合案例，占比约为21%；节水教育基地有130家，占比约为17%；水利行业相关培养基地有114家，占比约为15%。由此可见，水利风景区已成为全国和水利行业开展科普教育、法制教育的主阵地。景区对标示范河湖、美丽河湖建设取得一系列成绩，国家级水利工程管理单位有185家，占比为25%；水利部水土保持示范园有64家，占比约为9%；绿色小水电示范电站有61家，占比约为8%；创建示范河湖145家，占比约为19%；创建美丽河湖212家，占比约为28%；创建幸福河湖164家，占比约为22%；创建水美乡村106家，占比约为14%。景区注重文旅融合发展，全国红色旅游经典景区有71家，占比约为9%；建设4A级以上景区193家，占比约为26%。

各地水利风景区注重文化内涵提升，为水文化科普开展提供了广阔的空间。对686家国家水利风景区的抽样调查显示，截至2022年底，约37%的景区建有水文化科普场馆（展馆、展室），建设总面积达45万平方米；约36%的景区建有户外水文化科普场所，建设总面积达到3945万平方米；约54%的景区设有文化科普设施，包括科普展板、电子屏、沙盘、雕塑、景观小品、宣传长廊等多种类型，其中科普展板最多。景区注重文化资源挖掘，约27%的景区包含水利遗产，包括故道、堰、碶、坝、渠、堤防、碑等；约30%的景区包含红色文化资源，包括红色记忆、纪念广场、纪念馆等。景区加大资源开发利用力度，约25%的景区开发文创产品，包括logo、吉祥物、导游产品等，120家景区开始注重标识系统构建；约27%的景区对废旧场所、设施进行再利用，使其成为文化展示与体验的新场所。2022年，景区举办文化科普活动2.5万余次，接待总人数达到817万余人次（含线上），营造了良好的水利文化科普氛围。

苏州市吴江区太湖浦江源水利风景区挖掘工程水文化特色，结合地域文化内核，以江村为主要建设板块，打造社会学研学圣地、乡村振兴实践新样板；建设太浦河水利枢纽水情教育基地，为青少年提供水情教育、水文化实践场所，接待周边中小学校师生参观学习。广东鹤地银湖水利风景区挖掘打造雷州青年运河红色教育基地，基地建成至今，接待全国各地游客和党员干部 360 多万人次；佛山市乐从水利风景区结合龙舟文化、岭南水乡宗祠文化，大力推进绿化、净化和水文化三大工程，已成为佛山市三龙湾顺德园建设的新地标。

三　中国水利风景区发展经验

2022 年，各级水利部门适应新时代发展要求，深入推进水利风景区高质量发展工作，积极作为，在开拓新局面的同时创新了发展思路，积累了发展经验。

（一）发挥河湖长制作用，建立景区激励机制

突出正向激励，充分发挥河湖长指挥棒作用，调动地方政府统筹推进水利风景区创建积极性。福建、江西、湖北、贵州、宁夏、四川等地结合本地实际，利用河湖长制平台，建立水利风景区考核激励机制，鼓励引导各地创建水利风景区。福建印发《2022 年度河湖长制工作考核评分细则》，将水利风景区创建与高质量发展纳入河湖长制工作考核评分。江西印发的《江西省实施河长制湖长制条例（2022 年修订）》提出，各级河湖长履职情况应作为干部年度考核述职的重要内容；县级以上人民政府应将河长制湖长制责任单位履职情况纳入政府对部门的考核内容；将水利风景区建设纳入河湖长制年度工作要点和年度工作考核加分项；将水利风景区建设作为水利工程标准化建设考核的奖励系数，对前一年度获批国家和省级水利风景区的工程管理单位合计给予 110 万元的奖励。湖北省水利厅印发《关于共同缔造高质量水利风景区的指导意见》，将水利风景区建设

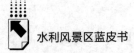

管理纳入地方河湖长制考核工作体系，并在2022年度河湖长制考核中具体实施。贵州将水利风景区建设与管理工作纳入《2022年度贵州省水资源管理、河湖长制等重点工作考核方案》“一市一考”考核内容。宁夏将水利风景区建设纳入自治区2022年河湖长制考核指标体系，奖优罚劣倒逼各地落实水利风景区建设管理责任。四川出台《2022年四川省河湖长制激励工作实施方案》，将水利风景区纳入省委、省政府天府旅游名县创建加分指标和全省河湖长制工作年度考核的重要指标；省财政安排2000万元专项资金，对获得国务院督查激励的市、县给予500万元省级配套激励，对考核综合排名前3的市（州）分别给予400万元激励，对进步最大的市（州）给予300万元激励。

（二）强化水利项目牵引，破解景区建设资金难题

积极对接美丽幸福河湖、水系连通及水美乡村建设、中小河流治理、大中型灌区续建配套、重大水利工程建设、病险水库除险加固等项目，主动解决景区建设资金难题，创建一批有品质、有特色、有影响的水利风景区。湖南各市县区不断推动景区建设发展，株洲市结合幸福河湖、水美乡村建设等项目，将湘江风光带工程、万丰湖生态水系工程列为示范工程，积极加大资金投入力度，提升水利风景区建设品质；韶山灌区水利风景区“十四五”规划续建配套与现代化改造项目获批投资2.5亿元，不断推动水利风景区基础设施完善，提升水利风景区服务社会能力。宁夏结合美丽河湖建设、水系连通及水美乡村建设、中小河流治理、水土保持等，因地制宜、统筹兼顾，支持水利风景区基础设施建设，打造更多更加优质的水利风景资源，为创建自治区级、国家级水利风景区奠定基础。贵州加强部门协同，以水美乡村试点建设为纽带，将水系治理与产业发展、民生改善相结合，通过治理河段的生态建设及后续旅游开发，促进水旅融合，助力旅游产业化发展。

（三）优化融合发展路径，融入地方经济发展

探索适应时代需求的融合发展路径，从战略、空间、产业方面融入地方

经济发展。景区建设同乡村振兴、全域旅游、城乡历史文化保护传承等战略行动融合，推动景区融入文化旅游经济发展大局；积极融入旅游综合体、文旅发展联盟等组织，优化水利风景区空间格局，促进水利风景区区域协同发展；立足自身特色和资源优势，全面拓展“水利+”品牌，以产业升级发展谋景区融合发展。浙江省各地水利风景区通过招商引资找出路，通过产业升级谋发展，大力发展水产业，带动整体发展。开化县依托马金溪国家水利风景区获评省文旅融合发展县，全域旅游“微改造、精提升”获省级激励，风景区范围内的根宫佛国文化旅游区入选省大花园耀眼明珠，全县旅游人数和收入分别达到250万人次和30亿元；建德市依托新安江—富春江国家水利风景区优良水生态环境，擦亮乡村振兴生态底色，带动农夫山泉、青岛啤酒、致中和等知名品牌的水产业发展，借助以黄饶半岛综合体等为代表的文旅产业，带动沿线水利观光、农业采摘、科普研学产业发展；打造以“建德草莓”等为代表的区域公共品牌，发展草莓、茶叶、中药材等富民增收标杆产业，以产业振兴带动乡村振兴。福建省将水文化遗产保护纳入全省《历史文化名城名镇名村传统村落和建筑保护利用工作方案》，同时配合省文旅厅，落实省旅游产业发展领导小组《2022年促进旅游业高质量发展责任单位工作任务》目标，推动水利风景区融入全省文旅经济发展大局，全面拓展“水利+”产品，打造一批“水利+旅游、研学、康养、农业、体育”特色景区；南靖土楼水乡“水利+旅游”、漳平台农创业园“水利+农业”、永泰县青凉山“水利+研学”等都成为当地的知名品牌，助力地方经济发展。四川会同省发展改革委、生态环境厅、文化和旅游厅，将“大灌区”作为“全省十大文旅品牌”之一，重点打造，成立四川“大灌区”文旅发展联盟，覆盖都江堰、东风堰、通济堰三大世界灌溉工程遗产所在灌区流经的8个市37个县（市、区），推出以“水利文化体验旅游”为引领的7条精品旅游线路。海南省结合全域旅游的特色，将水利风景区与周边旅游景区、幸福河湖进行有机结合、实施串联，以景区发展带动河湖建设，以河湖建设促进景区发展，同时，将水利风景区建设融入全域旅游大格局，推进景区融合发展，积极培育发展美丽经济。新疆生产建设兵团将水利风景区纳入旅游总体规划，通过水利风景区有序发展，助力旅游业快速发展，产业结构进一步优化，发展活力进一步增强，服务业比重不断提升，为全域旅游发展奠定基础。广东深圳依托水利风景区挖掘水经济潜力，将景区规划建设延伸至邻近公园、小镇，打造大景区，助推全域旅游，整合周边资源，打造集水工程、水资源、水生态、水文化及水利科普于一体的水利风景区及科技教育基地。

（四）注重文化内涵挖掘，创新景区水文化建设

立足资源禀赋和文化特色，通过对水利遗产、红色文化资源的深度挖掘，创新景区水文化建设。以国家水利遗产认定为契机，各地陆续开展水利遗产调查、红色文化资源挖掘工作，注重水利工程与自然环境和历史人文交融，不断加强景区文化资源挖掘，厚培景区水文化建设之基。各地通过探索水利遗产"活化"新场景、红色文化转化新路径，融入文化公园大格局，创新水利风景区文化资源保护与利用路径，逐步将水文化建设由资源吸引转向双向奔赴，在文化创新发展中不断释放水文化活力与动能。江苏、福建、浙江、辽宁、湖北、山东等地积极开展水利遗产调查研究的相关工作，摸清水利风景区内水利遗产的现状，挖掘水利遗产的内涵和价值，为水利风景区水文化建设和水利科普活动开展提供现实基础。浙江浦阳江国家水利风景区系统性整合浦江独有"陂塘堰埂""溪井泉"传统灌溉方式，将浦阳江流域水仓，登高村天塘、天渠，巧溪拗井，嵩溪明暗溪、江南第一家十桥九闸等物质文化遗产，迎灯、渔灯、射水龙等涉水非物质文化遗产，祈雨、接龙等民间习俗，打包申报世界灌溉遗产；挖掘整合"红色+绿色"资源，开辟塘波村、光明村、里黄宅村、外童村、源头村革命老区廉政文化教育基地，精心编排红色廉政文化经典线路，积极打造红色治水文化品牌。四川成都市率先开展水文化遗产摸底普查，形成水文化遗产资源名录，探索水利遗产"活化"新场景；深入挖掘都江堰实地、实物、实景等千年"活文物"资源，规划打造都江堰国家文化遗产公园；以创建长征国家文化公园、三星堆国家文物保护利用示范区为契机，推动区内和周边水利风景区（河湖公园）实施文化铸魂行动。

（五）拓宽景区宣传渠道，擦亮品牌

加大宣传力度，拓宽景区宣传渠道，提升宣传效果，提升水利风景区品牌知名度和美誉度。各地积极参加由水利部文明办、水利部景区办等举办的各类型活动，通过“世界水日”“中国水周”“60秒看水美中国”主题活动、国家水利风景区典型案例推荐、传承红色基因水利风景区名录征集遴选、水利风景区宣传片及短视频征集、水利风景区水文创设计大赛、水利风景区高质量发展学术研讨等活动，打造品牌矩阵，积累水利风景区建设展示成果，不断丰富水利风景区品牌建设内容。各地以各类旅游节、各类赛事活动为载体，通过专题化、主题化、集中化宣传，营造大众参与、全民关注水利风景区的氛围；通过系列丛书、主题片、宣传片等宣传渠道，网站、微信公众号、新媒体等推送，进行流量传播。通过多渠道的宣传报道与推介活动，提升水利风景区品牌的社会认知度和影响力。

江苏编撰的“水韵江苏·河湖印记丛书”，入选“江苏省2022年主题出版重点出版物”，全年推送专题信息报道40余篇，不断提升景区影响力。湖北水利风景区微信公众号全年推送200篇订阅消息，吸引众多粉丝关注和实地体验。湖南各市县不断加强品牌宣传，湘潭水府水利风景区在央视推出《我的美丽乡村——生态水府致富路》专题片，通过一系列宣传活动，不断提升景区影响力和知名度。湖北、福建、浙江等用足用好协会与社会机构等力量，通过开展调研、培训、推介等方式，深化景区合作交流、促进成果共建共享；开展水利风景区高质量发展及集群发展学术研讨，加深对水利风景区的认知，进一步推动水利风景区高质量发展。在宜昌百里荒水利风景区现场举办首届湖北省水利学会水利风景区高质量发展学术研讨会。浙江开展水利风景区文旅融合指数研究等工作，为水旅融合发展提供更多的优质水生态产品和水美元素。西安市汉城湖国家水利风景区以“做强水文化、弘扬汉文化”为发展理念，以水利工程为载体，以文化赋能水利风景区高质量发展，积极打造汉文化品牌。举办大型汉文化主题品牌活动，修建丝绸之路博物馆、水与长安博物馆等特色文化展示项

目，把“水”的灵动柔情与“汉”的磅礴大气相结合，打造具有汉朝文化特色的高质量水利风景区。福建挖掘作为习近平新时代中国特色社会主义思想重要孕育地和实践地的独特内涵，围绕长汀水土保持治理、木兰溪治理等主题，打造新时代福建水利文化特色品牌；广东共同打造一批精品水利工程，做好水利风景区创建工作，努力打造一批体现岭南水乡特色和广东水利高质量发展的示范景区，让南粤大地广大人民群众在水利高质量发展中增强获得感和幸福感。

四　中国水利风景区发展形势

水利风景区建设管理工作是对国家战略的积极响应，也是行业发展的必然要求，依托水利风景资源建设的水利风景区可提供高质量的生态产品和文化产品，同时为经济社会高质量发展提供有力的水利支撑。新发展阶段，国家部署的全面推进水利基础设施建设、复苏河湖生态环境、推进文化自信自强、加快数字中国建设等工作极大地助推水利风景区实现高质量发展。

（一）全面推进水利基础设施建设，加速水利风景区规模质量双提升

水利是稳定宏观经济大盘的重要领域。水利工程点多面广量大，具有较好的规划和前期工作基础，特别是重大水利工程吸纳投资量大、产业链条长、创造的就业机会多，在保障国家水安全、推动区域协调发展、拉动有效投资需求、促进经济稳定增长等方面具有重要作用。

党中央、国务院高度重视水利工作，对全面加强水利基础设施建设做出重大决策部署。党的二十大报告强调，优化基础设施布局、结构、功能和系统集成，构建现代化基础设施体系；中央财经委员会第十一次会议要求，加强水利等网络型基础设施建设，把联网、补网、强链作为建设重点，着力提升网络效益；国务院常务会议专题研究部署加快推进水利工程建设，扩大有效投资。在“稳字当头、稳中求进”的经济发展总基调下，水利部按照党中

央、国务院决策部署，明确了重大水利工程项目的推进措施，健全机制，实行清单式管理，全力加快在建重大工程建设进度，大力推进一批重大工程开工建设。各省份按照国家和水利部部署，加速推进一批水利基础设施建设。

我国水利风景区建设主要依托水利设施、水域及其岸线，经过多年发展，已成为维护河湖健康美丽，促进幸福河湖建设，满足人民日益增长的美好生活需要的重要载体。秉承“建一处工程，成一处景区”的理念，在建水利工程、病险水库除险加固、农村供水工程、水土保持项目、三峡后续工作、南水北调中线防洪安全保障工程等一系列水利基础设施项目的全面建设，有助于促进沿线水利风景区风光带和水利风景区集群建设，使水利风景区呈现规模快速增长、活力不断提升、结构持续优化的发展态势，加速水利风景区规模质量双提升。

（二）复苏河湖生态环境，拓展水利风景区人水和谐展示空间

习近平总书记指出，生态兴则文明兴。[①] 党的二十大报告明确提出，尊重自然、顺应自然、保护自然，是全面建设社会主义现代化国家的内在要求，必须牢固树立和践行绿水青山就是金山银山的理念，站在人与自然和谐共生的高度谋划发展。河湖是水资源的重要载体，是生态系统的重要组成部分，空间完整、功能完好、生态环境优美的河湖水域岸线，是最普惠的民生福祉和公共资源。进入新发展阶段，人民群众对美好生态环境的需求更加迫切。为贯彻落实习近平生态文明思想，2021 年 12 月，水利部印发《关于复苏河湖生态环境的指导意见》《“十四五”时期复苏河湖生态环境实施方案》《水利部关于加强河湖水域岸线空间管控的指导意见》，明确了复苏河湖生态环境的主要目标，系统部署各项任务措施。

河湖生态环境复苏，可提升水生态系统质量和稳定性，通过科学合理地保护与利用水利风景资源，推动水利风景区风光带和集群发展，持续打造一

① 《习近平：生态兴则文明兴》，“新华网”百家号，2020 年 9 月 30 日，https：//baijiahao.baidu. com/s？ id = 1679270805797027382&wfr = spider&for = pc。

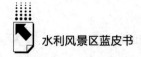

批特色鲜明的国家水利风景区，有助于彰显水利风景区维护健康美丽幸福河湖的独特价值，凸显水利风景区为人民群众提供更多文化、休闲、游憩空间的载体作用，实现河湖功能永续利用和人水和谐共生。

（三）推进文化自信自强，促进水利风景区内涵价值提升

党的二十大报告中指出“推进文化自信自强，铸就社会主义文化新辉煌”，为新时代新征程上社会主义文化强国建设进一步指明了前进方向。[①] 习近平总书记高度重视水文化在塑造和弘扬民族精神、时代精神中的重要作用和价值，在黄河流域生态保护和高质量发展座谈会上，指出黄河文化是中华民族的根和魂，要保护、传承、弘扬黄河文化；[②] 在全面推动长江经济带发展座谈会上，强调要把长江文化保护好、传承好、弘扬好。[③] 水利部高度重视水文化建设，2022 年出台《“十四五”水文化建设规划》，提出紧紧围绕治水实践，以保护、传承、弘扬、利用为主线，以黄河文化、长江文化、大运河文化为重点，积极推进水文化建设，为推动新阶段水利高质量发展凝聚精神力量。[④]

文化自信自强对水文化建设提出更高的要求，迫切需要深入挖掘中华优秀治水文化的丰富内涵和时代价值，切实加强水利遗产的保护和利用，提升水利工程的文化品位，满足广大人民群众日益增长的精神文化需求。水利风景区以传承弘扬水文化为重要内容，通过充分挖掘水利工程文化内涵，突出其文化功能和时代价值，有利于新发展阶段水文化传播弘扬，同时，水文化建设可突出水利风景区宜居水环境、先进水文化、红色基因传承的独特魅力，进一步提升水利风景区发展内涵价值。

---

① 王易：《推进文化自信自强　铸就社会主义文化新辉煌》，《红旗文稿》2022 年第 21 期。

② 王胜昔：《讲好“黄河故事”，凝聚精神力量》，《光明日报》2019 年 10 月 8 日，第 2 版。

③ 《要把长江文化保护好、传承好、弘扬好，延续历史文脉，坚定文化自信》，“央广网”百家号，2023 年 7 月 22 日，https：//baijiahao. baidu. com/s? id = 1772080838248254691&wfr = spider& for = pc。

④ 《水利部印发〈“十四五”水文化建设规划〉》，央视网，2022 年 2 月 22 日，https：//news. cctv. com/2022/02/22/ARTIfXiY0GLPv0xxO91LSGZ6220222. shtml。

（四）拓宽水利建设资金渠道，保障水利风景区高质量发展

2022 年，国家围绕重大战略部署和“十四五”规划，提出适度超前开展基础设施投资。国家发展改革委指出，将加大投资支持力度，进一步对重大水利工程建设给予倾斜，深化水利投融资改革，积极引导社会资本依法合规参与工程建设和运营，扩大股权和债权融资规模。为拓宽水利基础设施建设长期资金筹措渠道，水利部会同有关部委、地方加快推进水利基础设施建设，印发《关于推进水利基础设施政府和社会资本合作（PPP）模式发展的指导意见》等文件，在争取加大中央财政投入力度的同时，推进水利基础设施政府和社会资本合作模式发展，鼓励和吸引更多社会资本参与水利基础设施建设运营，积极稳妥推进水利基础设施投资信托基金（REITs）试点工作。

2020 年以来，世界变局加剧、新冠疫情冲击和国内经济下行等多重因素，对水利风景区的开发与运营、产品与服务都提出了严峻挑战。2022 年，拓宽水利建设资金筹措渠道政策可为水利风景区高质量建设发展提供保障，各级水行政主管部门在加大政府投入力度的同时，通过市场配置资源，深化水利投融资改革，推动水利风景区破解投融资困境，有助于防范景区资金链断裂和破产风险，支撑景区基础设施、安全设施、文化科普设施等的建设完善，重塑景区高质量建设发展格局，从而进一步满足人民群众的高品质需求。

（五）大众消费复苏，释放水利风景区服务功能活力

2022 年 12 月，随着疫情防控政策和措施的落实实施，旅游、消费活动逐步回暖。党的二十大强调，要构建优质高效的服务业新体系。各地把恢复和扩大消费摆在优先位置，以新场景、新服务为特点的“新型消费”深受年轻人青睐，正释放出消费新活力。

水利风景区以水为“媒”，依托丰富的水资源，借助疫情防控政策调整和大众消费复苏时机，通过大力发展水上旅游，丰富旅游业态，完善现代旅

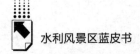

游产品体系，不仅有助于推动水旅、文旅融合发展，拓宽景区资金来源渠道，也可重塑景区“维护水工程、保护水资源、改善水环境、修复水生态、弘扬水文化、发展水经济”的发展理念，释放景区优质旅游产品和服务供给的强大活力。

（六）加快数字中国建设，推进水利风景区智慧化运管

党的二十大报告指出，要加快建设网络强国、数字中国。习近平总书记提出加快数字中国建设。[①] 要以信息化培育新动能，用新动能推动新发展，以新发展创造新辉煌。水利部深入贯彻习近平总书记关于网络强国的重要论述，按照“需求牵引、应用至上、数字赋能、提升能力”要求，大力推进智慧水利建设，2022 年，印发《关于大力推进智慧水利建设的指导意见》《“十四五”期间推进智慧水利建设实施方案》《智慧水利建设顶层设计》《“十四五”智慧水利建设规划》等一系列文件，将智慧水利建设作为推动新阶段水利高质量发展的实施路径之一，明确了推进智慧水利建设的时间表、路线图、任务书、责任单。

景区数字化是推动传统景区提质升级的过程，也是数字经济赋能行业高质量发展的必然趋势。借助智慧水利建设契机，水利风景区充分运用现代信息技术，创新景区管理、服务模式，提高景区运营效率和应急管理能力，促进游览便利化、提升游客满意度，全面推进景区数字化经营服务能力提升和泛在数字化服务体系建设。

五　中国水利风景区发展建议

2022 年，全国各地水利风景区建设管理取得较好的成效，但仍然存在发展动力不足、投融资渠道不畅、景区特色有待提升的问题。进入新发展阶

① 庄荣文：《深入贯彻落实党的二十大精神　以数字中国建设助力中国式现代化》，《人民日报》2023 年 3 月 3 日，第 10 版。

段，水利风景区发展应积极响应国家战略，依托水利资源优势，发挥水利行业综合服务功能，加强文化内涵建设，提升智慧化运营水平，创新投融资机制，为水利高质量发展提供重要支撑。

（一）依托水利资源优势，优化便民景区空间布局

水利设施、水域及其岸线是水利风景区设立的基础，重大水利工程、病险水库除险加固、农村供水工程、大中型灌区、水土保持项目、三峡后续工作、南水北调中线防洪安全保障工程等各类水利基础设施的全面建设，为水利风景区提供了广阔的发展空间。

充分衔接流域综合规划、水资源综合规划、防洪规划、河湖岸线保护与利用等规划和生态流量管理、饮用水水源保护与河湖空间管控要求，统筹考虑水利风景区的空间布局；围绕国家江河战略、国家水网工程建设及河流水系治理等，打造江河湖泊沿线水利风景区绿色生态廊道和风光带；结合城市发展、美丽乡村、田园综合体、特色小镇等建设，串联库、渠、塘、河、湖等水利风景资源，推动水利风景区集群发展；结合国家水网工程建设，结合水利基础设施建设，统筹水利风景资源，秉承“建一处工程，成一处景区”的理念，推动水利风景区风光带建设；结合幸福河湖、水系连通、水美乡村建设试点等建设，创建一批星罗棋布的水利风景区。

（二）发挥水利服务功能，推动惠民景区发展

水利风景区以维护河湖健康生命为根本目的，以建设健康美丽幸福河湖为价值导向，是水利行业为人民群众提供生态、文化、休闲、教育等服务的综合服务平台。水利风景区应完善服务功能，探索惠民服务措施，坚持景区为民、发展惠民，让人民群众享有更高质量的幸福体验。

积极建设公益型水利风景区，公益型水利风景区是通过生态水利建设、河湖治理修复等手段，实现山青、水秀、景美，为人民群众提供免费

的休闲游憩场所，同时兼有环境保护宣传、水利科普教育等功能。此类景区要分布广、数量多，注重环境质量，要让人民群众方便到达，乐于使用，增强人民幸福感。规范管理非公益型水利风景区，非公益型水利风景区具有一定的旅游开发潜力，可以适度发展水利旅游项目。此类景区应探索弱化门票、强化服务的经营模式，降低门票价格或是免费，注重游览体验，丰富旅游产品，增强游客获得感。水利风景区要注重联动发展，提供区域服务综合产品，形成区域特色主题游览线路、文化休闲生态观光带等。探索推行“水利风景区游览一卡通”，增加合作景区数量和新业态，降低服务成本，增加服务权益。景区服务方式更加多元，提高群众对各类文化活动、展演、宣教的知晓率和参与度，提升群众对景区文化服务的满意度。

（三）加强文化内涵建设，打造文化强国水利名片

文化领域是推动经济社会高质量发展的重要支点，需要强化文化赋能的作用。借“水”兴“利”建设的水利风景区以水利工程为依托，在传承弘扬水文化、开展水情教育、展示水利成就、弘扬水利精神等方面具有得天独厚的优势。

水利风景区要充分挖掘水利工程文化内涵，突出其文化功能和时代价值，成为水文化建设与传承的重要纽带。各地要进一步提升水利风景区的水利工程文化品位，完善水文化设施，创新水利遗产保护与利用方式，强化治水实践的经验与成效展示，为水利部门增强文化自觉、树立文化自信、提升软实力提供重要平台；在水利工程规划、设计、建设中融入水文化和当地人文元素，充分挖掘红色资源、廉洁文化，合理利用已有建筑、既有设施和闲置场所，开展文化、科普、教育等活动；依托水利风景区，建设水情教育基地、水利科普教育基地、水利法治宣传教育基地、节水教育社会实践基地、水土保持科技示范园等类型丰富的水文化教育阵地，打造文化强国建设的特色水利名片。

（四）运用现代信息技术，助力景区智慧化建设

2022年，水利部印发了《关于大力推进智慧水利建设的指导意见》《“十四五”期间推进智慧水利建设实施方案》《智慧水利建设顶层设计》《“十四五”智慧水利建设规划》等一系列文件，将智慧水利建设作为推动新阶段水利高质量发展的实施路径之一，明确了推进智慧水利建设的时间表、路线图、任务书、责任单。

智慧景区以物联网、大数据、云计算、区块链、人工智能、数字孪生等新技术为支撑，促进管理智慧化、数字化、服务全面化和可持续发展。通过加强数字基础设施建设，促进消费转型，加快线上线下消费有机融合，扩大升级数字消费，培育壮大智慧产品、智慧旅游、智慧养老、数字文化、智能体育等消费新业态。通过加强文化、旅游、体育、健康、交通等消费跨界融合，积极拓展沉浸式、体验式、互动式消费新场景。

水利风景区要充分利用现代信息技术，促进景区服务线上线下融合，及时发布水利风景区环境质量和服务等信息；通过搭建和完善国家水利风景区动态监管平台，加强河湖水质、生态流量、水生态环境监测，建立数据共享机制，推动实现部、省、市、县（区）、景区数据汇聚和一体化管理；通过建设数字孪生景区，以在线游览、虚拟仿真体验、危险源自动识别、智慧调度等功能的实现创新景区管理、服务模式；借助虚拟仿真技术呈现沉浸式、体验式、互动式消费新场景，以满足景区在线智慧化建管需要，人民群众对泛在可及、智慧便捷的数字化服务体系的需要。

（五）创新投融资机制，提升景区水生态产品价值

积极推进水利风景区多元化投融资机制创新，挖掘水利风景区优势资源和水生态产品价值，拓展水利风景区市场融资途径，吸引社会资本参与水利风景区建设与管理。各级水利部门在争取加大中央财政投入力度的同时，从地方政府专项债券、金融资金、社会资本等方面增加投入，为水利风景区发展提供资金保障；通过发挥市场资源配置机制，深化水利投融资改革，吸引

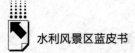

更多社会资本、专项债券、金融资金，参与景区基础设施、安全设施、文化科普设施等建设，纾解水利风景区投融资困境。

开展水利风景区水生态产品价值实现机制试点，明确水生态产品清单；开展水生态产品价值评估，研究水利风景区水生态产品价值实现的路径，推进“水利风景区+”融合发展；鼓励水利风景区通过生态产品认证、生态标识等方式培育具有水利特色的生态产品区域公用品牌，提升水生态产品价值。同时，探索水利风景区带动产业绿色发展和产业溢价反哺景区之间的经济循环模式，形成稳定强劲的持续发展动力，为行业发展注入新动能。

参考文献

《水利部关于印发〈水利风景区管理办法〉的通知》。

《维护河湖健康生命　助力水美中国建设　推动新阶段水利风景区高质量发展——水利部景区办负责同志解读〈关于推动水利风景区高质量发展的指导意见〉》，《中国水利报》2022 年 8 月 9 日，第 6 版。

《水利部关于印发〈关于推动水利风景区高质量发展的指导意见〉的通知》。

李灵军、韩凌杰、宋亚亭：《国土空间规划背景下水利风景区规划思路探析》，《水利经济》2021 年第 4 期。

吴镝、洪安娜、李竹音：《河长制助力　风景区更美》，《中国水利报》2022 年 5 月 12 日，第 3 版。

范菲芸：《广东依托碧道和水利风景区打造绿色水经济》，《中国水利报》2022 年 7 月 8 日，第 3 版。

专题报告

Special Reports

B.2

新阶段水利风景区管理办法解读

关业祥　董　青　谭佩君　谢祥财　宋　鑫　郑丹颖*

摘　要： 为适应新阶段水利风景区高质量发展的要求，水利部于2022年对《水利风景区管理办法》进行了修订。本报告分析了《水利风景区管理办法》的修订背景，提出新阶段应进一步完善规划体系、强化监督管理、提高品牌形象，地方应结合实际，尽快出台相关水利风景区管理办法，为新阶段水利风景区高质量发展提供制度保障。

关键词： 水利风景区　风景区管理　高质量发展

---

* 关业祥，原水利部南水北调规划设计管理局副局长，教授级高级工程师；董青，博士，水利部综合事业局景区规划建设处处长，正高级工程师，研究方向为水利风景区建设管理；谭佩君，湖南省洞庭湖水利事务中心二级调研员，研究方向为水利风景区及河湖管理；谢祥财，博士，福建农林大学副教授，研究方向为风景园林规划与设计；宋鑫，华北水利水电大学讲师，研究方向为城乡规划设计；郑丹颖，陕西省水利水电发展中心工程师，研究方向为水利风景区建设管理。

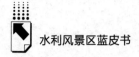

进入新发展阶段，水利风景区转向高质量发展，为进一步维护河湖健康，促进幸福河湖建设，水利部加强水利风景区顶层设计，2022 年修订印发《水利风景区管理办法》，强化规划引领，完善管理机制。多地积极贯彻落实，结合本地实际，启动水利风景区相关管理办法的编制工作，为水利风景区高质量发展提供制度保障。

一　新形势下解决发展问题，顶层设计迎来新变化

2004 年，水利部出台的《水利风景区管理办法》实施十多年来，有力地推进了水利风景区建设、管理和保护工作的规范化、科学化，强化了水利风景资源科学合理利用，促进了水资源和生态环境保护，水利风景区建设取得良性发展。面对新形势、新要求，水利风景区建设管理工作中出现了一些新情况、新问题，《水利风景区管理办法》已不能完全满足新形势和实际工作的需要。为进一步维护河湖健康，促进幸福河湖建设，2022 年水利部修订印发《水利风景区管理办法》（以下简称《办法》）。《办法》提供了强有力的制度保障，为水利风景区的高质量发展提供更好的支持，有助于加强水利风景区的建设和管理，维护河湖健康生命，促进生态文明建设。

（一）新阶段水利风景区面临的新形势

一是新阶段，我国社会主要矛盾已转化为人民日益增长的美好生活需要和不平衡不充分的发展之间的矛盾。人民群众对人居环境的要求日益提高，环境问题日益成为重要的民生问题。国家大力推进生态文明建设，党的十九大将践行“绿水青山就是金山银山”理念写入报告。水利风景区作为依托水域、水利工程为人民提供美好环境的区域载体，其建设与管理是加快绿色发展、提升生态文明水平、建设美丽中国的重要工作内容及抓手。

二是中央提出的全面推行河长制是完善水治理体系、保障国家水安全的制度创新，明确了加强河流、湖泊管理保护工作，既是实现绿色发展、推进

生态文明建设的内在要求，也是解决我国复杂水问题、维护河湖健康生命的有效举措。河流、湖泊是重要的水利风景区基础性资源要素，水利风景区建设管理以维护河湖健康、实现河湖功能永续利用、满足人民对美好生活的向往为主旨目标，有助于水资源保护、水污染防治、水环境改善、水生态修复，与河湖管理要求一脉相承，把水利风景区建设管理纳入河长湖长制工作，将其作为幸福河湖建设的重要抓手，为水利风景区建设发展搭建了新的平台。

三是 2018 年国家机关机构改革中，明确了水利部“指导水利设施、水域及其岸线的综合利用”“维护河湖健康美丽”的工作职责。水利部根据党中央、国务院机构改革精神要求，印发了《水利部机关各司局职能配置内设处室和人员编制规定》（水人事〔2018〕235 号），进一步明确水利风景区建设与管理工作是水利部的一项职责，由河湖管理司负责指导。

（二）水利风景区发展需要解决的突出问题

一是“十四五”时期水利改革发展重点任务是着力解决水利发展不平衡问题，全面推进水利高质量发展和基础设施建设，治水主要矛盾发生深刻变化，要求加快转变治水思路和方式。2018 年水利部开展了全国水利风景区专项检查，检查发现各地在景区建设管理、功能发挥和安全隐患等方面还存在不同程度的问题，既有思想认识不到位的问题，也有水利风景区主体功能不明确、管理制度不健全、工作责任不落实的问题，“重建轻管”的观念还没有得到根本扭转。按照水利改革发展要求，应加强水利风景区工作监管，但监管什么、谁来监管、如何监管等在原办法中并未明确，复核、退出等动态管理机制尚未建立。

二是水利风景区发展与人民群众对优美生态环境的需要相比，还存在一定的差距。如一些地区水利风景区的数量偏少、质量偏低、功能作用未能得到充分发挥，无法满足人民对美好生活的向往。在今后相当长的一个时期，水利风景区建设将转向以群众身边的市县级水利风景区、省级水利风景区为重点，实施主体相应转为以市县级水行政主管部门为主，对水利风景区建设与管理工作提出新的、更高的要求，需要进一步明确水利风景区主体功能定位和目标内容，建立权责一致、分工合理、执行顺畅的管理制度。

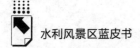

三是水利风景区发展十多年来，由小到大，由弱到强，取得了较为显著的成效，但目前也面临新的挑战，如管理体制不顺、机制不活、建设发展资金渠道不宽、与水利工程建设衔接不够、监管薄弱、景区单位内生动力不足等，一些深层次问题凸显，制约了水利风景区又好又快健康发展，需要进一步建立健全激励和奖惩制度，规范建设管理的行为。此外，还存在规划编制单位的资质不符合“放管服”改革要求，规定的“先设立、再规划建设”的景区管理方式在一定程度上存在重评轻管，对景区项目建设、运营活动等刚性约束不够等问题。

（三）顶层设计解决了发展中的相关核心问题

一是完善了水利风景区的内涵。《办法》对水利风景区的定义是：以水利设施、水域及其岸线为依托，具有一定规模和质量的水利风景资源与环境条件，通过生态、文化、服务和安全设施建设，开展科普、文化、教育等活动或者供人们休闲游憩的区域。

按照国家机关机构改革“三定”方案，明确水利部承担“指导水利设施、水域及其岸线的综合利用”“维护河湖健康美丽”的工作职责，水利风景区的定义应与其相符。同时，强化对“岸线”的依托，使水利风景资源包含的内容更加完整。新定义引申出水利风景资源的概念。水利风景资源的定义在《水利风景区评价标准》中给出。新定义明确了水利风景区的主要建设内容为生态、文化、服务和安全设施；明确了水利风景区的功能是开展科普、文化、教育等活动或者供人们休闲游憩。新定义体现水利风景区建设与管理主要是科学利用和保护水利设施、水域及其岸线，充分发挥水利工程综合效益，从而为人民创造优质生态产品。

二是明确指导思想，强化水利风景区功能定位。水利风景区建设与管理要以习近平新时代中国特色社会主义思想为指导，贯彻落实习近平总书记“节水优先、空间均衡、系统治理、两手发力”治水思路和关于治水重要讲话指示批示精神，以推动新阶段水利高质量发展为主题，以维护河湖健康生命为主线，坚守安全底线，科学保护和综合利用水利设施、水域及其岸线，传承弘扬水文化，为人民群众提供更多优质水生态产品，服务幸福河湖和美丽中国建设。

三是完善管理体制，明确工作机制，强化组织保障。按照统一组织、分级管理的要求，《办法》在原有基础上，进一步明确了水利部、流域管理机构和地方水行政主管部门在水利风景区建设与管理中承担的职责；指出水利部指导全国水利风景区建设与管理工作，水利部在国家确定的重要江河、湖泊设立的流域管理机构指导所管辖范围内的水利风景区建设与管理工作，县级以上地方水行政主管部门指导本行政区域内所管辖的水利风景区建设与管理工作。在吸取地方实践经验的基础上，提出水利风景区建设与管理应充分利用河长制湖长制平台，在政府统一协调下，最大化各职能部门资源优势，建立起部门间的协同合作以及社会力量积极参与的机制。

二　强化规划引领，提高水利风景区规范化建设水平

水利风景区建设可满足人民群众在水域及河湖岸线等美好空间进行游览观光、休闲度假、游憩等的需求，让一些封闭保护管理的区域转变为开放、共享的综合利用区域，是工程水利转变为民生水利、资源水利的重要方式。新发展阶段对水利风景区建设管理提出新要求，针对如何与生态文明、美丽中国、乡村振兴等国家战略融合发展，如何提供更好的水生态产品，如何处理好保护与开发利用问题，《办法》从规划和建设方面进行了重点修订。

（一）新增区域规划，进一步完善水利风景区规划体系

一是明确提出水利风景区规划体系包括区域总体规划，实现水利风景区发展与相关行业规划、国家战略的有效衔接。水利风景区总体规划可根据需要分为国家、流域、区域多级，是水利风景区发展的顶层规划，依据国家重大战略、区域发展战略，梳理规划范围内相关的经济社会发展规划、国土空

间规划及有关行业规划等，厘清水利风景资源分布状况及特征，分析规划范围内经济、社会、生态、文化等各领域对水利风景区发展的需求，统筹协调水利风景区规划与国家战略、社会发展规划、国土空间规划、水利发展规划、流域综合规划、文旅规划等相关规划，使其更好地融入国家地方发展大局。

二是明确提出水利风景区规划体系包括建设规划，规范水利风景区建设发展。建设规划应结合每个景区实际，合理拟定建设与管理方案，主要内容包括水利风景资源调查与评价、总体要求、功能分区、水生态环境保护与修复、水文化建设、基础服务设施建设、安全保障、景区管理与能力建设等，突出强调水文化科普建设、信息化建设的重要性。

三是明确水利风景区重要建设内容，强化特色和品牌建设。提出基础设施建设是提高景区服务能力的基础，有助于整体形象提升；水文化建设是提高景区内涵的重要抓手；数字化建设是提高景区管理效能和服务效能的重要手段。《办法》明确水利风景区应结合新建、改建、扩建水利工程，河湖综合治理、水土流失综合防治和绿色小水电、移民村落等建设，完善安全、文化、服务等设施；应结合世界灌溉工程遗产、国家水利遗产、水利法治宣传教育基地、国家水土保持科技示范园区、国家水情教育基地、节水教育社会实践基地等，建设水利知识普及和教育设施、水文化展示场所；应顺应当前社会发展信息化、智能化趋势要求，建立和完善信息化和智能管理设施，建立信息档案和监测数据库。这些规定为水利风景区高质量发展提供基础保障。

（二）强化规划引领，突出规划刚性作用

一是转变管理方式，调整水利风景区规划与认定方法。《办法》增加了规划与设立环节，明确由水行政主管部门或者流域管理机构，根据水利风景区申请条件，依据总体规划先认定水利风景区；经认定的水利风景区应编制景区建设规划，按经批准的规划开展水利风景区建设；待景区建设达到相应规模质量和管理水平后，再申报认定省级水利风景区、国家水利风景区。这种转变增强了水利风景区建设的广泛性，把规划作为建设的前置条件，强化

规划引领；把规模质量和管理水平作为各级水利风景区认定的关键，强化了高质量发展要求。

二是突出规划成果的核心地位。《办法》规定县级以上地方人民政府水行政主管部门负责组织制定本行政区域的水利风景区发展规划（水利风景区总体规划），水利风景区的设立应符合水利风景区发展规划要求。景区建设前应编制建设规划，各类建设、管理、监督应严格遵守批复后的规划成果。水利风景区建设应符合总体规划的要求，明确景区建设定位、协调与相关规划的衔接关系，贯彻落实国家或者区域战略部署要求；水利风景区建设应当按照水利风景区建设规划的规定，明确水利风景区应该做什么、不应该做什么、允许做什么、禁止做什么等相关内容，规范化发展。

三　多措并举强化管理，提升水利风景区品牌形象

精细管理和优质服务是新阶段水利风景区持续健康发展的关键所在。原办法侧重水利风景区设立，以评促管，景区管理方式在一定程度上存在重评轻管问题，对景区项目建设、运营活动等刚性约束不够，涉及运行管理的内容偏少，对设立后景区监督管理没有提出明确要求，未建立景区复核、退出等动态管理机制。《办法》从运行管理和监督管理两个维度，多举措提出管理要求，有助于水利风景区良性发展。

（一）健全运行管理机制，提高水利风景区服务水平

一是细化运行管理要求，规范景区运行权责。水利风景区依托水利设施、水域及其岸线建设而成，《办法》提出水利风景区运行管理应当服从并遵守水利工程管理、水资源保护、河湖管理、水土保持等相关规定；管理机构应当建立并完善管理与保护制度，合理划分功能分区，落实管护措施，明确管理责任。在水利风景区内开展的各类活动不得对河湖水域及其岸线、水利设施、水土保持、水资源水环境等造成负面影响。

二是补充安全管理要求，加强景区应急管理能力。安全管理工作是景区

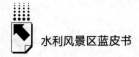

管理的首要任务。《办法》规定，水利风景区管理机构应当加强景区公共安全与应急管理，编制突发公共事件应急预案，建立健全安全管理制度；加强水利风景区安全监测；设置安全警戒标识并落实管控措施，定期对安全防护设施进行检查和维护，及时排除安全隐患。

三是增加标识管理要求，树立景区品牌形象。标识系统是景区标准化管理的重要内容，是景区文化和精神理念的展示窗口，对景区宣传和发展起着至关重要的作用。《办法》强调了水利风景区品牌展示的重要性，要求在显著区域和关键节点设置水利风景区的各类标识，并明确标识的具体内容包括水利风景区的 logo、名称、认定时间、地理范围以及水利设施建设、水治理成就、河湖水文情势、水文化等相关信息。同时，《办法》还充分考虑了水利风景区的行业特性，通过讲好河湖故事，提升水利风景区在社会层面的影响力。

四是增加文化科普管理规定，强化景区品质内涵建设。水利风景区是传承弘扬水文化、开展水利科普教育的重要场所。2021 年水利部印发的《关于加快推进水文化建设的指导意见》提出，保护、传承、弘扬、利用治水实践中形成的文化瑰宝，加强水利遗产挖掘和保护，提供形式多样的水文化产品和服务。《办法》明确要求水利风景区管理机构开展水文化科普教育、水利遗产保护与利用的职责，水利风景区应当充分利用已有场所及设施，开展水利科普、水利法治和水文化宣传教育等活动，加强水利遗产调查、保护与利用工作，使之成为水利文化宣传展示的重要载体。

（二）强化监督管理，推动水利风景区健康发展

加强监督管理是促进水利风景区持续健康发展的保障。针对以往建设管理过程中未建立景区复核、退出等动态管理机制的问题，创新工作方法，抓实督查检查，建立退出机制、激励考核机制，进一步强化监督管理，持续提升水利风景区整体形象。

一是健全水利风景区监督管理机制。强化各级水行政主管部门和流域管理机构监督管理职责，加大事中事后监管力度。《办法》要求按照景区自

查、流域管理机构/省级水行政主管部门复核、水利部抽查的工作机制，明确监管主体，新增自查、复核、重点抽查和专项检查要求，开展景区复核，查缺补漏，把好“过程关”，充分利用现代信息技术强化动态监管，建立自查、复核、专项检查、随机抽查、定期复查等各级水管部门全面参与的过程管理模式。

二是建立国家水利风景区退出机制。明确违反管理规定行为的处理措施，有助于完善约束机制，强化事中事后监管。《办法》提出通过复核重点抽查或者专项检查，发现国家水利风景区因水利设施、水域及其岸线功能调整等，不符合原认定条件时，由水利部责令限期整改；逾期未整改或者整改不到位的，由水利部予以撤销并向社会公告。退出机制增强了监管能力，可切实维护水利设施安全、河湖健康生命。

三是鼓励设置水利风景区纳入河湖长制考核。水利风景区纳入河湖长制考核，有助于调动地方创建水利风景区的积极性。各地根据工作实际，依托河长制平台，将水利风景区工作纳入河湖长制暗访、考核内容，突出正向激励，在“河长制+”的总体框架下，进一步加强景区监督考核，压实工作责任，推动水利风景区工作提档升级。

四　地方落实顶层设计，加快出台管理细则

为推动水利风景区建设与管理工作，各地结合实际，结合国家水利风景区管理顶层设计，研究制定地方管理细则。江苏、河南、浙江、甘肃等地启动地方水利风景区管理办法制定工作。陕西出台的《陕西省水利风景区管理办法》，成为引导全省各地规范推进水利风景区建设发展的重要依据。《陕西省水利风景区管理办法》共 6 章 34 条，结合陕西省实际，主要从以下三个方面进行细化。

一是新增市级水利风景区。为调动地方政府创建水利风景区的积极性，充分挖掘水利风景资源价值，陕西省结合本省实际，将本省辖区内的水利风景区分为国家、省级、市级三个级别，明确了省级、市级水利风景区申报主

体、流程及条件规定。市级水利风景区由景区管理单位向所在地县级水行政主管部门提出申请，经审查出具初审报告，报县级人民政府同意后，向市级水行政主管部门申报。市级水行政主管部门组织考察评价，评价分值达到100分以上的，由市级水行政主管部门认定，报省水利厅备案。市级水利风景区认定1年后，景区管理单位经所在地县级人民政府同意、市级水行政主管部门初审后，可向省水利厅申报省级水利风景区。省水利厅组织实地考察评价，评价分值达到120分以上的，由省水利厅认定，报水利部备案。

二是细化水利风景区建设要求。《办法》提出“结合新建、改建、扩建水利工程，河湖综合治理、水土流失综合防治和绿色小水电、移民村落等建设，完善安全、文化、服务等设施”。陕西省进一步细化建设要求，明确提出大型水利工程建设在工程规划和工程设计时，具备景区创建条件的，应把水景观、水文化、水科普及安全设施建设内容纳入工程规划和建设方案。

三是明确投入途径和可持续发展机制。长期以来，水利风景区建设投入不足、渠道不畅成为水利风景区可持续发展的瓶颈。为此，陕西省提出地方各级人民政府要设立水利风景区发展专项资金，增加政府引导性投入，建立长效、稳定的“政府引导、社会参与、市场运作”的多元化投入机制。该项工作机制的提出将为推进陕西省水利风景区发展引导资金落实工作、支持水利风景区发展加快提档升级奠定基础。

参考文献

《维护河湖健康生命　助力水美中国建设　推动新阶段水利风景区高质量发展——水利部景区办负责同志解读〈关于推动水利风景区高质量发展的指导意见〉》，《中国水利报》2022年8月9日，第6版。

《水利部关于印发〈关于推动水利风景区高质量发展的指导意见〉的通知》。

李国英：《在2022年全国水利工作会议上的讲话》，《水利发展研究》2022年第2期。

张琦、杨铭宇：《准确把握水利风景区高质量发展的战略意义》，《国家治理》2021

年第 46 期。

李贵宝、吴殿廷、王凯：《专题研讨：水利风景区高质量发展的实现路径》，《国家治理》2021 年第 46 期。

李国英：《推动新阶段水利高质量发展　为全面建设社会主义现代化国家提供水安全保障》，《中国水利报》2021 年 8 月 24 日。

李国英：《发挥机关党建政治引领保障作用　推动新阶段水利高质量发展》，《旗帜》2022 年第 9 期。

B.3

新阶段水利风景区高质量发展实现路径

吴亦宁　吴殿廷　孔莉莉　邱　颖　杨　烁　相　征　杨　伟*

摘　要： 新阶段水利风景区高质量发展是满足人民日益增长的美好生活需要的必然要求。分析水利风景区高质量发展背景，提出新阶段水利风景区高质量发展应全局谋划，整体推进，锚定水利风景区战略布局；文化引领，绿色发展，塑造水利风景区品牌；强化监督管理，完善水利风景区制度建设。各地应结合地方实际开创各具特色的水利风景区高质量发展新局面。

关键词： 水利风景区　高质量发展　水文化建设

党的十八大以来，党和国家高度重视生态文明建设，发展水利风景区成为贯彻落实习近平生态文明思想、建设美丽中国的重要举措，为人民群众提供高质量的水生态产品和水文化产品、满足人民对美好生活的期待是新时期水利风景区建设管理的目标任务。水利部深入贯彻习近平生态文明思想和习近平总书记“节水优先、空间均衡、系统治理、两手发力”治水思路及关于治水的重要讲话指示批示精神，全面部署水利风景区发展工作，印发

* 吴亦宁，河南省水利厅水利风景区景区办高级经济师，研究方向为水利风景区建设管理；吴殿廷，博士，北京师范大学教授，研究方向为区域分析与规划；孔莉莉，博士，江苏省水利厅景区办一级主任科员，研究方向为水利风景区建设管理；邱颖，水利部综合事业局人事处工程师，研究方向为河湖管理；杨烁，黑龙江省水利厅河湖及运行管理处主任科员，研究方向为水利工程运行管理、涉河项目审批、水利风景区建设管理；相征，河北省桃林口水库事务中心高级工程师；杨伟，博士，湖北省水利水电科学研究院高级工程师，研究方向为水土保持。

《关于推动水利风景区高质量发展的指导意见》，明确4个方面的9项重点任务。各地积极响应，陆续出台适合本地发展的水利风景区高质量发展指导意见，如《关于推动黑龙江省水利风景区高质量发展的指导意见》《河北省推动水利风景区高质量发展的指导意见》《关于共同缔造高质量水利风景区的指导意见》等，为地方形成各具特色的水利风景区高质量发展新局面提供方向指引。

一　新形势新要求指明水利风景区发展新方向

（一）水利风景区发展面临的新形势新要求

一是高质量发展重要论述为水利风景区发展提供新形势。党的十九大报告首次提出“高质量发展”要求，党的二十大报告进一步指出，高质量发展是全面建设社会主义现代化国家的首要任务。新发展阶段，高质量发展不仅局限于经济领域，社会、文化、生态等各领域都要体现高质量发展的要求。水利风景区具有丰富的水利风景资源和优质的水生态环境，是为人们提供游览、休憩、娱乐等休闲活动的重要载体。推动水利风景区高质量发展，着力提升优质水生态产品的供给能力和质量水平，是满足人民日益增长的美好生活需求的重要途径，是水利行业增强人们获得感、幸福感和安全感的重要保障。

二是水利高质量发展对水利风景区发展提出新要求。2021年，水利部通过“政治对标、思路对标、任务对标，科学编制‘十四五’水利发展规划体系”专项行动，明确提出新阶段水利工作的主题为推动高质量发展。各级水利部门着力发挥水利设施功能，努力维护河湖健康生命，大力传承弘扬水文化，不断完善政策制度，推动建设一批高质量水利风景区，为满足人民美好生活需要提供更多的优质水生态产品。水利部新修订的《水利风景区管理办法》明确提出，水利风景区建设与管理以推动新阶段水利高质量发展为主题，陆续出台《水利部关于加快推进水文化建设的指导意见》

《“十四五”水文化建设规划》《“十四五”全国水情教育规划》《“十四五”水利科技创新规划》，对水利风景区的水文化高质量发展提出明确要求，营造了良好的宏观政策环境。

（二）水利风景区高质量发展是必然需求

一是维护河湖生态健康、满足人民美好生活需要的必然需求。新发展阶段，人民对优质河湖生态环境的需求持续增长。水利风景区作为打造幸福河湖的重要手段，因其特殊的自然资源优势，得以为民众提供多样化的休闲、游憩、文化、教育等活动空间和服务。基于保持河湖健康的目标，科学地保护和有效地利用水利设施、水域及岸线，以提供更多优质的水生态产品，是水利风景区必须遵循的核心底线和必然要求。

二是树立文化自信、弘扬水利精神、传承水文化的必然需求。水利风景区在水文化的传播、水教育活动的组织、水利设施成就的展示、水利精神的弘扬等方面具有显著优势。通过进一步优化水利风景区的水利工程文化品质，完善水文化设施，创新水利遗产的保护与利用方式，强化治水实践的经验与成就的展示，将有助于水利部门提高文化自觉，树立文化自信，增强其软实力。

二　全局谋划，整体推进，锚定水利风景区战略布局

（一）依托水利工程建设，谋划水利风景区空间布局

水利部确定新阶段水利高质量发展以流域防洪工程体系完善、国家水网重大工程实施、河湖生态环境复苏、智慧水利建设为重点实施路径。特别是国家水网建设将围绕国家重大战略，以大江大河干流及重要江河湖泊为基础，以南水北调工程东、中、西三线为重点，科学推进一批重大引调排水工程规划建设，推进大江大河干流堤防达标建设、重点河段河势控制，针对重点河段适时开展提标建设，构建重要江河绿色生态廊道，加快构建国家水网主骨架和大动脉。水利风景区以水利设施、水域及其岸线为依托，一大批陆

续开展的重大水利工程建设将为水利风景区高质量发展提供更加广阔的空间；围绕国家重大战略与区域发展战略实施，完善水利风景区总体布局；我国空间广阔，地形地貌多样，水利风景区资源禀赋差异巨大，因地制宜挖掘不同区域的不同水利风景资源，有助于塑造不同类型景区的特色与品牌。

（二）统筹水利风景资源，建设特色鲜明的水利风景区板块

一是结合国家战略和区域战略，发展水利风景区风光带。长江经济带建设、黄河流域生态保护和高质量发展、大运河文化公园建设、南水北调后续工程建设等国家战略和区域战略实施，以及区域性水利风景区总体规划，促使水利风景区由点到面整体发展。以河湖水系、水利设施为基础，全面整合上下游、左右岸的水利风景资源，将贯穿河流水系的不同景区进行串联，重点包括长江两岸、黄河沿岸、大运河沿线、南水北调工程沿线等，推进国家水利风景区的设立，打造一系列水利风景区风光带。以区域为单位，结合水网建设，将区域内的河湖、水库、渠道、池塘等水利风景资源进行整合，构建水利风景区集群。通过水利风景区风光带和集群，构建特色板块，提升品牌整体形象和知名度，使水利风景区成为幸福河湖、水美中国建设的亮点。

二是因地制宜，打造各具特色的水利风景区。在自然与人文景观、水资源丰富的大、中型水库构建一系列水库型水利风景区。在河湖资源丰富、河网密集的区域，规划建设水清岸绿、环境优美的河湖型水利风景区。在大、中型灌区分布密集的地区，打造具有田园风光、乡村特色的灌区型水利风景区。在黄河流域上中游、滇桂黔石漠化片区等水土流失区域，规划建设自然景观特色鲜明、文化科普内涵丰富的水土保持型水利风景区。

三　文化引领，绿色发展，塑造水利风景区品牌

（一）文化引领，打造水文化传播平台

一是坚定水利行业文化自信。水利风景区作为水利行业宣传展示的阵

地，在传承水文化、推动水情教育的发展、展示水利工程的成果、弘扬水利精神等方面，拥有独特的优越性。进一步提升水利风景区的水利工程文化品质，完善水利文化设施，创新水利遗产的保存与利用方式，展示治水实践的经验与成就，为水利部门强化文化自觉、建立文化自信、提高软实力提供了重要的支撑平台。

二是强化水利风景区文化内涵。充分挖掘水利工程文化，融入水文化和当地人文元素，加强水利遗产和古代水利工程遗迹的保护与利用，挖掘红色资源、廉洁文化，突出景区资源优势，充分挖掘、利用红色教育、水利科普、水文化等资源，建设水情教育基地、水利科普教育基地、水利法治宣传教育基地、节水教育社会实践基地、水土保持科技示范园等，开展文化、科普、教育等活动，充分发挥水利风景区传播文化科普平台作用，成为新阶段水利风景区高质量发展的主要建设内容。

（二）完善绿色安全设施建设，提升水利风景区服务水平

建设以绿色为基底、安全为保障的水利风景区是高质量发展的根本要求。水是山水林田湖生命共同体中的关键，水利风景区作为水利部门建设美丽中国和幸福河湖的重要抓手，在维护水工程、保护水资源、改善水环境、修复水生态、弘扬水文化、发展水经济中发挥了巨大作用。提供绿色生态产品，是全社会对水利风景区的期望。加强水利风景区水生态环境保护，维护河湖生态风貌，促进节水型社会建设和水资源可持续利用，为社会提供绿色低碳水生态产品是水利风景区的新任务。安全是水利风景区运行管理的前提。保障水利工程设施安全运行、防御水旱灾害、保护水生态、管理河湖岸线，强化安全意识和安全防护措施，完善健身步道、休闲绿道、亲水平台等建设，为人民群众提供优质的休闲游憩空间，对水利风景区提出更高要求。

（三）树立品牌意识，探索水利风景区生态价值实现途径

一是水利风景区品牌是塑造水利风景区整体形象的抓手。与其他类型的

景区相比，水利风景区在社会知名度和认可度方面仍然有一定的差距。启动一系列水利风景区遴选活动，打造一批国家水利风景区品牌建设示范标杆。利用各种媒体渠道，线上和线下结合，广泛推广示范景区的运作与管理经验；借助各种重要事件的节点和多元化的媒体平台，开展深入的宣传活动，强调水利风景区在生态文明、美丽中国和美丽乡村建设中的关键作用，巩固水利风景区的建设成效，强化景区品牌意识，促进品牌建设，提高景区整体形象。

二是持续推进“水利风景区+”多元融合发展。鼓励水利风景区通过生态产品认证、生态标识等方式培育具有水利特色的生态产品区域公用品牌，实现对水利风景区水生态产品价值的有效拓展。积极推动多元化的水利风景区投融资机制的改革，对水利风景区的优质资源和水生态产品价值进行深入挖掘，努力拓展水利风景区的市场融资渠道，吸引社会资本的参与，支持和推动水利风景区的建设和管理工作。

四　完善水利风景区制度建设，强化监督管理

（一）加强复核监督，完善管理体系

一是明确景区管理责任，建立退出机制。进一步核实景区管理范围、管理机构，明确职责划分，提高预防和处置突发事件的能力，督促整改落实，确保景区安全运行。通过复核工作，景区管理单位全面开展自查，发现问题，推动整改，落实退出机制，切实维护水利设施安全，维护河湖健康生命。通过复核推进选优去劣，促进水利风景区管理水平提升，推动水利风景区质量效益双提升。

二是发挥动态监管平台作用，推进智慧建设。通过动态监管平台提升河湖水质、生态流量以及水生态环境的监测效率，构建数据共享机制，促进部、省、市、县（区）、景区的数据收集和一体化管理。推动现代信息技术如物联网、大数据、云计算、数字孪生等在景区服务中的应用，实现线上线

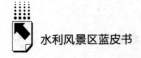

下服务融合，及时发布景区环境质量和服务等信息。鼓励高质量水利风景区率先进行智慧管理的实践。

（二）完善工作机制，加强管理统筹协调

一是充分利用河湖长制工作平台，规范全链条管理。进行政策指导和资源共享，内融外联，建立多部门融合发展的工作机制。推进水利风景区河湖管护长效发力，切实加强景区建设全链条规范管理。管理过程中，进行重点抽查，采用“有进有出”方式，倒逼景区建设“保质保量”，打造一批水利风景区示范样板，创建河湖管理新亮点。

二是加强队伍建设，提升水利风景区管理能力。构建合理化人才梯队，多渠道、多层次持续开展水利风景区建设管理培训工作，提升水利风景区建设与管理人员综合素质；加强理论研究与管理实践相结合，推动管理制度不断创新；加强与高校、科研院所等的合作交流，建设一批高水平专家团队，围绕水利风景区亟待解决的问题，以调查研究为基础，开展理论探索与技术应用推广。

五　结合地方实际开创水利风景区高质量发展新局面

（一）黑龙江：将水利风景区打造为水美龙江的典型示范

黑龙江立足生态强省、旅游强省、幸福河湖和美丽龙江建设，推动绿水青山、冰天雪地向金山银山转化，构建“十四五”期间水利风景区高质量发展新局面。

一是构建水利风景区发展新格局。完善景区的顶层设计，制定水利风景区的建设规划，注重与其他建设项目的有机融合，展现水文化的丰富内涵；同时结合新建改建扩建的水利工程、河湖综合治理、水土流失防治以及绿色小水电站、水系连通和水美乡村等项目，不断提升安全设施、文化设施、服

务设施等配套设施的完善程度。合理规划景区布局，推动水利风景区融入城市发展和美丽乡村建设，串联水利风景资源，打造绿色生态廊道与风光带，形成水利风景区集群。发挥各部门资源优势，建立部门协同、社会参与的工作机制，推动各类型水利风景区建设。

二是提高水利风景区产品供给能力。充分挖掘水文化功能，将水利与其蕴含的文化元素有机融合，充分彰显龙江治水实践，突出水利时代价值；依据水利工程特点统筹考虑建立水利科普研学营地、水情教育基地、红色教育基地等，面向公众开放；使水利风景区内文化设施与周边城乡风貌、历史文化、生态环境等相协调；创新表达方式，弘扬传承水文化。依托优良的水生态环境，结合自然资源和文化资源，打造水文化研学产品，鼓励景区挖掘已有场所及设施价值，开展各类水利科普、水文化宣传、水利法治、红色教育等活动；开发水旅游产品，拓展新业态新产品，促进水利风景区相关产业融合发展。

三是培育水利风景区发展新动力。充分发挥地方政府主导作用，鼓励建立健全水利风景区多渠道多元化筹资机制，拓宽景区融资渠道，鼓励和引导社会资金更加积极地参与水利风景区的建设，适度推广政府和社会资本合作（PPP）模式和企业股份制合作模式，提高景区的品质和吸引力。在有条件的地区探索水利风景资源资产化管理，鼓励水利风景区带动产业绿色发展，使产业溢价反哺景区经济。

探索推进“水利风景区+”多行业融合发展模式，培育具有龙江特色的水生态产品公用品牌，大力鼓励品牌认证、生态标识等，同时，加强品牌培育和保护工作，提升品牌的影响力和美誉度，实现水生态产品的溢价增值。

（二）河北：将水利风景区打造为特色河湖文化的重要载体

河北以河流水系为轴线，结合区域发展战略挖掘水利工程文化内涵，推动各具特色的水利风景区建设，促进优质水利风景资源和水生态产品价值实现，构建生态系统完善、区域空间网络联通、文化内涵丰富的水利风景区新格局，助力美丽河北建设。

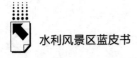

一是推动水利风景区风光带建设。以水系为轴线，以水利工程、湖泊为载体，统筹上下游、左右岸水利风景资源，串联沿河不同特色景区，形成水利风景区风光带。结合区域发展战略，建设全省水利风景区发展的基本框架，打造一批大运河、永定河、南水北调沿线水利风景区。结合区域水网规划建设，对接区域内水利风景资源，构建生态系统完备、区域空间网络联通的水利风景区群。

二是建设一批特色鲜明的水利风景区。持续推动高质量水利风景区建设，凸显水利风景区特色内涵。在风景资源丰富、生态环境优良的大中型水库重点打造一批水库型水利风景区；在冀东和冀中南河湖资源丰富、河网密集的地区，重点建设一批水质清澈、岸线葱郁、景色宜人的河湖型水利风景区；在山前平原带大中型灌区分布和密集地区，重点建设具有田园风光和乡村特色的灌区型水利风景区；在太行山、燕山山脉沿线，重点构建一批自然景观独特、文化科普内涵丰富的水土保持型水利风景区。

三是提升水利风景区文化内涵。深入探索水利工程的文化内涵，加强对水利遗产的保护和利用，强调其文化功能和时代价值。结合河北省水文化和人文元素特点，将红色资源、廉洁文化融入水利工程规划、建设、设计，创建具有红色基因的水利风景区。充分利用水利风景区现有建筑、场所和设施，组织开展爱国教育、水情教育、水利科普、法制宣传、节水教育等系列活动，发挥水利风景区丰富的宣传教育和社会服务功能，彰显景区新时期水利文化价值。

四是推动水利风景区水生态产品价值实现。充分挖掘和利用景区周边的环境资源，探索“水利+”多业态发展，借助河北省全域旅游发展战略，使水利风景区主动融入周边景区大旅游环境，结合生态农业开发精品旅游线路，促进水利风景区优质资源和水生态产品价值实现，助力乡村振兴。

（三）湖北：将水利风景区打造为共建共享的水利名片

湖北践行以人民为中心的发展思想，致力于构建“纵向到底、横向到边、共建共治共享”的城乡社会治理体系，践行决策共谋、发展共建、建设共管、效果共评、成果共享的实现路径，深入开展美好环境与幸福生活共同缔造活动，在水利风景区建设过程中，充分发挥当地群众的作用，实现景区与社会的共赢发展，共同缔造高质量水利风景区。

一是优化水利风景区规划，推动美丽乡村建设。强化水利风景区与乡村振兴、美丽乡村建设的结合，依托中小型水库除险加固和绿色小水电站创建、农村灌区及灌区文化、小流域综合治理和农村水土流失治理项目、湖泊清淤、小微水体治理和沟塘河渠连通整治，共建具有乡村地域特色的水库型、灌区型、水土保持型、河湖型水利风景区，以区域为单元，形成沿长江、汉江、清江及鄂北地区、大别山、江汉平原水利风景区风光带。

二是依托水利风景区资源优势，促进乡村共同富裕。依托各地独特的资源优势，推进“水利风景区+文旅农康”融合发展；鼓励以生态产品认证、生态标识等方式培育具有水利特色的生态产品区域公用品牌，实现对水利风景区水生态产品价值的有效拓展；建设水、景、人、文、农、产相融合的水利风景区，推动周边村庄实现向水美乡村的转化提升与有效衔接，辐射带动景区周边群众就近就地就业，促进景区周边群众共同富裕。

三是发挥水利风景区示范效应，协助乡村环境提升。将水利风景区建设与农村人居环境整治工程相结合，加强景区基础设施和服务设施建设，结合地方实际开展健身步道、休闲绿道、亲水平台等建设，改善水利风景区水生态环境，提升景区可观赏性，为景村融合发展创造基础条件。

四是打造水利风景区特色文化，促进乡村文旅融合。充分挖掘水利工程文化内涵、水利遗产资源、红色资源、廉洁文化，发挥水利风景区水情教育、科普研学、生态旅游功能，将水利风景区纳入乡村旅游目的地，打造水利风景区乡村旅游精品走廊，推动农村经济发展。

五是建立共建共管工作机制，共享美丽家园。坚持决策共谋，各级水利部门要将水利风景区纳入地方政府高质量发展相关重点推动项目和地方生态补偿政策范畴，共同谋划建设水利风景区；坚持发展共建，建立多元化投资体系，吸引社会资金投入水利风景区建设，有效利用水利资金以及各类奖补资金；坚持建设共管，建立部门联席会议制度，实现对风景资源的统一有效管护；坚持效果共评和成果共享，将水利风景区建设管理纳入地方河湖长制考核工作体系，与水情教育基地、节水教育基地、水土保持科技示范园、水法制宣传教育基地、A 级旅游景区、乡村振兴示范区等融合发展。

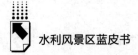

参考文献

《中共中央国务院印发〈黄河流域生态保护和高质量发展规划纲要〉》，《中国水利》2021 年第 21 期。

《构筑现代化经济廊道　黄河流域沿线城市迎发展新机》，《中国经营报》2022 年 1 月 17 日，第 22 版。

刘赞、孙中亮、史良、王强：《黄河流域微塑料污染现状及防治策略》，《生物工程学报》2023 年第 2 期。

张进：《安徽临淮岗水利风景区管理体制机制研究》，硕士学位论文，贵州师范大学，2021。

时志强、郭喜玲：《建设“黄河法治文化带”为黄河流域生态保护和高质量发展保驾护航》，《中国司法》2022 年第 3 期。

B.4

黄河流域国家水利风景区发展现状评估

赵 敏　韩凌杰　李军霖　赵 朋　吴兆丹*

摘　要： 本报告构建了黄河流域国家水利风景区发展现状评估指标体系，并以2021年为评估基准年，对景区发展现状进行评估。根据评估结果，分析景区发展所取得的成效及现存问题，对标高质量发展内涵要求，剖析景区高质量发展的影响因素；以高质量发展为目标，结合国家重点战略需求，提出新阶段景区高质量发展的对策建议。所构建的黄河流域国家水利风景区发展现状评估指标体系，可为其他流域及地方水利风景区发展现状评估提供参考；所提出的高质量发展对策建议，可为黄河流域国家水利风景区高质量发展提供参考，也可为我国其他区域水利风景区发展提供借鉴，促进"绿水青山"和"金山银山"的双向转化，助推实施黄河流域生态保护与高质量发展国家战略。

关键词： 黄河流域　水利风景区　高质量发展

黄河发源于青藏高原巴颜喀拉山北麓，呈"几"字形流经青海、四川、甘肃、宁夏、内蒙古、山西、陕西、河南、山东9省（区），全长5464公里。作为我国第二长河，黄河是我国重要的生态安全屏障，也是人口活动和

* 赵敏，河海大学博士生导师，研究员，研究方向为水利经济；韩凌杰，水利部综合事业局工程师，研究方向为水利风景区建设管理；李军霖，水利部综合事业局人事处工程师，研究方向为水文化；赵朋，黄河万家寨水利枢纽有限公司电站管理局工程师，研究方向为库区生态建设；吴兆丹，博士，河海大学副教授，研究方向为水资源技术经济。

经济发展的重要区域，在国家发展大局和社会主义现代化建设全局中具有举足轻重的战略地位。党的十八大以来，党中央着眼于生态文明建设战略全局，确立了“节水优先、空间均衡、系统治理、两手发力”的治水思路，黄河流域生态环境持续改善。2019 年 9 月，习近平总书记在黄河流域生态保护和高质量发展座谈会上发表重要讲话，提出黄河流域生态保护和高质量发展的主要目标任务。党的二十大报告中也在有关促进区域协调发展的论述中，强调要推动黄河流域生态保护和高质量发展。

水利风景区是实现“绿水青山”和“金山银山”双向转化的重要通道，是践行我国生态文明建设的物质载体和实践抓手，更是人民对美好生活需要的集中体现。水利风景区作为水利与多行业融合发展的产物，在维护水工程、保护水资源、改善水环境、修复水生态、弘扬水文化、发展水经济等方面发挥着重要作用。截至 2022 年底，黄河流域拥有 260 余家水利风景区，其中 125 家为国家水利风景区，涉及空间范围广，在河源水源涵养区、上游生态功能区、中游粮食主产区、下游黄河湿地区均有分布，在保护黄河生态、发展流域经济等方面发挥了重要作用。水利风景区高质量发展是黄河流域生态保护和高质量发展重大国家战略实施实践的重要载体和切入点，对黄河流域生态保护和高质量发展具有重要意义。

黄河流域生态保护和高质量发展重大国家战略为流域水利风景区建设提供了难得的历史机遇，也对流域水利风景区的建设和发展提出了新的要求。2021 年 10 月，中共中央、国务院印发《黄河流域生态保护和高质量发展规划纲要》，作为指导当前和今后一个时期黄河流域生态保护和高质量发展的纲领性文件，为黄河流域国家水利风景区的高质量发展指明了方向。水利部围绕该纲要中的目标与任务，提出了开展黄河流域国家水利风景区发展现状评估工作，为黄河流域国家水利风景区高质量发展提供决策依据。2022 年 10 月《中华人民共和国黄河保护法》的通过，为黄河流域生态环境保护和高质量发展奠定了坚实有力的法律基础。基于此，本报告旨在构建指标体系，对黄河流域国家水利风景区发展现状进行评估分析。基于评估结果，有针对性地提出水利风景区高质量发展相关对策建议，以推动黄河流域国家水利风景区高质量发展，并为我国其他流域水利风景区发展现状评估提供借鉴。

一 黄河流域国家水利风景区发展现状评估指标筛选

（一）指标筛选过程

1. 收集评估指标

依据2013年修订的《水利风景区评价标准》（SL300-2013）、2017年印发的《全国水利风景区建设发展规划（2017—2025年）》、2021年印发的《黄河流域生态保护和高质量发展规划纲要》、2022年修订的《水利风景区管理办法》，以及黄河流域各省区水利风景区建设管理相关政策、景区发展数据资料，并参考国内专家、学者关于水利风景区以及其他景区（园区）发展现状评估的相关成果，通过对相应指标体系的整理和归纳，形成规范且适用性较高的指标库。

2. 确定评估维度

依据水利风景区建设管理和黄河流域生态保护与高质量发展战略的要求，结合对特定区域黄河流域国家水利风景区发展现状的调研结果，选取总体空间布局、保护与利用以及综合效益三个维度构建黄河流域国家水利风景区发展现状评估指标体系。

总体空间布局是水利风景区发展现状的重要表征，总体空间布局分析是后续制定修订黄河流域国家水利风景区建设发展相关规划的重要依据。总体空间布局可从景区分布与水利相关规划的关系、景区分布与自然资源和城乡空间的匹配程度，以及景区分布与重点水利工程的匹配度三方面展开评估。第一，通过评估景区分布与水利相关规划的衔接程度，可以了解水利风景区全国总体规划、省级规划等的落实情况，以及景区分布与文化保护传承相关规划的一致性。第二，通过判断景区分布与自然资源和城乡空间的匹配程度，可以评价水利风景区对自然资源的利用程度，以及景区发展对城乡发展的促进作用。第三，通过评估景区分布与重点水利工程的匹配程度，可以衡量水利风景区对水利工程资源的开发利用情况，以及对水利工程的依托程度。基于上述考虑，将景区的总体空间布局纳入水利风景区发展现状评估指标体系。

水利风景区的保护与利用水平是景区可持续发展的基本前提，保护与利用水平评估是有针对性地改进景区保护与利用情况的重要依据。景区保护与利用水平的评估主要涉及管理与运营水平、安全管理水平、生态保护水平以及文化挖掘与利用水平四个方面。第一，管理与运营是水利风景区保护和利用的重要内容，景区管理和运营体制机制的明确性、健全性直接影响景区发展的效率及质量。完善水利风景区管理体制与运营机制，是推动水利风景区高质量发展的重要引擎。第二，安全管理在水利风景区建设与发展过程中具有至关重要的作用，维护水工程安全是保护与利用水利风景资源的重要前提，水利风景区要严守安全底线，切实做好工程安全、防洪安全和游客安全的保障工作。第三，高品质的水利风景资源和良好的生态环境，是水利风景区得以发展的基本前提。因此，生态保护是景区建设发展的重点工作之一。同时，新时代要将水利工程建设与生态、景观、旅游等紧密联系，合理利用“绿水青山”，为民众提供优质的水利生态产品。第四，水利风景区作为展示水文化、弘扬水利精神的重要平台，文化挖掘与利用是其保护与利用的核心内容。五千多年的流域开发历史为黄河流域留下了丰富多彩的文化遗产，景区在建设与管理的过程中，应充分挖掘与利用流域内丰富的文化遗产。基于上述分析，将景区的保护与利用水平纳入水利风景区发展现状评估指标体系。

综合效益发挥是水利风景区可持续发展的核心动力，综合效益评估可为有效提升景区综合效益提供切实依据。水利风景区综合效益主要可分为工程效益、社会效益、经济效益与生态效益四个方面。第一，工程效益稳定是水利风景区提升其他效益的前提条件，水利风景区依托水利工程建设而成，“维护水工程”是其基本职能之一，水利风景区的建设发展不应影响原有水利工程的效益发挥。第二，社会效益是水利风景区建设与发展的重要目标，水利风景区建设的重要目的之一是提升社会服务能力、增强公众幸福感，社会效益是水利风景区效益评估的重要内容。第三，经济效益是水利风景区可持续发展的主要影响因素之一，景区建设与发展需要充足的经济效益所提供的持续资金支持。第四，生态效益是水利风景区建设的基本目标，景区建设是为了满足人民日益提高的生活品质和美好生活环境需要，景区的发展不能以破坏生态环境为代价。综上所述，可以认为综合效益评估是水利风景区发展现状评估的重要维度之一，故将其纳入水利风景区发展现状评估指标体系。

3. 初步构建评估指标体系

在适用性指标库的基础上，依据上述总体空间布局、保护与利用、综合效益三个维度，筛选出符合水利风景区建设宗旨、黄河流域生态保护和高质量发展要求的具体指标，初步构建黄河流域国家水利风景区发展现状评估指标体系。

4. 确定评估指标体系

针对水利风景区发展实际，结合指标数据的可得性，遵循逻辑合理性、统计独立性、结果指导性和适用性，对初步的评估指标体系进行必要的优化，从而确定黄河流域国家水利风景区发展现状评估指标体系。

（二）指标筛选结果

基于上文识别的总体空间布局、保护与利用以及综合效益三个维度，经过多轮指标体系的筛选与优化，形成评估黄河流域国家水利风景区发展现状的指标体系，包括 3 个目标、11 项准则和 41 个指标，具体如表 1 所示。

表 1　黄河流域国家水利风景区发展现状评估指标体系

序号	目标层	准则层	指标层
1	总体空间布局	与水利相关规划的关系	与全国水利风景区总体规划的衔接程度
2			与沿黄 9 省（区）水利风景区规划的衔接程度
3			与相关文化保护传承规划的衔接程度
4		与自然资源、城乡空间的匹配程度	与国家公园、自然保护区、自然公园分布的关联程度
5			与城乡分布的关系
6		与重点水利工程的匹配程度	与重点水利工程的匹配程度

续表

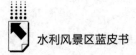

序号	目标层	准则层	指标层
7	保护与利用	管理和运营	管理主体的明确性
8			运营主体的明确性
9			管理主体与运营主体责任边界的清晰程度
10			政策制度的建设情况
11			景区边界的清晰程度
12			景区标志标识的完整性及合理性
13		安全管理	安全生产事故的次数
14			安全管理主体的明确性
15			应急处理预案的健全性
16			安全培训及演练机制的健全性
17			安防设施维护机制的健全性
18			安全标识及监控的完善性
19			不宜开放区域安全管理的完善性
20			安全监测及预警的完备性
21		生态保护	节水力度
22			污水减排力度
23			设施低碳化力度
24			生态保护资金投入力度
25		文化挖掘与利用	文化资源调查建档情况
26			水文化科普设施建设情况
27			水文化科普研学活动开展情况
28			文创产品和科普作品等开发情况
29			文化科普建设资金投入力度
30	综合效益	工程效益	景区对所依托水体(水域)或工程功能发挥的影响程度
31			景区河湖管理的合法合规性对工程管理的影响
32		社会效益	社会服务能力
33			公众满意度
34			品牌影响力
35		经济效益	年接待游客量
36			年经营性收入
37			就业总人数
38			景区对产业的带动作用
39		生态效益	水质改善情况
40			水土流失治理率提高情况
41			林草覆盖率提高情况

二　黄河流域国家水利风景区发展现状评估方法与分析步骤

按照上文所构建的黄河流域国家水利风景区发展现状评估指标体系制作问卷，并对黄河流域 125 家国家水利风景区进行问卷调查。

评估方法如下：首先，对各指标问卷调查结果进行归一化处理；其次，对准则层下所有指标值归一化结果进行算术平均，得到准则层评估值；最后，对目标层下所有准则层评估结果进行算术平均，得到目标层评估值。

分析步骤如下：首先，在准则层下对各指标值进行统计分析，评估流域景区对应指标的整体水平。其次，由于难以确定景区保护与利用、综合效益水平好坏的绝对标准，为保证研究的科学性，本报告通过比较分析法，得出景区发展水平的相对优劣。具体的，通过分景区类型、分行政隶属、分上中下游、分单个景区，分别对各景区准则层与目标层指标得分进行分组比较，以体现各类景区发展的优势与短板。最后，根据前两步分析结果，总结黄河流域国家水利风景区发展现状水平，为发展成效及问题分析奠定基础。

三　黄河流域国家水利风景区发展现状评估结果

按照上述黄河流域国家水利风景区发展现状评估方法与分析步骤，结合问卷调查结果，从总体空间布局、保护与利用、综合效益三个维度，对黄河流域国家水利风景区发展现状进行评估，并以之为基础，总结景区发展成效，分析其中存在的问题及成因，并对标水利风景区高质量发展内涵，挖掘黄河流域国家水利风景区高质量发展的影响因素。本次调查问卷实发 125 份，回收 93 份，因此评估分析是根据回收的 93 份问卷结果进行的。

（一）水利风景区发展总体空间布局评估结果

黄河流域国家水利风景区多是以重要河流、湖泊和水利工程为依托，流域及区域生态长廊建设成效显著，但区域廊道衔接性有待提高。景区的总体空间布局与《全国水利风景区建设发展规划（2017—2025 年）》中的空间布局发展方向较为匹配，但在区域廊道衔接、集群规划和区域发展均衡性方面仍有待提升。

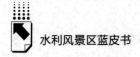

黄河流域国家水利风景区总体空间布局，与沿黄 9 省（区）水利风景区规划的衔接程度仍相对较低。各省（区）水利风景区规划及其实施中还存在规划体系不完善、政策制度不健全、管理经营不精细、协作体制不完善、人才队伍建设不充分等问题。

黄河流域国家水利风景区是黄河文化及水利工程文化的重要展示场所，而被纳入各省（区）《黄河文化保护传承弘扬规划》的景区数量较少。这表明景区的文化影响力、知名度尚不够，仍需充分挖掘水利工程文化内涵，深入诠释水利工程文化的功能及当代价值。此外，在国家水利风景区规划、建设、审批阶段仍需注重景区文化内涵建设。

黄河流域国家水利风景区与国家公园、自然保护区、自然公园存在空间重叠和关联情况，可见景区在沿黄各地市承担着重要的生态功能，生态保护是景区发展中要重点关注的内容之一。景区管理机构还需持续与国家公园、自然保护区、自然公园的管理机构建立沟通联络机制，在景区管理、生态保护修复、文化传承弘扬等方面建立合作机制，促进景区高质量协同发展。

分布于乡村区域的黄河流域国家水利风景区数量多于分布于城镇区域的数量，这与黄河流域的地形、地貌、水文等自然因素，以及长期以来人水和谐的发展思想有较大关系。景区在安全发展、服务民生、有序发展、彰显文化等方面可更好地服务广阔的乡村区域，更好地助力国家的城乡协调发展、乡村振兴等战略。

黄河流域超过六成的国家水利风景区，所依托的水利工程没有纳入市级及以上“十四五”重点水利工程或建设项目规划。这主要是因为黄河流域现有的国家水利风景区的立项与建设时间，普遍早于“十四五”重点水利工程的规划水平年。后期景区管理部门在发展黄河流域国家水利风景区时，可考虑着重依托国家级和省级重点水利工程进行。

综上所述，黄河流域国家水利风景区总体空间分布与水利相关规划的衔接程度仍有待提升，与自然资源分布的匹配程度较高，与乡村区域的关联高于城镇区域，且与资源利用的匹配程度相对较低。因此，在后续黄河流域国家水利风景区建设发展中，应侧重落实水利相关规划，进一步挖掘水利风景区对乡村振兴的带动作用，着重依托国家级和省级重点水利工程。

（二）水利风景区保护与利用情况评估结果

基于上述黄河流域国家水利风景区发展现状评估指标体系和已回收的 93 份有效问卷，从管理和运营、安全管理、生态保护、文化挖掘与利用 4 个维度对黄河流域国家水利风景区保护与利用情况进行评估。首先对黄河流域国家水利风景区保护与利用的指标层进行逐项描述性统计，然后对准则层、目标层，分景区类型、分行政隶属、分上中下游、分单个景区等进行评估分析。

黄河流域国家水利风景区管理和运营情况整体较好，管理主体、运营主体较为明确且两者之间的责任边界清晰、景区边界清晰，这为未来景区的可持续发展奠定了一定的制度基础。但目前景区在政策制度和标识体系建设方面仍存在一定的不足，一方面，景区制定的政策制度数量仍较少，缺少招商引资、人才引进、服务管理等相关政策；另一方面，部分景区仍存在标识短缺、标识内容缺失和标识设置位置不合理的现象。总的来看，这些问题多相对集中在水管单位自主管理的灌区型、水库型和水土保持型水利风景区，黄河上游地区的青海省和甘肃省尤甚。

黄河流域国家水利风景区安全管理情况整体较好，自 2017 年以来，93 家国家水利风景区均未发生过较大及以上安全生产事故。流域内各景区安全管理主体明确、应急处理预案健全、安全培训及演练机制健全、安防设施维护机制健全、安全标识及监控完善、不宜开放区域安全管理完善且安全监测及预警完备，有力地促进了河湖的长治久安。但各景区之间在安全管理水平上存在一定的差距，水土保持型和水库型水利风景区，以及黄河上游地区部分景区仍存在一定的安全管理相关问题。

黄河流域国家水利风景区生态保护情况整体一般，节水力度、污水减排力度、设施低碳化力度、生态保护资金投入力度均存在一定的提升空间。其中水库型水利风景区普遍存在节水设施低碳化力度和生态保护资金投入力度小的问题，自然河湖型水利风景区存在生态保护资金投入力度普遍不大的问题，灌区型水利风景区普遍存在设施低碳化程度不足的问题。

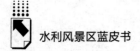

黄河流域国家水利风景区文化挖掘与利用仍相对不足。五千多年的流域开发史孕育了黄河流域仰韶文化、马家窑文化、大汶口文化、龙山文化等丰富多彩的文化遗产，但目前黄河流域文化资源调查建档、水文化科普设施建设、水文化科普研学活动开展、文创产品和科普作品开发等情况，以及文化科普建设投入力度均不容乐观，尤其是水库型和湿地型水利风景区对应问题相对突出。

综上所述，黄河流域国家水利风景区保护与利用情况整体一般，管理和运营、安全管理处于较高水平，但生态保护、文化挖掘与利用仍相对不足。因此，在国家及流域层面确定黄河流域国家水利风景区保护与利用水平提升的战略重点时，应侧重提升景区生态保护、文化挖掘与利用水平。

（三）水利风景区综合效益评估结果

《全国水利风景区建设发展规划（2017—2025 年）》中明确提出，水利风景区综合效益主要体现在生态效益、社会效益、经济效益和工程效益等几个方面。基于已回收的 93 份问卷，结合本报告研究目的以及调研结果，从黄河流域国家水利风景区的工程效益、社会效益、经济效益与生态效益四方面进行综合效益评估。

黄河流域国家水利风景区工程效益发挥情况整体较好，大部分景区有利于所依托水体（水域）或工程的功能发挥，且景区河湖管理的合法合规性对工程管理的影响较好，为未来黄河流域国家水利风景区的可持续发展奠定了一定的基础。

黄河流域国家水利风景区社会效益发挥情况整体较好，社会服务能力较强，公众满意度较高。但目前景区在品牌影响力方面仍存在一定的不足，主要体现为景区获得相关荣誉的数量普遍较少，景区开设的宣传平台形式有限，且大部分景区的知名度仅处于省内知名的水平。总的来看，这些问题多相对集中在水库型水利风景区，黄河上游和中游地区部分景区较为突出。

黄河流域国家水利风景区经济效益发挥情况整体较差，年接待游客量偏少，年经营性收入较少，就业总人数较少，景区对产业的带动作用一般。这些问题相对集中在水土保持型水利风景区，黄河上游地区部分景区较为突出。

黄河流域国家水利风景区生态效益发挥情况整体一般，仅有少部分景区水质得到明显改善，不到一半的景区水土流失治理率得到提高，林草覆盖率虽有提升，但普遍提升幅度不大。这些问题多相对集中在城市河湖型和水土保持型水利风景区，黄河中游地区部分景区较为突出。

综上所述，黄河流域国家水利风景区的综合效益发挥情况整体而言一般。其中工程效益与社会效益发挥情况整体较好，但品牌影响力还需加强；经济效益发挥情况相对较差，在后续水利风景区发展中，应注重提高经营型景区的经济效益，带动产业集聚与新经济体发育，助推地方经济新发展；生态效益发挥情况一般，在景区发展中应宜山则山、宜水则水，将生态文明理念贯穿于水利风景区建设中，走绿色发展、因地制宜的道路，充分发挥景区的综合效益。

（四）总体评价

通过对黄河流域国家水利风景区发展现状的评估分析可以看出，黄河流域国家水利风景区总体空间分布与自然资源分布的匹配程度较高，与水利相关规划的衔接程度、与重点水利工程的匹配程度仍有待提升，且与乡村区域的关联高于城镇区域。景区保护与利用情况中的管理和运营、安全管理以及综合效益中的工程效益和社会效益处于较高水平，这为未来黄河流域国家水利风景区的可持续发展奠定了良好的基础。同时，保护与利用中的生态保护和文化挖掘与利用，以及综合效益中的经济效益和生态效益仍处于相对较低的水平，在一定程度上制约了黄河流域国家水利风景区的高质量发展。

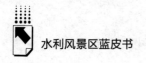

四　黄河流域国家水利风景区发展成效与现存问题及影响因素分析

（一）水利风景区发展成效分析

在维护水工程方面，黄河流域国家水利风景区本着依靠水工程和服务水工程的原则积极发挥景区的工程效益。景区涉及的河湖管理范围和水利工程管理与保护范围均合理合法划定。据调研，95.7%的景区不存在水事违法行为及河湖“四乱”问题，79.57%的景区建设与管理有利于所依托水体（水域）或工程功能的发挥。整体而言，随着景区建设的推进，水利工程引蓄洪水的能力得到显著加强，湿地的恢复和改善面积也持续扩大，这对于维护水利工程和发挥工程效益具有积极效果。

在保护水资源方面，黄河流域国家水利风景区着力实行节水、河湖管理以及推广生态旅游理念等措施。调研结果显示，景区采取的节水力度较大，有64.52%的景区采用雨水收集系统、再生水回用系统、滴灌、管道输水和节水灌区等节水技术，80.65%的景区采取节水龙头、节水马桶和滴灌装备等节水设施，在保护和节约水资源方面成效显著。同时，景区的建设和发展也有力地推动了加强河湖管理、河湖水域岸线空间管控，以及维护河湖健康美丽的工作，基本维护了水资源安全。另外，景区向游客推广了生态旅游理念，增强了广大人民群众自发节约和保护水资源的意识。

在改善水环境方面，黄河流域国家水利风景区大力推行污水减排、设施低碳化以及改善水质等措施。景区污水均实现达标排放，使用生态停车场、环保厕所、绿色低碳汽车和船只等绿色低碳设施，极大地改善了景区的水环境。据调研，景区水质保持情况较好，有86.02%的景区水质较申报时保持不变，11.83%的景区水质较申报时有明显改善。景区的建设管理是山水林田湖草沙一体化治理的重要实践，河流、湖泊、湿地等水域得以恢复健康，摆脱了过去“脏乱差”的状况，并且该实践促进了水系连通，加强了对水体的保护，助力改善当地水环境。

在修复水生态方面，黄河流域国家水利风景区加大生态保护资金的投入力度，保障水土流失治理率和林草覆盖率稳步提高。问卷分析结果显示，所调研的 93 家国家水利风景区生态保护及修复年投资总额近 4.7 亿元，水土流失治理率和林草覆盖率稳步提高。在水土流失治理率方面，有 44.09%的景区水土流失治理率较申报时得到提高，51.61%的景区较申报时保持不变。在林草覆盖率方面，有 65.59%的景区林草覆盖率较申报时得到提高，33.33%的景区保持不变。景区通过对水利设施、河湖水域、岸线及其相关联的滩涂、岛屿、植被等自然景观的开发与维护，维系生态安全屏障，保障生态调节功能，提供良好的人居环境。

在弘扬水文化方面，黄河流域国家水利风景区在水文化科普设施建设和水文化科普研学活动开展等方面取得了初步成效。据调研，在水文化科普设施建设方面，有 68.82%的景区设有水文化科普场所，47.31%的景区设有科普文化互动装置，60.22%的景区开展了水文化科普研学活动。景区作为水文化科普教育和弘扬水文化的重要平台，集中展示了水利工程设施、技术和历史等丰富的水利文化。景区通过挖掘和开发水文化，拓展和丰富了中华文化的内涵；活化和展示水利遗产，弘扬具有时代特征的水利精神；宣传和弘扬人水和谐关系，促进水文化的不断发展；坚持和加强寓教于乐的方式，为人民群众提供水文化知识科普。

在发展水经济与服务社会方面，黄河流域国家水利风景区取得了良好的社会效益和经济效益。被调研的景区中有 70.97%为公益型景区，免费对外开放，79.57%的景区建有亲水设施、绿道、体育健身等便民设施，公众满意度较高，品牌影响力不断提升。景区年均接待游客量达 6748.5 万人次。景区经营性收入主要来自游乐项目和餐饮住宿等，直接或间接带动就业 3 万余人，同时带动了景区属地科普、文旅、农业、康养、交通运输、住宿、餐饮、娱乐、房地产以及零售等相关产业的发展，促进了当地产业结构调整。通过发展水利旅游，水利风景区为水管单位创造了更多的经济收入，增强其经济实力，这不仅为深化水管单位改革、实现管养分离提供了发展空间和有效途径，也为提高职工收入、稳定职工待遇提供了经济保障。同时，水利旅游还创造了大量直接或间接的就业机会，统筹兼顾了景区周边社区居民的利益，促进了社会稳定。

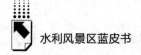

（二）水利风景区发展现存问题分析

黄河流域国家水利风景区发展现存问题主要体现在顶层设计、发展品质和管理机制 3 个方面。

在顶层设计方面存在的主要问题：一是政策性支持力度有待加大；二是部分景区管理体系有待完善；三是景区管理制度的建设尚不健全；四是部分省（区）规划的完备性协调性有待提升；五是部分景区规划的科学性针对性仍相对不足。

在发展品质方面存在的主要问题：一是黄河流域特别是上游地区在景区发展中对当地资源的利用仍不够充分；二是景区安全管理水平有待进一步提升；三是生态保护水平有待进一步提升；四是景区产业链较短，社会经济效益有待进一步挖掘；五是文化内涵挖掘展示不足。

在管理机制方面存在的主要问题：一是公益管护缺少专项资金；二是人员缺失严重且人员专业结构失衡；三是景区管理中多部门协同机制尚不健全；四是景区标识的完整性及合理性不足。

（三）水利风景区高质量发展影响因素分析

水利风景区高质量发展是秉承水利服务于人民幸福生活的理念，以习近平生态文明思想为指导，统筹绿色、协调与共享的发展，应具备规划设计科学、生态环境优良、文化氛围浓厚、发展动力强劲、管理安全高效、综合效益显著等 6 项主要特征。结合水利风景区发展现状评估结果与水利风景区高质量发展内涵，总结归纳出黄河流域国家水利风景区高质量发展的主要影响因素包括：顶层规划设计科学性、水生态环境治理水平、水文化挖掘程度、协同发展程度、安全管理水平、管理体制顺畅性以及人员资金充足性。

1. 顶层规划设计科学性

对水利风景区建设发展现状与形势进行研判，继而制定科学的顶层规划，有助于厘清水利风景区发展现状，明确水利风景区发展目标，优化景区总体空间布局，为水利风景区发展指明方向；通过强调当前和今后水利风景区的主要发展任务和建设内容，保障各类新建项目计划的合理合规性及实施的顺利性；通过对经济效益、社会效益及环境效益进行科学评价预测，可进一步确保水利风景区的健康可持续发展及效益的充分发挥。因此，科学的顶层规划设计是指导一个时期内水利风景区高质量发展的重要依据，对解决水利风景区发展不平衡、不充分的问题，深化其高质量发展具有重要意义。

2. 水生态环境治理水平

水利风景区建设作为水生态文明建设的重要内容，是“绿水青山”向“金山银山”转化的重要途径，良好的生态环境是水利风景区高质量发展的基础和立身之本。水生态环境的好坏直接影响水利风景资源品质，只有提升水生态环境治理水平，营造良好的水生态环境，景区保护资源、生态、环境的作用才能得以发挥，同时景区水利风景资源的观赏价值才能得以实现。保护水生态环境的相关工作，不仅有助于水利风景区三大主体功能（保护水资源、改善水环境、修复水生态）的发挥，也是发挥其维护水工程、弘扬水文化、发展水经济和提供社会服务等功能的重要保障。

3. 水文化挖掘程度

充分挖掘水利风景区文化内涵对于提升景区的文化承载力和文化品位、彰显水利特色、拓展水利的生态服务功能具有重要意义。这有助于提高水利行业的社会地位和景区社会效益，推动传统水利向现代水利转变，促进水利风景区高质量发展。通过深入挖掘水文化，人们不仅能享受现代水利设施和优美的环境景观，陶冶情操，还能进一步了解我国悠久的治水历史和水利科学知识，感受当代水利事业的巨大成就和水文化的深刻内涵。这有助于增进人们对水利的认识、热爱，增强全民族的水利资源保护和综合利用意识，使

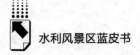

水利风景区成为水利宣传教育的示范基地。充分挖掘水文化内涵是宣传推广水文化价值、打造水文化景观的重媒介和手段，也是水利风景区高质量发展的重要影响因素之一。

4. 协同发展程度

合作共享是实现水利风景区协调发展的重要手段。按照“政企联手、部门联合、上下联动、市场运作”的协同发展理念，探索构建多元主体一体化的水利风景区运作机制，有利于减少管理部门间、景区与市场间的信息不对称性，提升景区管理中的资源配置利用效率，促进景区综合效益的发挥。同时，产业联动的协同发展理念通过抢抓文旅产业与新兴产业，使水利、文化、科技、旅游等业态相融合，打造出一批宜居宜业的精品水利风景区，有利于深层次激发水利风景区新的效益创造点，促进水利风景区高质量发展。

5. 安全管理水平

景区安全是确保当地居民与游客满意的基本要求，也是水利风景区建设管理的重要环节与景区发展的基本保障。景区安全无法得到保障，会抑制游客游览的意愿及行为，水利风景区服务社会的意义就无法实现。水利风景区通过建立突发情况应急预案、开展定期安全培训与安防设施维护工作、建立安全监测与预警机制等手段，提升景区安全管理水平，有助于减少景区恶性事件和突发状况的发生，增强景区工作人员及旅游者的安全防范意识，实现水利风景区的健康与绿色发展。

6. 管理体制顺畅性

管理主体明确，管理与运营主体界限清晰、权责分明、管理规范，不仅有助于提高水利风景区在涵养水源、保护生态、维护工程安全等方面的效果，而且在推动管理单位自身改革、盘活资产、增强活力、壮大景区经济实力方面具有重要作用。管理主体与上级管理单位明确，能有效缓解重复管理、过度管理的现象，提高管理效率；将管理主体与运营主体分离，如引入专业企业统一实施运营，能通过引入市场机制，解决传统水利风景区开发水平低、项目收益差、宣传不到位等经营问题。通过更新经营理念，加强市场营销，可以有效地提升水利风景区建设与管理水平。

7. 人员资金充足性

一方面，人才是生产力的关键因素，是先进生产力的集中体现和主要标志。在推进水利风景区高质量发展过程中，专业人才具有决定性力量。充足的专业人才储备能够满足水利风景区多方面发展的需求，如工程技术人员负责水利工程的安全管理、设备维护与更新；战略管理类人才负责景区规划的编制与景区宏观发展方向的调整；市场营销类人才负责景区与景区产品的宣传、客户管理与市场拓展等工作。各类人员之间信息共享，可以保障景区高效、有序运营。

另一方面，资金是生产力中的活跃因素，是推进生产力发展的基础条件。充足的财政投入是水利风景区建设与发展的基础。充足的财政投入可以为水利风景区生态补水、环境保护、工程维护等公益性支出提供资金支持。而经营型景区资金的充足性同样是其扩大发展规模、发挥景区经济价值的重要前提。总之，资金充足性是水利风景区提质增效的根本保障。

五　黄河流域国家水利风景区高质量发展对策建议

依据黄河流域国家水利风景区发展现状评估结果，针对现存问题及水利风景区高质量发展的影响因素，参考流域各省（区）风光带建设思路，提出黄河流域国家水利风景区高质量发展宏观布局设想，并对景区高质量发展提出相应对策建议。

（一）水利风景区高质量发展的宏观布局设想

对标水利风景区高质量发展的基本内涵，结合景区总体空间布局评估的实证结果，参考流域各省（区）关于风光带建设的思路，提出黄河流域国家水利风景区高质量发展宏观布局的总体框架。

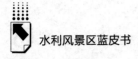

1. 水利风景区高质量发展的宏观布局依据

宏观布局依据包括国家新时期治水思路，《黄河流域生态保护和高质量发展规划纲要》，水利风景区高质量发展基本内涵，《全国水利风景区建设发展规划（2017—2025 年）》，黄河流域沿线各省（区）水利风景区发展规划，黄河流域各省（区）经济社会发展及资源生态条件情况、风光带建设思路等，以及黄河流域国家水利风景区总体空间布局评估结果。

2. 水利风景区高质量发展的宏观布局框架

（1）规划原则

依据水利部印发的《关于推动水利风景区高质量发展的指导意见》，水利风景区风光带与集群发展应结合国家战略和区域战略，以河流水系为轴线，水利工程、湖泊为载体，统筹上下游、左右岸水利风景资源，串联河流水系沿线不同特色景区，发展水利风景区风光带。重点在长江两岸、黄河沿岸、大运河沿线、南水北调工程沿线等推出一批国家水利风景区，发展水利风景区风光带。以区域为单元，结合水网建设，串联区域内河、湖、库、渠、塘等水利风景资源，发展水利风景区集群。据此，黄河流域国家水利风景区风光带与集群建设应综合考虑国家水利风景区空间分布集群特征、区域水网建设情况、国家重点推进的水利工程、沿黄 9 省（区）重点推进的水利工程、沿黄各市（盟、自治州）重点推进的水利工程、区域人口分布情况和道路通达性等信息，统筹推进。

（2）基础数据

根据对《关于推动水利风景区高质量发展的指导意见》的解读，黄河流域国家水利风景区风光带与集群建设主要基于黄河流域国家水利风景区空间分布密度数据、黄河流域 1 ~ 5 级河网数据、国省市三级重点推进的水利工程密度数据、黄河流域人口密度数据、交通路网数据和全国文保单位数据，通过数据化和矢量化转换，将所有数据转换成栅格数据。

（3）技术路线

根据前期整理和分析获得的黄河流域国家水利风景区空间分布密度

数据、黄河流域1~5级河网密度数据、国家重点推进的水利工程密度数据、省级重点推进的水利工程密度数据、市级重点推进的水利工程密度数据、黄河流域人口密度数据、交通路网数据和全国文保单位数据，在ArcGis中按照相应的权重值进行加权综合叠加计算，筛选出8个指标要素最密集的区域，构建创建黄河流域国家水利风景区风光带与集群建设适宜性数据。

（4）集群与风光带适宜建设区域划分

在地理信息系统软件中采用自然间断点分级法（Jenks）对黄河流域国家水利风景区风光带与集群建设适宜性数据进行分类，共计分为5类，按照相应的分类标准划分黄河流域国家水利风景区风光带与集群建设适宜性区域。

（5）宏观布局

根据黄河流域国家水利风景区风光带与集群建设适宜性数据和黄河流域国家水利风景区风光带与集群建设适宜性区域划分可知，在山东济南、河南郑州、陕西西安、内蒙古巴彦淖尔、宁夏银川等区域形成热点区域，上述区域的国家水利风景区在空间分布、河流河网、水利工程、人口、交通路网、文保单位等方面呈现集群分布特征，是适宜建设国家水利风景区集群的区域。根据《黄河流域生态保护和高质量发展纲要》构建的“一带五区多点”生态保护空间布局和“一轴两区五极”发展动力格局，以及本次评估获得的黄河流域国家水利风景区风光带与集群建设适宜性数据，对标国家重大战略，以水利风景区空间分布特征为主导，以黄河干支流、城市水网、四五级河流和主要交通干线为骨架，统筹结合河网、重点水利工程、人口、交通和文化等空间分布情况，构建“五群六带”黄河流域国家水利风景区风光带与集群建设空间布局。“五群”是指宁夏灌区集群、晋中盆地集群、关中平原集群、中原集群、山东半岛集群，“六带”是指河湟风光带、黄河几字湾风光带、黄河中游风光带、泾河风光带、黄河下游风光带和河口风光带。

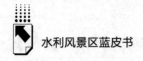

（二）水利风景区高质量发展的对策建议

1. 完善顶层设计

（1）加强制度建设，引导规范水利风景区发展

要融入国家战略，充分发挥制度政策的规范、引导作用。以贯彻落实习总书记关于黄河流域生态保护与高质量发展重要讲话精神为契机，以讲好“黄河故事”、建设造福人民的幸福河为主线，以沿黄生态文化建设为核心，充分发挥地方优势，讲好水利风景区故事黄河篇。

一方面，黄河流域各省（区）应结合新形势新要求，进一步加强水利风景区相关政策研究。在政策标准制修订、规划编制、水利工程建设等工作中，统筹兼顾水利风景资源保护和建设要求，并制定完善本省（区）推动水利风景区高质量发展的指导意见。应在各级水行政主管部门的职责体系中进一步明确水利风景区管理职能，保证工作常态化。建议借助河湖长制平台，将水利风景区管理情况纳入河湖长制考核，细化考核制度，基于河长制促进风景区管理部门间协同，加大景区的执法监管力度，并对考核效果较好的景区给予奖励。

另一方面，各省（区）应严格遵循创建标准，促进水利风景区高质量发展。牢固树立法治思维，全面考虑水资源、生态、水文化存量和基量，依法依规利用好现有水利设施和水域岸线，确保景区建设不踩红线、守住底线。进一步完善申报认定程序，持续从严把好水利风景区“入门关”。严格按照《水利风景区管理办法》、《水利风景区规划编制导则》和《水利风景区评价标准》等要求，对符合水利风景区申报条件的景区积极申报。强化事中事后监管，强化监督考核，对标对表进行自查，存在问题的及时整改，提升景区发展质量。

同时，各水利风景区应进一步完善景区内部政策制度建设，建立健全科学合理的日常、安全、应急、财务、服务等管理制度，并加强人才引进、招商引资等相关政策落实。

（2）强化规划布局，推动黄河水利风景区廊道和集群发展

黄河流域地域面积广、地区差异大，各水利风景区之间发展不平衡、不

充分。水利部黄委会应联合相关省（区），持续优化黄河流域国家水利风景区发展规划，以现有水利风景区为基础，结合河湖治理、城乡建设、文化旅游等项目，引导水利风景区连点串线成片发展，形成以黄河干流和重要支流为主轴的水利风景区生态廊道，促进流域水利风景区建设和发展的协调统一，形成“一盘棋”的整体发展格局，更好地助力国家的城乡协调发展、乡村振兴等战略。此外，从景区分布与自然保护区关联密切的结论看，生态环境保护是景区最重点的工作之一，要全面加强水利风景区水资源、河湖岸线的保护，不断加强水污染防治、水环境治理和生态修复，推动实现水利风景区的可持续发展。

同时，流域内各省（区）在执行区域内水利风景区建设发展规划（2016~2025年）的基础上，应立足自身资源基础、文化特色和经济社会发展水平，系统谋划下一阶段水利风景区发展，持续编制和完善区域内水利风景区发展规划，并与当地经济社会发展规划、国土空间规划和其他水利专项规划紧密衔接，重点开发和利用景区内国家级和省级重点水利工程资源。

2. 提升景区发展品质

（1）以水为生，不断提升水生态环境治理水平

首先，加强对景区水生态环境质量的监测、评估与保护监管，以了解水生态环境质量状况，掌握衡量水生态环境保护成效的手段，确保水生态环境保护工作落实。在水生态环境监测层面，水利风景区主管部门应联合生态环境等相关部门，针对不同类型的水利风景区建立水生态环境监测指标和技术体系。在水生态环境质量评估层面，应依据监测结果，构建不同类型水利风景区的水生态环境质量评估指标体系并定期开展评估，也可将水生态环境质量评估作为水利风景区综合评估的重点内容。在水生态环境保护监管层面，各级水利部门和生态环境监管机构应在履行监管职责的过程中，保护好水生态环境，维护河湖生态，并在生态产品价值实现、生态补偿、生态保护修复等领域向水利风景区适当倾斜，提供相应的政策支撑，以推动水生态环境的治理和保护。

其次，积极创新水生态环境治理措施。水利风景区应采用科学合理的技

术措施，如人工增氧技术、生物膜净化技术、水生植物修复技术、泥底生物氧化技术等对水利风景区水环境进行治理。综合来看，水利风景区应强调流域生态系统的整体性、系统性及其内在规律，将水生态环境治理纳入整个流域生态系统治理，统筹考虑自然生态各要素，识别导致水生态环境问题的根源，从而提高水生态环境治理措施的有效性；充分利用植物的自然生态功能来顺应自然的进程，除了必须采用工程措施的某些特殊地段，将植物防护作为主要的防护手段；注重材料的环保性和观赏性，尽使用自然卵石、条石、山石及就地的旧物等，并结合植物绿化建立人性化的宜人空间。

最后，进一步加大水土保持力度。各景区管理单位应认真做好水土保持工作，新上项目严格落实水土保持方案制度，综合采用生物、工程等多种措施，做好水土流失治理及提高林草覆盖率工作。

（2）加大监管力度，提升水利风景区安全管理水平

首先，应明确景区安全管理主体。水利风景区的日常工作可能涉及多个机构或部门，这些部门、机构大多没有完全理顺彼此之间的职能关系，导致多头管理，形成人为的部门分割，这种现象直接影响了景区安全管理的正常进行。应确定一个真正的中心部门主管水利风景区的安全管理工作，提高景区安全管理效率。其次，应增加安全管理资金投入，优化景区安防设备布局，定期开展安全培训与安防设施维护工作，不断完善安全管理规章制度。再次，应强化景区安全管理评估与监督工作，防患未然。景区安全管理主体应定期对景区安全性做出评估，分析景区不安全因素与各类潜在危险，并对景区安全管理落实情况展开监督工作。最后，可借助高新技术手段做好安全预测工作。可引入大数据实时监测等技术，为景区安全管理人员提供准确详尽的信息，保障游客人身安全。

此外，上述管理对策应重点针对水土保持型和水库型水利风景区以及黄河上游部分景区实施，以确定景区管理主体，完善景区安全培训与安防设备维护机制和安全监测及预警机制，提升景区安全管理水平。

（3）加强文化内核塑造，提升水利风景区文化价值

黄河流域文化遗产具有悠久的历史，形式多样，内涵丰富，经过几千年

的治水实践，承载了丰富的治水文化和治水技术，这些文化资源为水利风景区开展黄河文化资源挖掘、传承和利用提供了基础。黄河流域国家水利风景区在文化挖掘与利用方面，文创产品和科普作品等的开发情况普遍较差，文化科普建设资金投入整体较低，限制了黄河流域国家水利风景区文化内核的塑造和文化价值的提升。在黄河流域国家水利风景区发展中，对于水库型和湿地型水利风景区，应大力开展文化资源调查建档和水文化科普设施建设。

一方面，开展景区水利遗产和治水红色资源的调查和评估，结合遗产和治水红色资源的分布及价值，提出分级、分类遗产和治水红色资源保护和利用对策。系统整理黄河历史文献遗产，收集整理和分析治黄文献，发掘历史治黄人水和谐理念和奋斗精神等重要文化内涵，利用场馆、现代科学技术突出展示与体验，创新活化讲好黄河文化故事，提升黄河文化活化利用水平。立足河湟文化片区、河套文化片区、中原文化片区、齐鲁文化片区等典型黄河文化区域，结合黄河灌区、治黄工程和水文化遗产保护，推动建设一批彰显治黄文化和体现地域特色的精品景区。积极完善文化旅游产品体系，开发黄河文化研学旅游、红色旅游，打造高质量的黄河文化研学精品带，激发黄河文化活力。主动对接黄河流域大遗址保护、黄河流域文化生态保护区建设、黄河文化旅游产品和线路培育、非物质文化遗产传承弘扬等，以水利风景区为载体，保护传承弘扬黄河文化。

另一方面，积极开展水文化科普设施建设，为水文化科普活动提供更多的平台和渠道。对于黄河上游部分省（区）所属的水利风景区，应在积极开展水文化科普设施建设的同时，加大对文创产品和科普作品等的开发力度及对文化科普建设资金的投入力度。景区应深度挖掘自身及当地发展中的涉水元素，树立特色主题，根据景区和当地特色，开发景区独有的文创产品和科普作品，有效避免景区同质化趋势和水文化建设不足。也可以考虑结合该主题相关古今、国内外知识并以专题形式呈现，以全面地呈现水文化，提高水文化弘扬的深度，并实现水文化差异性建设。此外，景区可进一步创新水文化表现形式及传播方式，如可通过立体、虚拟、VR、语音交互等形式呈现，并安排打卡、接龙、趣味答题、互动、实景感知等活动，增加展示及传播的趣味性，提高水文化的吸引力与传播效果。另外，加大水文化科普建设资金的投入力度，加大文化科普建设资金在景区年建设资金中的比重。水文化是水利风景区的重要吸引物，应使水利风景区与水情教育基地、水土保持科技示范园区、节水示范基地、水法制宣传教育基地等多项水文化设施建设工作充分结合，形成合力，并积极争取水文化建设资金。

（4）多途径拓展产业链，充分发挥景区经济效益

针对黄河上游地区部分水利风景区对相关产业带动作用较弱、产业链较短的问题，首先，对于规模较大的经营性景区，可考虑通过增加游玩、休闲项目，打造商业综合体。应充分发挥自身在景观资源上的独特优势，着重加强特色景点建设，尤其是观星赏月、看日出等可以带动游客留宿的项目，以提升创收能力。其次，还可以加大“景区+”力度，对于湿地型或自然河湖型水利风景区，可加强景区与农林牧渔业、工业、服务业的结合，如加强与饲料生产行业或生物质能行业的合作，对芦苇秸秆进行再利用，与种植、养殖等结合，加强文创产品挖掘等，促进产业链发展。最后，景区可与周边景区或商业体联动，可由较高层级的地方政府进行统筹，或由景区之间达成协议，形成旅游带，促进产业链向上下游延伸。景区通过多途径拓展产业链带动经济效益提升，更好地服务广阔的乡村区域，助力乡村振兴。

（5）完善配套基础设施，吸引游客游览

黄河流域经营型水利风景区普遍存在年接待游客量较少的问题，上中游部分景区表现尤为突出。这除了与风景区资源禀赋等客观因素有关外，还与景区配套基础设施不完善、综合服务能力较弱密切相关。一方面，景区应吸引社会资本进入，在原有配套基础设施的基础上，投入资金继续完善景区内水、电、旅游厕所以及停车场等软硬件设施；另一方面，水管单位应积极完善相关的体制机制，创新性探索资金使用路径，以合法合规的资金使用方式来促进完善景区的基础设施建设，增加游客量，推动景区综合效益的全面发挥。

（6）加强水利风景区宣传推广，提升景区品牌影响力

各景区应积极探索创新宣传模式与路径，多举措开展宣传推介，以提升品牌影响力。首先，针对景区知名度不高的问题，景区管理部门及各景区单位应在立足水特色的基础上，通过视频、音频、宣传册等多种形式，积极开展水利风景区宣传推介工作，提升其知名度。其次，相关荣誉称号较少的景区，可广泛了解省部级景区管理部门的宣传、评选活动及平台，积极参与活动和评选。最后，开设宣传平台较少的景区，一方面，可以加强与社会媒体的沟通，积极邀请社会媒体对水利风景区进行选题报道，鼓励委属媒体积极入驻新浪微博、今日头条等新媒体平台；另一方面，景区可结合实际能力，实时应景推出临时或长期的新项目，并借助自媒体、官网、移动广告等多渠道对景区进行宣传推广。

3.优化景区管理机制

（1）完善景区管理运营投融资机制，为景区发展提供资金支持

黄河流域国家水利风景区建设与发展普遍存在缺乏资金的现实问题，景区应进一步完善管理运营投融资机制。对于公益型水利风景区或经营型水利风景区中的公益性部分，如绿化、环境卫生、水环境保护、水生态修复等，建议各级景区管理部门加强对其管理维护专项资金拨款的必要性与可行性研究，并上报水利部，加强与财政部等有关部门的沟通，协调设立水利风景区公益管护专项资金。此外，建议水管单位在水利工程相关规划中纳入景区管理内容，作为后续申请资金的依据，可以在一定程度上避免后续改建过程中没有专项资金的问题；将景区管理运营成本纳入所依托水利工程除险加固、运维改造等预算，为景区管理运营提供资金保障。

此外，对于公益型或经营型水利风景区中的公益性部分，可通过采用资源置换如土地配置，以及“肥瘦搭配”等模式进行综合立项、打包实施，吸引企业参与景区的管理和运营。也可以对景区实施区域生态环境导向开发（EOD）项目，以生态环境为导向，通过改善整个区域的环境，带动高效益、高回收的旅游生态产业来反哺高投入、低回报的生态项目，并形成良性循环，为参与企业提供盈利空间。在不影响所依托水利工程（或水体）功

能发挥、确保国有资产安全的前提下，根据景区管理运营内容、盈利能力等，坚持政企双方互利共赢、风险分担与权责匹配等原则，合理确定利益分配、风险分担、政府保障等运营机制，吸引社会资本参与景区运营，在缓解景区管理运营资金压力的同时，促进景区市场化经营，提高景区管理运营效率。

（2）加强景区管理运营人才队伍建设，为景区发展提供人力支持

景区管理运营人才缺乏、人员专业结构不合理的问题，可通过招聘、培训、合作等方式解决。首先，景区可根据自身需要，充分利用当地政府人才吸引计划政策，招聘资本运营、市场营销、旅游规划、项目管理、历史、旅游、艺术等多领域人才。对于水管单位管理模式下的景区，或由国有企业管理的景区，建议增加相关人员编制，安排景区管理运营专员；对于企业管理模式下的景区，应加大人才招聘资金支持力度。其次，景区应加强内部员工培训，借助部、省（区）每年培训的机会，积极争取名额，合理安排有潜力的业务骨干，进行上述多领域专业知识的培训，培养一批符合水利风景区建设发展需要的复合型人才。最后，可通过与管理运营专业性较强的公司进行战略合作，夯实景区管理运营人才支撑，或在省（区）级层面上建立并不断完善水利风景区专家库，打造高端智库，发挥理论指导、技术支撑和引领作用。

（3）完善部门间协调机制，推动水利风景区与地方融合发展

做好水利部门与自然资源、生态环境、文化旅游等管理部门的协调工作，积极推动水利风景区与地方融合发展。针对景区发展受自然资源管理部门区划限制的问题，首先，在部委层面，建议水利部景区办上报水利部，加强与自然资源等管理部门的协作，在合法的前提下制定合理的规则，支持景区发展。其次，在地方层面，建议地方水利部门积极与地方自然资源管理部门沟通，并由地方政府基于综合利益进行统筹。最后，在景区层面，在申报各类称号时，尤其要关注这些称号对景区的条件要求，结合自身发展需求进行选择性申报；对于一些重要内容，建议纳入相关规划报告，为后续建设管理工作提供保障。

（4）完善景区标志标识，讲好水利风景区故事

标志标识是新时代讲好水利风景区故事的有力抓手。各景区可通过标志标识将水文化内容、水文化价值转化为民众易于理解的图像和叙事化的语言，以讲故事的形式拉近游客与历史事件、历史文化的距离，讲好水利风景区的水文化故事、水利人故事等，进一步培养民众的文化自信。水管单位自主管理的水利风景区，水土保持型、灌区型和水库型水利风景区，位于流域下游的水利风景区，以及分行政隶属下的水利风景区应注重景区内外标识体系的系统性，景区内外各类标识应健全，且图、文、符号等应统一、醒目；景区内设置的标牌内容要完整、全面、准确且清晰；景区标识设置位置要具有合理性，力求做到在景区内外关键节点标志标识的全覆盖。通过完善景区标志标识，讲好水利风景区故事，传承黄河传统文化，助力实现黄河文化时代价值，坚定文化自信，建设社会主义文化强国。

参考文献

吴兆丹、王诗琪：《水利风景区高质量发展水平评价研究》，2022 中国水利学术大会论文，2022 年 11 月。

李爽、朱彦鹏：《加强水利风景区水生态环境保护的建议》，《中国水利》2020 年第 20 期。

李浩：《水利风景区建设与管理研究：以飞来峡水利枢纽风景区为例》，硕士学位论文，华南理工大学，2012。

温乐平：《水利风景区规划管理问题及对策探讨》，《南昌工程学院学报》2021 年第 2 期。

张琦、杨铭宇：《准确把握水利风景区高质量发展的战略意义》，《国家治理》2021 年第 46 期。

汤勇生、张海龙、张智通：《水利风景区高质量发展评价体系研究》，《水利经济》2022 年第 5 期。

路晶京：《水利风景区生态系统文化服务价值评价研究》，硕士学位论文，华北水利水电大学，2022。

李彤、冯永琴、沈益宇等：《水利风景区高质量发展评价体系的研究》，《中国集体

经济》2022 年第 11 期。

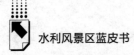

刘菁、唐德善、郝建浩等:《水利风景区规划环境影响评价指标体系构建》,《水电能源科学》2017 年第 7 期。

刘娟、赵敏:《水利风景区发展潜力综合评价》,《水利经济》2014 年第 5 期。

刘蒨:《对构建幸福河评价指标体系的思考》,《水利经济》2021 年第 6 期。

刘娟:《水库型水利风景区项目社会效益评价研究》,《项目管理技术》2014 年第 8 期。

刘建华、黄亮朝:《黄河下游水资源利用与高质量发展关联评估》,《水资源保护》2020 年第 5 期。

吴文庆、沈涵、吉琛佳等:《水利生态旅游开发潜力的评价指标体系研究》,《管理世界》2012 年第 3 期。

丁蕾、吴小根、王腊春等:《水体旅游可持续发展评价》,《地理研究》2015 年第 3 期。

董青、汪升华、于小迪等:《水利风景区建设后评价体系构建》,《水利经济》2017 年第 3 期。

左其亭、郝明辉、姜龙等:《幸福河评价体系及其应用》,《水科学进展》2021 年第 1 期。

韩宇平、苏潇雅、曹润祥等:《基于熵-云模型的我国水利高质量发展评价》,《水资源保护》2022 年第 1 期。

高艺园:《基于 AHP 的水库型水利风景区建设管理评价研究》,硕士学位论文,福建农林大学,2016。

苏欣慰、陈金华、张镒等:《游客对国家水利风景区安全感知研究——以福建省仙游九鲤湖风景区为例》,《沈阳农业大学学报》(社会科学版)2015 年第 4 期。

郭振军:《五台县水利行业安全生产工作探析》,《山西水利》2018 年第 8 期。

林尔茫:《水利风景区建设中存在的问题及措施》,《黑龙江水利科技》2014 年第 10 期。

《黄河流域生态保护和高质量发展规划纲要》,《中国产经》2021 年第 19 期。

B.5

新阶段水利风景资源开发与管理投融资创新模式思路

吴兆丹　于小迪　王欣苗　张俊峰　许　雪*

摘　要： 水利风景资源的开发与管理是新阶段践行“两山”理论、推进水利高质量发展和中国式现代化建设的重要途径。但水利风景资源具有一定的公益性，且我国该类资源开发利用仍不够充分，相应的盈利潜力尚未充分发挥，再加上当前国内外经济环境仍存在不稳定性、不确定性因素，水利风景资源的开发与管理面临一定的融资困难，亟须创新相应的投融资模式。本报告梳理水利风景资源开发管理现有的投融资模式及存在的主要问题，分析新阶段投融资改革面临的机遇，探索投融资模式创新思路。

关键词： 水利风景资源　投融资模式　不动产投资信托基金

根据水利部发布的《水利风景区评价标准》（SL300-2004），水利风景资源是水域（水体）或水利工程以及与其相关联的岸地、岛屿、林草、建筑等形成的自然和人文吸引物。20 世纪八九十年代，基层水管单位利用水利风景资源尝试开展水利旅游。当前水利风景资源综合利用以创建水利风景区为主要形式，并逐步规范化发展。水利风景资源的合理开发与科学管理，

---

* 吴兆丹，博士，河海大学副教授，研究方向为水资源技术经济；于小迪，水利部综合事业局高级工程师，研究方向为水利风景区建设管理；王欣苗，水利部综合事业局工程师，研究方向为水利风景区建设管理；张俊峰，博士，华北水利水电大学副教授，研究方向为地理信息系统；许雪，河海大学博士研究生，研究方向为水利经济。

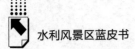

是确保该类资源可持续发展、充分实现资源价值的前提，是新阶段贯彻落实党的二十大精神，践行“两山”理论、促进水利现代化建设的重要措施，也是美丽中国建设、满足人民美好生活需要的重要途径。水利风景资源具有一定的公益性，且目前该类资源开发利用仍不够充分，相应的盈利能力不足；尽管我国已相继出台了一系列支持水利工程和基础设施建设的相关政策，并不断加强水利行业投资，但水利风景资源的开发与管理仍缺乏专项资金支持；再加上国内外形势深刻复杂变化的影响，当前水利风景资源开发与管理普遍面临较大的融资困难。因此，有必要探索新阶段水利风景资源开发与管理投融资模式的创新思路，以更好地发挥资源效益。

一　水利风景资源开发与管理现有投融资模式分析

按开发与管理内容的具体功能划分，水利风景资源开发与管理可分为公益性、经营性及准公益性三类。结合水利风景资源国计民生功能的发挥、国有资产的安全性、与水利工程的依托关系、管理运营的盈利能力等特征，目前我国上述三类性质的水利风景资源开发与管理，侧重采用了不同的投融资模式。

（一）公益性开发与管理的投融资模式

水利风景资源的公益性开发与管理，旨在保护水利风景资源并发挥资源的公益性功能。由于此类项目缺乏盈利能力，对其进行投资不能在短时间内带来较充足的现金流，难以满足市场追求利润的需求，因此该类项目的投资主要依靠财政资金支撑，其开发与管理由属地政府或水管单位主导。由政府投资进行水利风景资源公益性开发与管理，有利于确保水利风景资源公益性功能的发挥及国有资产的安全。

目前，水利风景资源的公益性开发与管理，主要采用依托水利工程建设管理资金和政府投资两种模式。其一，依托水利工程建设管理资金的投融资模式，是将水利工程建设管理资金用于工程建设的同时进行水利风景资源的开发管理。该模式下利用水利工程建设管理资金，在兴建水库、枢纽、河道和其他工程项目中增加水利风景元素，形成水利风景资源，并依靠工程管理资金对水利风景资源进行管理。其二，政府投资模式，是由政府投资进行水利风景资源的公益性开发管理。在政府较强的资源配置能力下，我国水利风景资源的公益性开发与管理取得了较显著的成效，依托水库、灌区等工程或自然河湖、湿地等，开发出优质的水利风景资源。但与此同时，高额的建设投入和持续的管理成本也给财政带来了一定的负担。

（二）经营性开发与管理的投融资模式

水利风景资源的经营性开发与管理，旨在挖掘并发挥水利风景资源的经济价值。该类项目一般由社会资本主导，投资主体多为社会资本，且政府通过与社会资本约定的方式，确保社会资本在水利风景资源管理运营中不妨碍水利工程防洪排涝等关乎国计民生的功能的发挥。由社会资本投资进行水利风景资源经营性开发与管理，一方面可以为社会资本提供更多的价值创造平台，有利于促进国民经济发展；另一方面可充分发挥社会资本市场化运营水利风景资源的优势，提高资源资产的运营管理效率，充分发挥资源的经济与社会价值。

目前，水利风景资源经营性开发与管理的投融资模式，主要有社会资本在一定期限内特许经营和社会资本长期经营两种。一方面，在社会资本在一定期限内特许经营的投融资模式下，水利风景资源的开发投资由社会资本主导，并由社会资本在一定特许经营期内负责资源管理与资产运营，获得运营收益。该模式既有利于发挥社会资本市场化运营的优势，又可以保证政府拥有水利风景资源的实质性产权和控制权。另一方面，在社会资本长期经营的投融资模式下，项目投资由社会资本主导，并由社会资本长期负责资源管理与资产运营，获得运营收益。该模式一般仅适用于在考虑国有资产及民生功能的前提下，适宜由社会资本方长期运营的开发与管理内容。

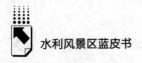

（三）准公益性开发与管理的投融资模式

水利风景资源的准公益性开发与管理，有保护水利风景资源、发挥其社会与生态功能，以及实现其经济价值的双重目标。此类项目投资多由政府主导，或与社会资本共同出资。政府参与水利风景资源的开发与管理，有利于确保水利风景资源公益性功能的发挥以及国有资产的安全；社会资本的参与则能同时提高水利风景资源资产运营效率，进一步实现水利风景资源的经济价值。

目前，水利风景资源准公益性开发管理的投融资，主要采用地方政府与社会资本共同投资的模式。其中，具有一定经营性但经营性不强，或经营性较强但社会资本投资占比较低的水利风景资源开发与管理，多由政企双方在约定合作期内合作管理运营资产，并在到期后将水利风景资源资产交给政府方；经营性较强、社会资本方投资占比较高且适宜由社会资本方长期拥有并运营的水利风景资源开发与管理，多由双方长期股权合作进行资源管理与运营。

二　水利风景资源开发与管理投融资模式主要问题分析

上述针对不同类型项目的水利风景资源开发与管理投融资模式具有一定的适用性，有力推进了水利风景资源效益的发挥。但人民对美好生活不断提高的需求，以及优化水环境、修复水生态、保障水安全日益增强的迫切性，对水利风景资源的开发与管理也提出了更高的要求。再加上当前国内外形势正在发生深刻复杂的变化，水利风景资源开发与管理投融资模式呈现一定的不足。

（一）政府财政资金支持不足

目前，政府财政资金对水利风景资源开发与管理的支持仍相对不足。其一，水利风景资源的公益性开发与管理，虽由政府主导投资，但目前并没有该方面的专项资金支持。已有的公益性开发与管理费用主要依靠水利工程建设维护资金，或者由地方政府承担，加大了水管单位和地方政府的资金负担，降低了管理主体对继续开发与管理水利风景资源的积极性，不利于水利风景资源的持续发展和效益的发挥。其二，水利风景资源的准公益性开发与管理中，绿化、环境卫生、水环境保护和水生态修复等公益性部分的管理维护缺乏专项资金，该部分成本由资源经营性开发与管理获得的收益来承担。财政资金支持的不足，不仅会给水利风景资源开发与管理带来一定的资金压力，而且会影响社会资本参与投资的积极性。此外，在经营效益较差的情况下，财政资金的缺乏还可能会影响水利风景资源公益性功能的发挥。

（二）社会资本参与度低

水利风景资源的开发与管理和其他行业相比较低的盈利水平，影响了社会资本参与的积极性。首先，水利风景资源具有一定的公共物品属性，即便对其进行经营性开发与管理，也需要兼顾资源的公益性功能，在一定程度上影响了水利风景资源开发与管理项目的盈利能力。其次，水利风景资源对降水、气温等自然条件的依赖性较强，其开发与管理的经济效益具有一定的随机性与不可控性。再次，依托水利工程的水利风景资源开发建设周期长，且林草生长具有一定的周期性，水利风景资源开发与管理的投资回收周期较长。最后，目前我国水利风景资源开发与管理力度仍相对不足，且多数水利风景资源所处地理位置较为偏远，其自身开发与管理能力及知名度的提高，均需较长的时间，影响了资源开发与管理项目短期内的经济收益及其对社会资本的吸引力。

（三）金融机构贷款困难

水利风景资源的开发与管理多具有公益性或准公益性，盈利能力、还贷能力均相对较弱，无形资产评估相对缺乏，且金融机构对水利风景资源开发与管理的了解仍不够深入。这些因素导致水利风景资源的开发与管理从金融机构获得贷款的难度相对较大，或者获得贷款的额度较小。另外，目前有关银行或其他金融机构向水利风景资源开发与管理项目提供借贷的政策补偿力度仍相对不足，金融机构投资该类项目的意愿不强，加大了水利风景资源开发与管理获得贷款的难度。

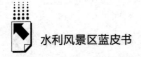

（四）投融资渠道单一

目前，我国水利风景资源开发与管理的资金主要来源于政府财政，少数来自社会资本和银行贷款，而债券、基金等金融工具的应用仍较为薄弱。水利风景资源开发与管理的融资渠道较为传统、单一且封闭，融资风险相对集中。同时，我国在水利风景资源开发与管理方面缺乏有效的多元化融资服务体系。因此，亟须构建一系列投融资机制，打通水利风景资源开发与管理直接和间接投融资渠道，以促进水利风景资源规模化发展及提质增效。

三　新阶段水利风景资源开发与管理投融资改革机遇分析

近年来，国家相继出台了多项有关投融资改革的措施，强调要全面加强基础设施投资并拓宽水利建设资金筹措渠道，给新阶段水利风景资源开发与管理的投融资改革带来较大机遇。

（一）国家引导适度超前开展基础设施投资，为水利风景资源开发与管理的投融资改革提供了重要载体

2022年国务院《政府工作报告》和国务院常务会议强调要围绕国家重大战略部署和“十四五”规划，对一些基础设施开展适度超前投资。习近平总书记在中央财经委员会第十一次会议上也强调，要全面加强基础设施建设，并适应基础设施建设中的融资需求，拓宽资金的长期筹措渠道，加大财政投入力度，更好集中保障国家重大基础设施建设的资金需求。

水利基础设施建设不仅能扩大内需，而且能实现项目的稳投资、稳增长。水利部围绕国家关于全面加强水利基础设施建设的决策部署，多次召开

加快水利基础设施建设的调度会，进一步梳理水利基础设施项目清单，充分利用财政和金融政策的支持，用好基础设施建设投资基金，促进水利基础设施建设强大合力的形成，为全面提升国家水安全保障和水生态效益溢出能力打牢坚实基础。水利基础设施是水利风景资源开发与管理的重要依托。国家适度超前开展基础设施投资，为水利风景资源开发与管理的投融资改革提供了重要载体。

（二）政府提倡拓宽水利建设资金筹措渠道，为水利风景资源开发与管理的投融资改革提供了引领指导

第一，中央多次强调要吸引社会资本、鼓励金融机构加大对基础设施建设的支持力度，利用不动产投资信托基金（REITs）促进水利投资，为水利风景资源开发与管理投融资模式创新提供了方向引领。2022 年中央财经委员会第十一次会议强调了社会资本在未来基建投资中的重要作用，以及政府和社会资本合作（PPP）模式在规范化发展下的实用价值；中国人民银行和国家外汇管理局也明确了要加大对重点投资项目、超前开展基础设施投资的资金支持力度，保障合理融资需求和在建项目顺利实施，做好各项金融支持工作。此外，国家发展改革委也要求规范推进政府和社会资本的合作，做好社会资本投融资合作对接工作，发挥社会资本对项目的长效作用机制，保障项目融资；推动 REITs 健康发展，发挥市场主体作用，盘活存量资产，形成投资良性循环。

第二，水利部提出，要充分利用地方政府专项债券、拓宽金融资本支持水利基础设施建设的渠道，积极引导社会资本参与水利项目建设运营，并通过水利基础设施领域 REITs 筹集资金，为水利风景资源开发与管理投融资模式创新提供了切实指引。为确保新阶段水利高质量发展的资金支持，水利部提出要用好地方政府专项债券，深化与国家开发银行等金融机构的精准对接，进一步拓宽金融资本对水利基础设施的投资渠道，扩大水利投资规模。水利部与国家开发银行联合印发的《关于加大开发性金融支持力度提升水安全保障能力的指导意见》，提出从六个方面重点突出金融支持水利建设，

充分用好各类金融产品、加强开发性金融政策支持、积极创新推广融资模式。此外，水利部印发的《关于推进水利基础设施政府和社会资本合作（PPP）模式发展的指导意见》明确，要“充分发挥市场在资源配置中的决定性作用，更好发挥政府作用”，强调了社会资本对拓宽水利基础设施建设长期资金筹措渠道的重要作用。水利部还提出要建构水利基础设施存量资产及新增水利基础设施投资的良性循环机制，引入 REITs 方式筹措利用资金，提高投资建设和运营管理效率，促进水利基础设施高质量发展。

四　新阶段水利风景资源开发与管理投融资模式创新思路设计

基于上述水利风景资源开发与管理投融资模式现存问题及对改革机遇的分析，我国应紧扣国家提出的全面加快基础设施建设和加大水利投融资力度的契机，用足、用活国家财政政策，拓宽水利风景资源开发与管理的投融资渠道，构建多元化、多层级、多渠道的投融资模式，全力推动新阶段水利风景资源的合理保护与高效利用。

（一）拓宽政府财政资金投入通道

拓宽政府财政资金投入通道，完善财政投入稳定增长机制和财政信贷机制，有利于确保水利风景资源公益性开发与管理的顺利进行。针对水利风景资源开发与管理投融资模式存在的问题，结合国家政策导向，当前拓宽政府财政资金投入通道可重点从以下两方面推进。

一是设立水利风景资源开发与管理专项资金，确保财政资金持续稳定的投入。对于水利风景资源公益性开发与管理或准经营性开发与管理中的公益性内容，建议有关部门加大对专项资金拨款的必要性与可行性研究力度，逐级上报水行业主管部门，并加强水利部与财政部等有关部门的沟通，协调设立水利风景资源开发与管理专项资金。

二是积极争取地方政府专项债券支持。发行专项债券是地方政府筹措基建资金的重要渠道。专项债券发行成本较低，发行周期灵活，并且可将其作为项目的资本金，从而在一定程度上减轻项目法人的融资压力。专项债券的偿债来源为单项政府基金或专项收入，该类债券要求项目能维持收益平衡。因此，地方政府专项债券一般适用于水利风景资源经营性或准公益性的开发与管理。

（二）加大银企资金投入力度

如前所述，水利风景资源开发与管理盈利能力不高，对金融机构和社会资本吸引力不够。因此，在该类项目投融资模式改革中，要通过深化政府与银行、企业的合作，加大银企资金的投入力度。

一是加大金融机构的投资力度，并争取政策性金融支持。一方面，地方政府与金融机构建立联系对接工作机制，通过“一项一策”“一项一议”等方式主动搭建银项合作平台，为水利风景资源开发与管理提供资金支持。应用奖励补助和风险补偿等方式，引导融资担保机构提供水利风景资源开发与管理的融资担保，利用开发与管理对应的经营性收入偿还贷款以实现融资平衡。另一方面，充分运用中国农业发展银行等政策性银行对水利的各项信贷支持政策，积极申请和使用过桥贷款、抵押补充贷款。

二是吸引央企、国企投资，并鼓励社会资本参与。央企、国企以及社会资本的参与和投资，是水利风景资源持续有效发挥其社会效益、经济效益和生态效益的关键。一方面，可加大对水利风景资源开发与管理项目的推介力度，通过参股、股权合作和特许经营等方式，吸引央企、国企参与水利风景资源的开发与管理。另一方面，可创新融资方式，规范推进 PPP 项目，积极推动生态环境导向的开发模式（EOD）项目申报，吸引社会资本以独资、合资、BOT、项目管理总承包（PMC）和“工程总承包+运营”（EPC+O）等方式参与水利风景资源的开发与管理，并完善社会资本退出机制。对水利风景资源的经营性开发与管理，可利用经营性收益按市场化原则统一运作，将工程建设和一定时期的运行维护进行捆绑，争取金融资金支持；对其中的准公益性开发与管理，可探索在项目融资中按经营性与公益性功能分摊原则分配收益及风险等；而对其中的公益性开发与管理，则可将其与经营性强的工程捆绑实施，探索通过结合周边土地综合整治、特色农业、农村水利等方式组成综合体项目进行融资，将水利风景资源开发与管理的生态产品价值等外部效益返还给投资者，或通过资源补偿、政府付费、经济性或政策性补贴、财税奖励等方式吸引社会资本投资。

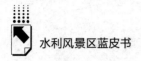

（三）合理利用多种金融工具

在国家政策的指引下，水利风景资源开发与管理可通过利用企业债券、不动产投资信托基金和产业基金等方式提高投融资效率。

一是发行企业债券。对于符合条件的水利风景资源开发与管理主体，通过发行短期融资券、中期票据和定向工具等企业债券的方式融资，利用债权投资计划、股权投资计划、资产支持计划等融资工具，引导机构资金投入水利风景资源的经营性开发与管理。

二是应用不动产投资信托基金。通过修复治理等盘活水利风景资源所依托的水利工程存量优质资产，并将其进行资产证券化，将基础设施资产支持证券的回收资金，用于水利风景资源的开发与管理项目中集中流转经营，并形成良性投资循环。同时，根据《引导社会资本参与盘活国有存量资产中央预算内投资示范专项管理办法》，提高资金使用效率，积极争取中央财政对前期工作的支持。

三是积极争取产业基金支持。将水利风景资源开发与管理和幸福河湖建设、乡村振兴产业发展进行深度融合，并纳入地方政府产业基金的重点投向，以政府资金作为引导，吸引社会资本参与水利风景资源的开发与管理，促进项目的顺利实施。同时，转变以往主要以产业部门确定项目及资助力度的做法，在具体项目选择、资金确定、监督管理等方面引入市场机制，有效提升财政资金使用效率，提高产业基金的使用效果。

五　结语

根据水利风景资源开发与管理的具体功能及盈利能力等，我国该类资源的公益性、经营性及准公益性开发与管理，侧重采用了不同的投融资模式，切实为项目提供了有力的资金支持。但在新阶段人类需求及生态环境保护对水利风景资源发展的要求，以及当前国内外形势的深刻复杂变化下，我国水利风景资源开发与管理的投融资模式呈现一定的不足，包括政府财政资金支持不足、社会资本参与度低、金融机构贷款困难、投融资渠道单一等。我国全面加强基础设施投资和拓宽水利建设资金筹措渠道等政策导向，为水利风景资源开发与管理的投融资改革带来了机遇。基于此，我国可通过拓宽政府财政资金投入通道、加大银企资金投入力度以及合理利用多种金融工具等，创新水利风景资源开发与管理投融资模式，推进美丽中国及中国式现代化建设。

参考文献

任保平：《新发展阶段我国区域经济高质量发展的理论逻辑、实践路径与政策转型》，《四川大学学报》（哲学社会科学版）2023 年第 3 期。

吴兆丹等：《水利风景区 PPP 项目政府与社会资本方利益协调行为策略研究》，《水利经济》2022 年第 4 期。

王燕、韩凌杰：《水利风景区生态产品价值实现路径初探：以兰考黄河水利风景区为例》，2022 中国水利学术大会论文，2022 年 11 月。

许雪、赵敏：《水利风景区 PPP 项目风险评价》，2022 中国水利学术大会论文，2022 年 11 月。

柯任泰展、陈建成：《公益性建设项目的 PPP 投融资模式创新研究——以河南省水生态文明项目为例》，《中国软科学》2016 年第 10 期。

李颜娟：《基础设施项目多元投融资模式研究》，《宏观经济管理》2014 年第 7 期。

廖楚晖、田野：《地方政府多元化投融资平台相关因素分析》，《统计与决策》2013 年第 23 期。

金观平：《基础设施建设离不开要素保障》，《经济日报》2022 年 5 月 22 日，第 A5 版。

王挺等：《浙江省深化水利投融资改革的探索与实践》，《水利发展研究》2022 年第 8 期。

典型省市域和景区发展报告

Development Reports of Typical Provinces and Scenic Areas

B.6

江西省水利风景区发展报告

温乐平　万云江　刘凌燕*

摘　要： 江西省境内河网密布，水系发达，水利工程星罗棋布，造就了丰富的水利风景资源。江西省在践行“两山”理念、助推乡村振兴、传承弘扬水文化等方面，通过顶层设计、示范引领、品牌创建等一系列举措，创新探索了水利风景区建设管理实践。本报告系统梳理了江西省水利风景区发展现状、发展成效和基本经验，研判当前存在的主要问题，提出将强化水文化传承、拓宽投融资渠道、强化品牌宣传，进一步推动江西省水利风景区高质量发展。

关键词： 水利风景区　水利风景资源　水文化　江西

* 温乐平，博士，南昌工程学院教授，研究方向为水文化；万云江，江西省水利厅景区办办公室主任，高级工程师，研究方向为水利风景区建设管理；刘凌燕，江西省水利厅景区办副科长，研究方向为水利风景区建设管理。

一　江西省水利风景区发展基础与现状

（一）基础条件

1. 地理环境

江西，简称“赣”，因省内最大的河流赣江得此简称，是中国内陆省份之一。江西省位于中国东南部，长江中下游南岸，东经 113°35′～118°29′、北纬 24°29′～30°05′，东邻浙江、福建，南接广东，西连湖南，北毗湖北、安徽。境内地貌多山地和丘陵，地势由南向北降低，省界群山环绕，中部地区丘陵起伏，北部平原地区地势坦荡，四周渐次向鄱阳湖区倾斜，最终形成以鄱阳湖为底部的南窄北宽的盆地状地形。

江西季风气候显著，四季变化分明。境内水热条件差异较大，多年自北向南的平均气温依次增高，南北温差约为 3℃。全省辖 11 个设区市、100 个县（市、区），总面积 16.69 万平方公里，2021 年总人口为 4518 万人。全省共有 55 个民族，少数民族比例不到 1%，少数民族中人口较多的有畲族、苗族、回族、壮族、满族等。

2. 河流水系

江西境内密布河网、湖泊，水系发达，长江有 152 公里流经江西，全省 97.7%的面积属于长江流域，是长江流域的重要省份之一。江西水资源比较丰富，拥有流域面积 10 平方公里以上河流 3700 多条，2 平方公里以上湖泊 70 多个，多年平均降水量为 1638 毫米，多年平均水资源量为 1565 亿立方米，人均拥有水量高于全国平均水平。

江西境内的赣江、抚河、信江、修水和饶河五大河流，从东、南、西三面汇流注入中国最大的淡水湖——鄱阳湖，再由湖口注入长江，从而形成了完整的鄱阳湖水系。鄱阳湖水系流域面积为 16.22 万平方公里，约占长江流域面积的 9%。经鄱阳湖调蓄注入长江的多年平均水量为 1457 亿立方米，占长江总水量的 15.5%，超过黄河、淮河和海河每年水量的总和。

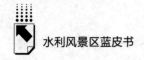

鄱阳湖洪水水位最高时的湖体面积约为4550平方公里，枯水水位最低时湖体面积仅为239平方公里，湖体面积、湖体容积相差极大。“高水是湖，低水似河”“洪水一片，枯水一线”的现状，严重制约着湖区水资源利用和水生态环境保护。

3. 水利工程

江西是水资源大省，境内水系发达，河流纵横，湖泊众多，从防洪减灾工程、供水安全保障和生态安全保护多方面构建了较为完善的体制内容。江西省现存的各类水利工程有160余万座（处），其中，堤防1.3万公里，水库1.08万余座，水电站3846座，大中型灌区315处，集中供水工程2.9万处。全省总灌溉面积达3142万亩，除涝面积达607万亩，综合治理水土流失面积达5.6万平方公里。

4. 自然资源

（1）生物资源

江西生物资源列入《国家重点保护野生植物名录》的品种有78种，其中国家Ⅰ级保护品种6种，国家Ⅱ级保护品种72种；列入《江西省重点保护野生植物名录》的品种有150种，其中省Ⅰ级保护品种4种，省Ⅱ级保护品种26种，省Ⅲ级保护品种120种。

江西拥有特有树种——落叶木莲，分布于宜春市，是木莲属唯一落叶的植物；拥有近代水稻始祖称号的东乡县野生稻，是我国分布最北的野生稻；境内多地特色均为国内珍稀物种，如南昌金荞麦、鄱阳湖莼菜、彭泽中华水韭、宜黄水蕨、赣南野生茶、九江野生莲等；萍乡市的长红檵木母树，树龄300多年，为世界仅存的长红檵木母树。此外，境内拥有多处国内罕见的珍稀植物群落，如宜丰县的穗花杉群落、铅山县的南方铁杉天然林、德兴市和玉山县的华东黄杉天然林。

（2）动物资源

江西野生脊椎动物资源品类众多。其中，哺乳类约占全国的21%；鸟类约占全国的40%；爬行类约占全国的20%；两栖类约占全国的14%；鱼类约占全国的5.9%。鄱阳湖是水鸟越冬的最佳栖息地，每年冬天鄱阳湖的候鸟多达60万~70万只，其中国家Ⅰ级保护鸟类25种、国家Ⅱ级保护鸟类88种，越冬白鹤最高数量达4000余只，约占全球的98%。鄱阳湖长江江豚约450头，占整个长江江豚种群的近一半。

（3）森林资源

江西省森林覆盖率高达63.35%，活立木的蓄积量为7.10亿立方米，活立竹总株数为26.86亿根，均位居全国前列。全省森林多属于天然次生林，针叶林的面积比重大，主要乡土树种是杉木、马尾松、樟树，主要经济林树种是油茶、板栗、脐橙、柑橘。

（4）矿产资源

江西地下矿藏丰富，铜、钨、银、钽、钪、铀、铷、铯、金、伴生硫、滑石、粉石英、硅灰石等储量均居全国前三位，是我国矿产资源配套程度较高的省份之一。其中铜、钨、铀、钽、稀土、金、银被誉为江西的“七朵金花”。

（5）旅游资源

江西旅游资源丰富，全省现有世界文化与自然双遗产地1处、世界自然遗产3处、世界文化遗产1处，世界地质公园3处，国际重要湿地2处，国家级风景名胜区18处；现有旅游景区（点）2500余处，其中国家5A级景区14处，国家4A级景区213处。

江西主要旅游景区可概括为“四大名山”、“四大摇篮”、“四个千年”和“六个一”。“四大名山”分别是庐山、井冈山、三清山、龙虎山；“四大摇篮”分别是中国革命的摇篮井冈山、人民军队的摇篮南昌、共和国的摇篮瑞金和工人运动的摇篮安源；“四个千年”分别是千年瓷都景德镇、千年名楼滕王阁、千年书院白鹿洞、千年古刹东林寺；“六个一”分别是一湖（鄱阳湖）、一村（婺源）、一海（庐山西海）、一峰（龟峰）、一道（小平小道）、一城（共青城）。当前推向市场的五彩精华旅游线、红色经典旅游线、绿色精粹旅游线、鄱阳湖体原生态旅游线等四条黄金旅游线路受到海内外游客的青睐，江西被亲切地称为“红色摇篮、绿色家园”。

（二）发展状况

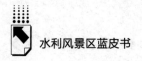

江西省江河交织，湖库罗列，水利风景资源丰富，打造了大量的人文和自然景观。秀美的山水、壮观的水利工程，浓郁的水文化，丰富的水资源成为水利风景区发展的奠基石。截至 2022 年底，江西省水利风景区已达 109 家，其中国家水利风景区 48 家，省级水利风景区 61 家（见表 1）。

表 1　江西省现有水利风景区

序号	地级市	水利风景区名称	类型	批准年份	景区级别
1	宜春市	上游湖水利风景区	水库型	2003	国家级
2	景德镇市	玉田湖水利风景区	水库型	2003	国家级
3	鹰潭市	白鹤湖水利风景区	水库型	2004	国家级
4	吉安市	井冈冲湖水利风景区	水库型	2004	国家级
5	抚州市	潭湖水利风景区	水库型	2004	国家级
6	景德镇市	翠平湖水利风景区	水库型	2004	国家级
7	抚州市	麻源三谷水利风景区	水库型	2004	国家级
8	吉安市	白鹭湖水利风景区	水库型	2004	国家级
9	宜春市	飞剑潭水利风景区	水库型	2004	国家级
10	上饶市	枫泽湖水利风景区	水库型	2005	国家级
11	赣州市	赣州三江水利风景区	自然河湖型	2005	国家级
12	宜春市	九龙湖水利风景区	水库型	2006	国家级
13	吉安市	武功湖水利风景区	水库型	2006	国家级
14	景德镇市	月亮湖水利风景区	水库型	2007	国家级
15	九江市	张岭水库水利风景区	水库型	2009	国家级
16	萍乡市	明月湖水利风景区	水库型	2009	国家级
17	赣州市	汉仙湖水利风景区	水库型	2010	国家级
18	南昌市	赣抚平原灌区水利风景区	灌区型	2010	国家级
19	九江市	庐湖水利风景区	水库型	2010	国家级
20	宜春市	渊明湖水利风景区	水库型	2011	国家级
21	南昌市	梦山水库水利风景区	水库型	2011	国家级
22	南昌市	溪霞水库水利风景区	水库型	2011	国家级
23	九江市	武陵岩桃源水利风景区	水库型	2012	国家级
24	九江市	庐山西海水利风景区	水库型	2013	国家级
25	上饶市	群英水库水利风景区	水库型	2013	国家级

续表

序号	地级市	水利风景区名称	类型	批准年份	景区级别
26	上饶市	三清湖水利风景区	水库型	2013	国家级
27	上饶市	铜钹山九仙湖水利风景区	水库型	2013	国家级
28	上饶市	龟峰湖水利风景区	水库型	2014	国家级
29	上饶市	凤凰湖水利风景区	水库型	2014	国家级
30	赣州市	赣江源水利风景区	水库型	2014	国家级
31	吉安市	黄泥埠水利风景区	水库型	2014	国家级
32	吉安市	螺滩水利风景区	水库型	2014	国家级
33	抚州市	南城醉仙湖水利风景区	水库型	2015	国家级
34	九江市	西海湾水利风景区	城市河湖型	2015	国家级
35	九江市	江西水保生态科技园水利风景区	水土保持型	2015	国家级
36	赣州市	陈石湖水利风景区	水库型	2015	国家级
37	吉安市	青原禅溪水利风景区	自然河湖型	2016	国家级
38	上饶市	龙门湖水利风景区	水库型	2016	国家级
39	赣州市	琴江水利风景区	城市河湖型	2017	国家级
40	赣州市	客家梯田水利风景区	水土保持型	2017	国家级
41	上饶市	大矛山双溪湖水利风景区	水库型	2017	国家级
42	吉安市	峡江水利枢纽水利风景区	水库型	2018	国家级
43	抚州市	大觉山水利风景区	水库型	2018	国家级
44	宜春市	恒晖大农业水利风景区	水库型	2018	国家级
45	新余市	八马水利风景区	水库型	2021	国家级
46	抚州市	曹山水利风景区	自然河湖型	2021	国家级
47	抚州市	九瀑峡水利风景区	水库型	2022	国家级
48	吉安市	槎滩陂水利风景区	灌区型	2022	国家级
49	宜春市	三十把水库水利风景区	水库型	2013	省级
50	宜春市	龙湖水利风景区	水库型	2013	省级
51	宜春市	光华水库水利风景区	水库型	2013	省级
52	新余市	龙门口水利风景区	水库型	2013	省级
53	抚州市	龟峰渡水利风景区	城市河湖型	2014	省级
54	抚州市	观音山水利风景区	水库型	2014	省级
55	吉安市	福华山水利风景区	水库型	2014	省级
56	抚州市	龙头寨水利风景区	水库型	2015	省级
57	新余市	西坑水库水利风景区	水库型	2015	省级
58	吉安市	窑湖水利风景区	水库型	2015	省级
59	上饶市	北槎垅水库水利风景区	水库型	2015	省级

续表

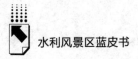

序号	地级市	水利风景区名称	类型	批准年份	景区级别
60	上饶市	大源河水库水利风景区	水库型	2015	省级
61	萍乡市	枫林水利风景区	水库型	2016	省级
62	新余市	石牛滩水利风景区	水库型	2016	省级
63	赣州市	阳明湖水利风景区	水库型	2016	省级
64	赣州市	安远东江源水利风景区	自然河湖型	2016	省级
65	赣州市	竹坑水库水利风景区	水库型	2016	省级
66	吉安市	大洋洲赣江水利风景区	自然河湖型	2016	省级
67	宜春市	山外山水利风景区	水库型	2016	省级
68	抚州市	神龙湖水利风景区	水库型	2016	省级
69	抚州市	石路湖水利风景区	水库型	2016	省级
70	抚州市	港河水利风景区	水库型	2016	省级
71	南昌市	鼎湖水利风景区	水库型	2017	省级
72	南昌市	幸福水库水利风景区	水库型	2017	省级
73	南昌市	青岚湖水利风景区	自然河湖型	2017	省级
74	九江市	龙源水利风景区	城市河湖型	2017	省级
75	上饶市	王宅水库水利风景区	水库型	2017	省级
76	抚州市	跃进湖水利风景区	水库型	2017	省级
77	宜春市	神山湖水利风景区	水库型	2017	省级
78	宜春市	玉龙河水利风景区	城市河湖型	2017	省级
79	宜春市	石溪水库水利风景区	水库型	2017	省级
80	吉安市	狗牯脑水利风景区	水库型	2017	省级
81	赣州市	丫山水利风景区	水库型	2017	省级
82	新余市	凯光水利风景区	水库型	2017	省级
83	宜春、南昌	江西省潦河灌区水利风景区	灌区型	2018	省级
84	新余市	孔目江水利风景区	城市河湖型	2018	省级
85	樟树市	丁仙湖水利风景区	水库型	2018	省级
86	吉安市	横山水库水利风景区	水库型	2018	省级
87	吉安市	双山水库水利风景区	水库型	2018	省级
88	赣州市	桃江源水利风景区	城市河湖型	2018	省级
89	抚州市	江西润邦农业生态文化水利风景区	灌区型	2018	省级
90	抚州市	乐丰湖水利风景区	水库型	2018	省级
91	抚州市	歌坪水利风景区	水库型	2020	省级
92	九江市	江西省鄱阳湖水文生态科技园水利风景区	自然河湖型	2020	省级
93	九江市	鄱阳湖模型试验研究基地水利风景区	城市河湖型	2020	省级

续表

序号	地级市	水利风景区名称	类型	批准年份	景区级别
94	南昌市	瑶湾水利风景区	城市河湖型	2021	省级
95	九江市	浔阳江水利风景区	城市河湖型	2021	省级
96	九江市	石嘴水库水利风景区	水库型	2021	省级
97	九江市	红旗水库水利风景区	水库型	2021	省级
98	九江市	林泉水库水利风景区	水库型	2021	省级
99	吉安市	谷口水库水利风景区	水库型	2021	省级
100	赣州市	太湖水库水利风景区	水库型	2021	省级
101	赣州市	柯树塘水保生态园水利风景区	水土保持型	2021	省级
102	景德镇市	浯溪口水利枢纽水利风景区	水库型	2022	省级
103	萍乡市	将军水库灌溉工程水利风景区	灌区型	2022	省级
104	萍乡市	泉之源水利风景区	水库型	2022	省级
105	九江市	八赛枢纽水利风景区	城市河湖型	2022	省级
106	赣州市	晓镜公园水利风景区	城市河湖型	2022	省级
107	吉安市	高虎脑水利风景区	水库型	2022	省级
108	宜春市	紫云山水库水利风景区	水库型	2022	省级
109	抚州市	幸福宜水水利风景区	城市河湖型	2022	省级

资料来源：根据江西省水利风景区网站相关资料整理。

（三）管理状况

1. 制度建设

2012 年，江西省水利厅制定了《江西省水利风景区管理办法》《江西省水利风景区评审办法》等管理制度，为全省水利风景区发展提供了制度保障。2014 年编制了《江西省水利风景区发展规划》，为全省水利风景区发展做好了顶层设计。

2021 年，江西省印发的《江西省“十四五”水安全保障规划》，2022 年印发的《江西省关于强化河湖长制建设幸福河湖的指导意见》《关于推进全省水利高质量发展的意见》均将水利风景区纳入其中，这些文件为江西省强化河湖长制、建设幸福河湖提供政策依据。

2021 年事业单位改革后，江西省水利厅机关后勤服务中心（景区办）

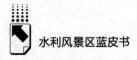

和信息中心合并，成立江西省防汛信息中心，原水利风景区建设管理职责划归江西省防汛信息中心，具体负责人和工作职责不变。单位合并后，编制增加，工作力量得到加强。

2. 监督管理

江西省水利厅景区办自2018年开始，每年开展省级水利风景区复核检查工作。2021年6~8月，厅景区办分批对江西省10家2018年度省级水利风景区开展了复核检查，重点了解景区授牌以来的水资源保护、水工程安全、水文化水科普建设、投融资、旅游业发展、安全生产等情况及景区是否涉及饮用水水源地和自然保护区等问题。同时针对各景区存在的问题提出了指导性意见和建议。对管理机构不明确、管理不规范、环境卫生状况较差的景区，责令其限期整改。

（四）存在的问题

1. 认识不到位

江西省大多数水利风景区的区位优势良好，交通便利，生态环境优良，水质较好，具备较好的开发利用条件，但有不少景区仍处于待开发状态，水利风景资源未得到有效的开发利用，其主要原因是对水利风景区发展认识不到位。不少基层单位长期以来形成了一套固有的工程水利意识，景区管理理念守旧，景区的开发建设主动性和创新意识不强，地方政府也受环保稽查、自然保护区、湿地公园等影响，害怕申报水利风景区影响后续开发利用。

2. 资金与人才紧缺

一些景观资源禀赋好的水利风景区，具备开发条件，且拥有一定的客源市场，缺乏建设资金投入，没有高度开放、多样化的投融资渠道，没有民间实体参与、社会资本的注入，挂牌后无力进行后续开发，致使水利风景资源被闲置和浪费。同时，景区规划、建设、营运、管理专业人才缺乏。许多景区管理机构为水利工程管理机构，两块牌子一套人马，且景区管理人员年龄偏大，学历层次不高，缺乏景区建设、营运与管理的专业知识和创新意识，即便景区有科学的规划，也难以实施。

3. 机构改革后存在的问题

机构改革后，因为种种原因，部分地市水利风景区的主管体制存在一定的问题。上饶市、鹰潭市等地方水利部门已经将此项工作转交给了林业部门，然而水利部门与林业部门的工作系统不一样，双方无法实现电子文件、通知直达，林业部门无法承担景区水工程维养、水资源保护、污水处理、水文化水科普建设等工作，造成景区管理体制机制不顺，上下级沟通不畅，影响了地方水利风景区建设发展。

二　成效与经验

（一）发展成效

江西省水利风景区数量不断增加，质量逐步提升，景区在落实水生态文明建设理念、维护水利工程、保护和修复水生态、弘扬水文化、促进水经济等方面的成果日益突出，实现了社会效益、生态效益与经济效益的有机统一，为建设“河畅水清、岸绿景美、人水和谐”的江西样板发挥了积极作用。

1. 提升区域生态环境

水利风景区是水利部门为服务群众打造的优质生态产品，各景区重视生态保护和环境修护工作。为贯彻“绿水青山就是金山银山”发展理念，对废弃稀土矿山进行综合治理与生态修复，在治理过程中坚持“生态+”理念，因地制宜地推进果业、经济林、光伏等生态产业发展，促进生态产品价值实现。

2. 促进经济社会发展

水利风景区建设带动了城乡旅游，拉动了周边经济，优化了产业布局，推动了绿色发展，为实施乡村振兴战略、带动群众致富发挥了重要作用。新余市八马水利风景区为下保乡村旅游发展再添国家级荣誉，为下保村旅游文化节举办增添活力，带动乡村旅游发展、民宿客游量增长，增加了下保村的经济收入。九江市浔阳江水利风景区促进了浔阳江游客数量和经济收入的增长。修水县红旗水库水利风景区和石嘴水库水利风景区整理乡镇旅游资源，大力发展当地乡村旅游产业。

3. 挖掘传承弘扬水文化

开展水科普、传承水文化是水利风景区的重要功能。江西省水利风景区管理单位逐步认识到挖掘水文化、讲好“水故事”、传承水文化、弘扬水精神对打造高品质水利风景区的重要作用，加大水利遗产挖掘保护和水情科普、水文化宣传的力度，建设各具特色的水文化展陈设施。峡江水利枢纽水利风景区峡江水利枢纽工程展示馆作为江西省首个工程文化展示馆，受到各方关注，年参观、研学游客人数多达 10 万人次，宣教工程建设理念、生态技术、行业精神与水利文化。潦河灌区水利风景区入选世界灌溉工程遗产名录，建成潦河灌区文化展示馆，弘扬江西灌溉工程遗产文化。

4. 提升水利形象

水利风景区拓展水利服务社会内涵，将水利的工程美、生态美、文化美展示给社会大众，加深人民群众对水利建设的认知。在给人们提供优美生态环境的同时，增强公众节约水资源、保护水环境、维护水生态的意识。高品质的水利风景区也是一张城市名片，能够提升城市的魅力。

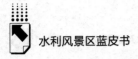

（二）基本经验

江西省水利风景区在践行“两山”理念、助推乡村振兴、传承弘扬水文化中发挥积极作用，在建设管理上进行创新探索。

1. 强化顶层设计，推动融合创新发展

一是发挥规划引领作用。江西省水利厅景区办组织编制《江西省水利风景区建设发展规划》和《江西省水利旅游发展规划纲要》，将水利风景区工作纳入《江西省“十四五”水安全保障规划》，明确了“十四五”期间水利风景区建设目标和任务，组织开展了“江西省水利风景区资源开发利用研究”“江西省水利风景区发展趋势及政策研究”等课题研究，探索了江西省水利风景区建设管理的新路径、新方法。

二是创新激励机制。将水利风景区建设纳入河湖长制年度工作要点和年度工作考核加分项，每建设一家国家水利风景区和省级水利风景区，河长制年度考核分别加 0.5 分和 0.25 分。同时，将水利风景区建设作为水利工程标准化建设考核的奖励系数，对建设国家和省级水利风景区的水利部门或水工程管理单位予以奖励，分别增加 20%和 10%的工程维养经费。

三是建立融合发展机制。江西省水利厅与江西省旅发委签订了《战略合作框架协议》，推动庐山西海、大觉山、龟峰湖等国家水利风景区纳入全省推介的赣北环鄱阳湖五彩精华旅游线、赣中南红色经典旅游线、赣西绿色精粹旅游线等三条精品旅游线路，极大地提升了各级水利部门和地方政府建设水利风景区的积极性和主动性，助力“江西风景独好”品牌建设。

2. 强化示范引领，讲好江西水文化故事

一是加强水利遗产的宣传和保护。江西省水利厅推动泰和县槎滩陂、江西省潦河灌区、崇义县上堡梯田、抚州市千金陂水利风景区成功入选世界灌溉工程遗产名录，向世界传播中国治水智慧、江西治水智慧。

二是建设示范标杆，传承弘扬水文化。以峡江水利枢纽、江西水保生态科技园等水利风景区为重要平台，先后建成各具特色的水科普教育馆、灌区文化展示馆、水土保持科技展示馆、水文科普展示馆、水利枢纽展示馆、鄱阳湖生物展示馆等，打造江西省水文化建设样板工程，塑造讲好河湖故事的示范标杆。截至 2022 年底，全省已建成各类水科普展示馆 20 余处，努力争做全国水文化建设的先锋。其中，峡江水利枢纽水利风景区 2021 年组织各类水文化、水科普活动 81 次，入选水利部“水工程与水文化有机融合典型案例”；依托南昌工程学院水利科研设施和水文化特色鲜明的校园环境建设的瑶湾水利风景区，成为全国首家以科普研学为特色的校园水利风景区；2022 年九江市浔阳江水利风景区九八抗洪精神纪念馆成功入选水利部“水工程与水文化有机融合典型案例”。

3. 强监督促宣传，景区品质品牌双升级

自 2018 年江西省制定省级水利风景区复核制度以来，景区的水工程安全、水资源保护和水文化水科普建设等问题逐步得到解决，同时景区管理水平不断提升、监管能力进一步增强、景区品质稳步升级。2021 年，江西水保生态科技园水利风景区成功入选国家水利风景区高质量发展典型案例推荐名单。江西省水利厅以景区品质提升为基础，不断创新宣传渠道、拓宽宣传平台，制作《水韵江西风景独好》宣传画册，出版“水利江西”“江西水利风景区发展研究”等系列丛书，创作的江西省水利风景区主题曲荣获“全国十佳优秀水利风景区主题曲 MV”，并在各大媒体、各景区推介播放，水利风景区品牌效应显著增强。

三　发展思路

（一）强化水文化传承，铸造幸福河湖之魂

2022 年是江西省强化河湖长制、建设幸福河湖的开局之年。江西省委、江西省人民政府《关于推进全省水利高质量发展的意见》提出，推进幸福河湖、水系连通及水美乡村建设，建设一批水生态文明村、绿色小水电站，打造一批各具特色的水利风景区，提升城乡生态环境和宜居环境。《江西省关于强化河湖长制建设幸福河湖的指导意见》明确提出，坚持问题导向，努力建设造福人民的幸福河湖，进一步推动水利风景区建设，将水利风景区作为幸福河湖发展的金名片进行定位，将幸福河湖建设工作融入水利风景区建设。推动幸福河湖与水利风景区同步建设、同步评定工作，利用水利风景区推动水利高质量发展；进一步加强水利风景区培育工作，积极鼓励各地大中型水利工程、农村水电站、大中型灌区等项目在建设中充分融入景观、文化元素。

深度融合水文化和创新发展理念，充分挖掘河湖治水文化和人文历史，加强古代水利工程和水文化遗址保护与修复。开设水情教育基地、河湖长制主题公园；打造集自然资源、河湖文化、旅游于一体的“五河两岸一湖一江”旅游精品线路，将幸福河湖建设成为传承地方民俗风情的载体、沿岸民众精神文化的纽带。

（二）拓宽投融资渠道，助推景区融合发展

一是拓宽投融资渠道。将水生态与水景观、水文化与水科普以及安全设施建设内容纳入水利工程建设项目的工程投资总体计划；鼓励地方政府、企业、个人或者其他组织整合当地经济社会、自然生态、历史人文、城镇乡村等各类资源，合力建设水利风景区；对于政府投资建设并经营管理的公益性水利风景区，力争将其资源保护、基础设施建设以及日常管理所需经费列入同级财政预算。二是助推景区融合发展。将水利风景区与文化旅游、体育赛事、乡村振兴等政策紧密结合，推动水利风景区高质量发展，使水利风景区成为新时代乡村振兴和生态价值转换的助推器。

（三）强化品牌宣传，提升影响力

以水利风景区高质量发展典型案例宣传为契机，依托报纸、网站、微信公众号等各类媒体，强化水利风景区宣传推介工作，不断提升水利风景区影响力及社会知名度，以进一步激发各地创建水利风景区的积极性，共同推进全省水利风景区建设管理。开展水利风景区高质量发展及集群发展学术研讨，促进水利风景区建设管理单位互相交流与合作。

参考文献

《江西》，中国政府网，2013 年 4 月 2 日，https：//www. gov. cn/test/2013 - 04/02/content_ 2368098. htm。

武艺：《建设人水和谐的江西水利风景区》，《江西水利科技》2008 年第 3 期。

孙琳：《从生态文明视野看江西水利风景区规划》，《中国水利》2013 年第 10 期。

许飞进、余彦彬：《以“人水”、“村水”和谐为主题的水利风景区规划理论研究——以江西乐平市翠屏湖水利风景区为例》，《南昌工程学院学报》2018 年第 2 期。

耿丽娟：《耕地占补平衡对江西省粮食产能的效应研究》，硕士学位论文，江西农业大学，2017。

罗小云：《坚持系统观念　建设幸福河湖——写在第三十届“世界水日”、第三十五

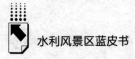

届“中国水周”、第四届“江西省河湖保护活动周”之际》,《江西日报》2022 年 3 月 22 日，第 2 版。

孙威、杨宏生:《水利风景区迈入高质量发展新阶段》,《中国商报》2022 年 8 月 25 日，第 5 版。

徐旭平:《江西省森林综合效益评估》，浙江农林大学，2018 年 12 月。

刘贞姬、金瑾、龚萍:《现代水利工程治理研究》，中国原子能出版社，2019。

B.7

浙江省丽水市水利风景区发展报告

刘林松　廖梦均　徐彬　刘伟鹏*

摘　要： 浙江省丽水市水利风景区发展立足本地良好的生态优势和深厚的文化底蕴，创新思路，积极践行“两山”理念，唱响“丽水之赞”助力乡村振兴。丽水市具有全国首创的市级水利风景区梯度培育机制，率先打破行业界限，探索水旅融合路径；率先全链条谋划，统筹考虑，高标准编制规划，把生态优势转化为经济优势、把生态资源转化为生态资本，实现生态价值的转换，提升景区的综合价值，为水利风景区高质量发展探索新的路径。

关键词： 梯度培育机制　水旅融合发展　生态产品价值　丽水市

一　基础与现状

丽水是习近平同志“绿水青山就是金山银山”理念的重要萌发地和先行实践地、国家生态产品价值实现机制试点、绿色发展综合改革创新区，是“丽水之赞”的赋予地，是浙西南革命老区所在地，也是浙江省唯一所有县（市、区）都是革命老根据地县的地级市。

丽水市厉行“丽水之干”、创新实践“两山”理念，打造浙江高水平生

* 刘林松，浙江水利水电学院高级工程师，研究方向为水利水电工程；廖梦均，水利部综合事业局工程师，研究方向为水利风景区建设管理；徐彬，浙江省丽水市河湖管理中心副主任，研究方向为河湖及水利风景区建设管理；刘伟鹏，福建省永春县水利局工程师，研究方向为河湖管理。

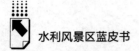

态文明建设和高质量绿色发展，成为展示两方面成果和经验的重要窗口。截至2022年底，丽水市已创建67处省级美丽河湖、150条（段）市级以上美丽河湖、47个水美乡镇、174个水美乡村、7个国家级水利风景区、47个市级水利风景区，因水而生的5A级旅游景区1个、4A级旅游景区22个。

（一）建设基础

丽水市境内拥有水能资源丰富、类型多样、数量规模庞大的水利工程，为水利风景区建设提供了工程基础和丰富的科普文化资源。丽水市已建水库工程390座，其中大型水库有滩坑水库（称“千峡湖”）、紧水滩水库（称“云和湖”），中型水库有30座，河床式水电站（库容相当于中型水库）有5座，小（一）型水库有78座，小（二）型水库有280座。

丽水市优先筑牢生态文明之基，水环境质量在全国339个地级及以上城市中排名第十，居全省第一；打造全域景区绿道设计融合发展布局，自2018年以来，丽水市基本建成大花园瓯江绿道网络，绿道里程达4000余公里，居全省第一。丽水市共有堤防3562公里，其中大溪、松阴溪、龙泉溪、小溪、好溪等多个区段堤防配有绿道建设，景观风貌良好。缙云仙都风情绿道、松阳松阴溪绿道、龙泉兰巨宏山休闲绿道、青田瓯江干流祯埠绿道等7条绿道获评“浙江省最美绿道”。所建特色且覆盖范围广的水利绿道工程，为水利风景区的品质提升和水旅融合发展提供了基础配套保障。

（二）发展现状

丽水市全国首创市级水利风景区梯度培育机制，制定《丽水市水利风景区评定办法》，经地方申报、县级遴选、市级初评、专家审议等严格的评审流程，在全市范围内开展市级水利风景区创建工作。梯度培育机制制度建设得到水利部的支持和肯定。

丽水市通过“水资源+绿色养殖”“水资源+文旅休闲”“水资源+生态工业”“水资源+精品农业”等举措，有力发挥“水渔融合、水旅融合、水工融合、水农融合”四大效益，推动水资源生态价值转化。2019年1月，国家长江办正式发文批准丽水开展全国首个生态产品价值实现机制试点。同年5月，全国生态产品价值实现机制试点示范座谈会在丽水召开，这对丽水生态产品价值实现是一次肯定和鼓励。2021年5月，在“潘季驯治水成就与新时代水文化高层论坛”中，丽水水生态价值转化的做法，受到再次肯定。

丽水市注重顶层制度建设，以实干担负起建设新时代美丽浙江的使命责任。2021年，丽水市水利局发布《丽水市水经济发展规划（2021—2035）》；2022年4月，丽水市水利局印发《丽水市水旅融合规划》，同年6月，国务院办公厅发布《关于对2021年落实有关重大政策措施真抓实干成效明显地方予以督查激励的通报》，丽水市因河湖长制工作推进力度大受到通报表彰。

二　成效与做法

丽水市水利风景区发展立足本地良好的生态优势和深厚的文化底蕴，不断促进产业融合与提升，实现生态、经济、社会、文化等多重效益的统一和综合提升。

（一）发展成效

1. 生态效益

全市水利风景区持续兴建防洪基础设施，堤防基础设施建设总长度达3457公里。滩坑引水、大溪治理提升改造工程等大型治水项目得以实施，提升了瓯江沿线城区防洪能力，进一步夯实了瓯江流域水利风景区工作基础。同时开展瓯江源头区域山水林田湖草沙一体化保护和修复工程项目，经过水生态保护和修复、流域综合治理、水资源保障提升、水电生态化改造，跨行政区域河流交接断面水质、市控以上地表水断面水质、县级以上集中式饮用水水源地水质达标率均为100%，水环境质量得到很大的提升，全省排名第一，在全国339个地级及以上城市中排名第十。丽水市水利风景区依托

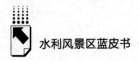

瓯江流域上的好溪、大溪、松阴溪、龙泉溪等支流进行建设，串珠成线，成为连接城乡发展的自然纽带，构建了山、水、林、村、镇交相辉映的风景格局，未来全市水利风景区的水环境将更好，水土保持能力继续提升，水安全保障水平将显著提高。

2. 经济效益

丽水市通过市级水利风景区的创建，全力推进水旅融合发展的步伐。遍布全市的小水电站及依托其而建的水利风景区，推动周边农村、农业发展，产生巨大的经济效益，当地民众获得了实惠。2022 年底，丽水市共有 486 座电站参与扶贫惠农，提供约 1.5 万个就业岗位，解决农村就业人口 3854 人，支付惠民资金已超过 7.7 亿元，为丽水拓宽“两山”转化通道和创建共同富裕示范区山区样板做出了积极贡献。松阳县的绿色长廊、龙泉市的宝溪水韵、云和县的长汀沙滩等一系列因水而生的景点，既改善了人居环境，又促进了农民增收。在水经济的助力下，2021 年丽水市城镇常住居民和农村常住居民人均可支配收入分别达到 5.33 万元和 2.64 万元，农民人均收入增幅实现全省“十三连冠”。龙泉住溪水利风景区全年游客量达 78 万人次，年收入达 780 万元；云和长汀沙滩水利风景区全年游客量达 60 万人次，年收入约 900 万元。

3. 社会效益

丽水市水利风景区拥有丰富的山水人文资源，凭借这些资源形成的休闲、旅游、娱乐、养生空间，为居民提供了放松身心、锻炼身体、陶冶情操的场所，提高了当地人民群众的生活质量和幸福指数。南明湖水利风景区的环南明湖区域已成为独具丽水特色的山水景观。景区内有高标准防洪堤 20 公里、江滨绿化带面积近 40 公顷，绿化带内亭台楼阁设施齐备，特色鲜明；沿滨江绿化带的“绿色长廊”“文化长廊”“休闲长廊”展现了丽水特色，是市民休闲的好去处。

4. 文化效益

全市水利风景区建设，力争将每一处工程建设成为生态修复工程、水资源保护工程、环境美化工程、水文化弘扬工程，不断展示丽水治水思路和水利文化思想，宣传现代水利治水理念和时代内涵。丽水众多水利工程历史悠久、水利效益闻名于世，水利文化形式多样。如青田阜山村、北宋千年古村陈宅、古时官道安店老街等均依水而建，透露出水韵之魅力。古堰画乡水利风景区有船帮文化、鼓词文化、保定青瓷文化，常态演绎鼓词、鱼灯、提线木偶、处州乱弹等10多个传统民俗艺术节目，还有著名的油画文化，体现了别样的风情。通济堰灌区修建有詹南二司马庙、龙子庙、龙女庙、文昌阁、西堰公所等，这里每年定期举行祭拜活动、庙会、踩街和曲艺活动等，为附近的居民提供了热闹喜庆的场面，同时吸引了大批外地游客。

（二）典型做法

近年来，丽水市认真贯彻落实水利部有关水利风景区的决策部署，围绕浙江省委、省政府对丽水大花园核心区的新定位、新要求，大力推进水利风景区创建，形成“建一处水利工程，营造一片美丽风景，带动一域涉水产业”良好态势。

1. 以高站位谋划，做好规划引领文章

一是聚焦水经济写好“水经注”。以“两山”理念为指引，结合丽水实际，研究提出丽水当前及今后一个时期水经济发展的总体思路、目标布局、主要任务和保障措施，编制《丽水水经济发展规划（2021—2035）》，作为丽水推动水经济发展的重要依据；深化水质分类研究，编制《丽水市精品水资源保护和开发利用规划》，对全市5~10平方公里的小流域进行全面梳理分析，提出精品水资源保护方案和适宜项目的开发利用路径、模式。二是聚焦水旅融合擘画蓝图，编制《丽水市级水利风景区发展行动方案》，总结分析近年来水利风景区创建成果，制定市级水利风景区创建目标、任务、计划等，拟把全市83处水利工程打造成水利风景区。三是发布《丽水市水旅融合规划》，这是全国第一个水旅融合规划，将水利风景区与旅游深度融合，通过顶层设计，引领水生态价值高效转换；结合“大花园”建设，打造水利风景区的升级版瓯江河川公园，系统推进“一江丝路盛景、十条秀城湖川、百里滨水画卷、千村碧水映绕”，形成全市水利风景区建设总体规

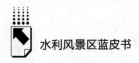

划——《丽水瓯江河川公园总体规划》，与山水林田湖草沙一体化保护和修复无缝对接。

2. 以广积粮的战略，谱好梯度培育文章

一是创新梯度培育机制。为引导水利风景区建设更好地走向规范化、有序化、系列化，丽水市率先在浙江省启动市级水利风景区创建工作。丽水市建立市级水利风景区梯度培育机制，将符合条件的对象纳入市级水利风景区培育序列，并从中遴选出国家级水利风景区的后备名录，在项目上给予重点支持。二是完善提升机制。2020 年，以实地考察与专家授课相结合的方式对各县（市、区）水利风景区创建工作的分管领导与责任人进行培训，进一步提高其认识和业务水平。另外，市水利局编制了《丽水市市级水利风景区改造提升行动方案》，从环境改造、节点改造、设施完善、产品升级、文化融合、运管强化等六个方面进行“微改造、精提升”，并列入丽水市创建国家全域旅游示范区考核。三是细化储备机制。丽水市水利局系统谋划精品水资源，建立水产业链招商项目库，开发重大平台，并建立项目分类督促机制，为水利风景区的生态价值实现提供战略储备。积极谋划实施千峡湖旅游度假区、查田镇青坑底天然矿泉水招商、青田环太鹤湖旅游综合开发、庆元县绿色生态水产养殖等 10 余个涉水项目对外推介，拟投资近 200 亿元。

3. 以深融合的格局，做好价值机制本底

一是结合示范试点，对标高要求。示范试点对标国家级试点的高要求，将各类项目研究作为水利风景区创建的基础，推进水利风景区创建质量提升。丽水市“十四五”期间计划投入 300 多亿元实施滨水绿道、美丽河湖、安全水网和引调水等工程，对水利风景区的创建起到了很大的推动作用。

二是深化河权改革，增加发展资本。丽水市以河长制为牵引，以河权到户为推力，打造集“河道保洁、水产养殖、维护管理”等于一体的河道管理长效机制，从而达到“以河养河”长效管理的目的。通过水权交易，引入社会资本，开发饮用水、温泉旅游、休闲垂钓、水上娱乐等项目，丰富水养产品、打造水养品牌，如“丽水山泉”“丽水香鱼”河权改革、松阳的温泉旅游度假、遂昌十八里翠“神龙谷景区”、缙云仁岸“童话世界”等。三是传承水文化，为水利风景区注入灵魂。丽水市2017年率先在全省开展水文化遗产普查工作，完成1800处涉水古迹的普查，编制了《水文化遗产保护和利用规划》，出版发行了《千秋古堰》《处州水韵》《水韵古村》《山川丽水》《了不起的通济堰》等水文化图书。深入挖掘800里瓯江水文化，重点以世界灌溉工程遗产——千年古堰通济堰为载体，挖掘古堰、古塘、古渡、古桥等水文化遗迹，结合浙西南革命老区红色文化传承，开展保护与利用工作。如在好溪堰、丽阳溪综合治理中融入水文化景观建设，在龙泉住溪水利风景区创建中融入了浙西南革命老区红色文化。2022年，松古灌区被列入世界灌溉工程遗产名录，丽水成为全国唯一一个拥有两项世界灌溉工程遗产的地级市。

4. 以全行业的布局，抓好产业融合

一是强化多产业融合，助推景区高质量发展。通过串珠成链，将水利风景区与农业、旅游、康养、文创等产业进行融合，助推生态产品价值实现。大力发展群众性活动，围绕水利风景区打造丽水超级马拉松赛、仙都超级越野赛、庆元廊桥越野赛、畲乡绿道彩虹跑等一系列户外运动赛事品牌；松阳县松阴溪水利风景区开发绿道艺术创作精品线路，建成一批“画家村”“摄影村”“民宿村”，建立“乡村789”田园艺术创作中心。二是拓宽水产业价值转化通道。丽水市在已经具备基础条件的水利风景区，做好“水资源+高山渔业”“水资源+农业灌溉”文章，建设水产业优质基地，如松阳娃娃鱼养殖基地、缙云大洋茭白基地。根据清华大学长三角研究院《丽水优质水资源调查研究报告》，丽水水品质好，在工业、洗漱、女性护肤等方面具有较大的优势，丽水市大力发展高端酒水、软饮料、医用针剂、美容护肤等产业。如龙泉通过招商筹建威士忌小镇；上市公司科伦药业在龙泉建立输液生产线；遂昌县十八里翠（国家级水利风景区）天然饮用水项目通过和丽水市农投公司合作，生产“十八里翠”天然饮用水，半年产值超500万元。三是深耕水旅产业。丽水市以建设水利风景区为抓手紧密结合生态水库、生态廊道、山水之城、黄金水道、河川公园等重要战略部署和行动计划，努力打造“水网相通、山水相融、城水相生、人水相亲”康养水产业。同时，发展水边经济和水上经济，发展休闲垂钓以及水上皮划艇、摩托艇、滑水等水上运动产业，如景宁大均因为有优质水域条件，被确定为浙江省水上抢险训练基地，为当地带来一定的经济收益。此外，丽水蕴藏着丰富、可供开发利用的优质低温水资源，利用低温水资源打造天然“清凉小镇”，助推水旅产业、新兴服务业发展，发展冷水鱼特色水产业，建立“紧水滩水冷式绿色数据中心”。

三　发展思路

丽水市充分保护现有良好的生态环境，因地制宜利用生态资源，以水生态保护为核心，以水利风景资源与其他相关文化和旅游资源利用之间的协调发展，形成水、山、林、田、文等协调发展，充分满足人民对美好生活的需要。在做好水生态产品的基础上，制定水生态价值核算标准，充分利用好丽水水资源优势，科学谋划华东优质水经济产业园，拓展点状示范效应，构建水经济发展链条，形成具有丽水特色的涉水产业体系，实现水利风景区生态产品价值高质量实现。

（一）提前考虑综合功能，主动适应融合发展

为助力实现水旅融合发展愿景，水利工程建设与管理应积极融合各方面的需求，在规划设计过程中，突出自身本色，同时兼顾水利风景资源的区域性、流域性特征，统一规划设计，形成整体协同发展格局。可以从推进水利岸线功能融合、水利工程优化、游船码头水上旅游配套设施数量和品质提升、水生态环境保护提升、水文化开发保护利用、数字水利建设等多方面，进行理念的转变、建设思路的创新。依托丽水市灌溉工程、防洪工程、给排水工程、节制和发电等各类水利遗产特色，与古村落、美丽乡村、农旅进行融合开发，打造具有丽水特色的水文化遗产保护利用示范工程。推动丽水市水资源和旅游产业与数字科技相融合，推出具有智能交互特征的云旅游、云

演艺、云娱乐、云展览等沉浸式、体验型数字水旅产品。规划鼓励打造瓯江“一廊四脉”上的新文化公共空间，设置在滨江绿道、重要节点、交通枢纽等人流密集处或公共文化场所，同时满足居民和游客多元文化需求，丰富丽水旅游的文化内涵，增强吸引力。推进村落建设文化学堂、书院、剧场、图书馆等符合村落文化气质的新型文化场所空间，使其成为村民、游客共享的文化休闲空间；举办月山春晚、端午节、菇民节、采茶节、侨乡中国年等特色活动，实现对村落文化的活态保护。

（二）彰显区域特色，着眼全域融合发展

丽水市下辖各县市区，水利风景资源各具特色，又相互融为一体，形成区域性、流域性资源整体。丽水以全域旅游为统领，推动丽水水利风景资源供给侧要素提升融合，加强水利对发展特色生态旅游业的支撑作用，统筹丽水美丽河湖建设协调发展，在水利现代化先行的跑道上率先探索水旅融合路径。2022 年，丽水市水利局发布《丽水市水旅融合规划》，将丽水的“绿水资源”解构为“水域资源、水生态资源、水文化资源、水利工程资源”四大资源载体，通过开发滨水空间、激活亲水空间、活化水文化价值、盘活水利工程新功能，将自然的山水资源和工程文化资源转化为可观、可游、可购、可体验、可度假的旅游要素，打造丽水亲水活力大乐园、滨水文化研学天地、生态旅游新地标，从而明确水旅融合的转化路径，实现涉水资源变现生态经济的能力，真正将“绿水青山就是金山银山”理念落到实处。

（三）立足品牌建设，促进多产业提升发展

紧抓丽水丰富的生态水资源本底，以旅游功能融合为核心，以旅游市场需求为导向，结合滨江休闲带开发、水利风景区建设、湖泊养生度假、水资源科普研学、亲水休闲度假、特色水上漂流等滨水与水上文化和旅游产品，重点打造休闲观光、户外运动、文化研学、生态康养四大主题产品，形成“山城水境”“山城水趣”“山城水事”“山城水居”四大水旅品牌。

充分利用水利风景区建设带来的优良的生态环境和生态质量，大力发展

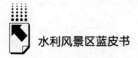

第三产业和其他绿色产业。在生态农业上，丽水借助生态优势，发展新型生态农业等富民产业，带动农村电商快速蓬勃发展。在公用品牌上，在已有的全国首个地级市农产品区域公用品牌“丽水山耕”和全国首个地级市民宿区域公用品牌“丽水山居”及“丽水山泉”的基础上，不断优化产品体系，完善“1+N”的全产业链一体化公共服务支撑体系，带动丽水更多产业和区域实现多元化、绿色发展与经营，全方位解决农业主体在生产、流通等方面的公共服务需求，促进一大批农村实用人才品牌不断涌现。

参考文献

付名煜、樊文滔：《山水人文——一江清水映照处州万千风华》，《丽水日报》2022年6月23日，第6版。

张李杨、蓝俊：《古堰画乡：书写文旅融合新篇章》，《丽水日报》2020年5月21日，第4版。

沈贞海：《“绿动两山”二十载，秀山丽水正青春——写在浙江丽水撤地设市20周年之际》，《中国经济导报》2020年8月6日，第4版。

《丽水市全域旅游发展规划》。

《浙江丽水：治水兴水惠民生人水和谐促发展》，新华网，2022年12月20日，http：//zj. news. cn/2022-12/20/c_ 1129223382. htm。

《丽水南明湖水利风景区》，《生命世界》2011年第10期。

沈隽、樊文滔：《因水而美——工程治水展新城》，《丽水日报》2022年6月23日，第4版。

B.8

黄委兰考黄河水利风景区发展报告

冯 晓 王红炎 巫云飞 张世昌*

摘 要： 兰考黄河水利风景区依托兰考黄河东坝头险工及其黄河水域而建，属于自然河湖型景区，2021 年被水利部认定为国家水利风景区。景区地处九曲黄河最后一弯的兰考地段，地理位置独特，拥有铜瓦厢决口大改道遗址、南北庄 1933 决口处遗址、四明堂两次决口老口门等众多历史遗迹。景区建设坚持“红黄绿”三色深度融合，以绿色为底色、红色为精神，融合黄河文化，统筹运用“文化+”大融合思维，致力于依托兰考独有的历史文化优势打造集水生态、水文化、水法治、水经济于一体的综合效益展示高地，形成保护黄河生态、传承黄河文化、开展红色研学相融合的高质量发展新局面，让黄河成为造福人民的幸福河。

关键词： 水利风景区 黄河文化 红色文化 河地共融 兰考

一 景区概况

兰考黄河水利风景区位于河南省开封市兰考县西北部的东坝头乡，依托黄河堤防、东坝头险工和三义寨引黄闸等水利工程建设而成，属于自然河湖

* 冯晓，开封黄河河务局兰考黄河河务局党群工作科副科长，四级主任科员；王红炎，华北水利水电大学硕士研究生，研究方向为风景园林规划设计；巫云飞，河南昊森景观设计有限公司设计总监，高级工程师，研究方向为水利风景区规划设计；张世昌，华北水利水电大学硕士研究生，研究方向为风景园林规划设计。

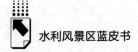

型水利风景区，2021 年被水利部认定为国家水利风景区。景区距离县城 10 公里，交通便捷。景区范围东至山东东明县，西至开封祥符区，南至黄河大堤，北至蔡集控导工程49 坝。景区面积7.15 平方公里，其中水域面积3.95 平方公里。

景区位于九曲黄河最后一个大拐弯处，形成“九曲黄河、最后一弯”的独特壮美风光，拥有三义寨渠首闸、二坝寨节制闸等引水灌溉工程，铜瓦厢决口大改道遗址、南北庄 1933 决口处遗址、四明堂两次决口老口门、毛主席视察黄河纪念亭、1952 文化园、兰坝铁路支线、杨庄小学旧址等众多历史遗迹，记录着黄河最后一弯的沧桑巨变。

景区建设过程中坚持“红黄绿”三色深度融合，结合特殊地段、特殊人物和特殊历史，以红色资源为引领，以黄河文化为核心，筑牢绿色生态屏障，整合水利工程设施、历史遗迹和焦裕禄精神等兰考独有的文化资源优势，通过毛泽东主席视察黄河纪念亭、焦裕禄干部学院现场教学点、黄河河道变迁研学点、兰考黄河洪水防御讲解点等特色景点，打造万步研学之旅，讲述中国共产党治黄故事和焦裕禄带领兰考人民不断与风沙抗争的丰功伟绩。

景区先后获全国法治宣传教育基地、国家一级水利工程管理单位、红色基因水利风景区、2022 年国家水利风景区高质量发展典型案例、黄河水利基层党建示范带党员教育基地、“河南黄河法治文化带”示范基地、河南省水利科普教育基地、焦裕禄干部学院现场教学点、河南省省直机关主题党日活动基地、开封市中共党史教育示范点、兰考县青少年法治安全教育基地等荣誉称号。

二　发展历程

（一）景区初创阶段（2017年及以前）

兰考黄河水利风景区核心景区位于东坝头，东坝头原名铜瓦厢，明嘉靖至清咸丰时期位于黄河的北岸，是黄河东南流的转折处，也是当时的险要堤段之一。清咸丰五年六月十九日（1855 年 8 月 1 日），黄河在此发生决口。决口改道后，黄河也在此由东西向转为南北向，北岸变为南岸，铜瓦厢被冲入河内，不见踪影，留下一段新河东岸堤头。

东坝头险工始建于清雍正三年（1725 年），现存石坝险工为 1924 年所修，工程全长 1513 米，是帮助黄河河道实现由东西向转为南北向的重要节点工程。东坝头险工就像一幢沧桑的碑刻，记录着黄河最后一道弯的沧桑巨变。

2017 年，兰考黄河河务局与兰考县政府积极沟通并达成一致意见，决定在兰考黄河岸边选择典型之处，利用兰考县红色教育资源的优势，结合黄河生态和黄河文化资源建设东坝头黄河文化公众开放区。同年，兰考黄河河务局编制《兰考黄河水利景区总体规划》，依托黄河自然生态资源，以工程为载体，整合兰考黄河河务局机关旧址、兰坝铁路支线、东方红提灌站等资源，规划建设兰考黄河水利风景区，多层次、多角度展示黄河的历史积淀及治理历程，打造展示焦裕禄精神和黄河文化的窗口。

（二）提升发展阶段（2018~2020年）

2018 年，景区依托黄河自然景观，结合水利工程设施、历史遗迹及焦裕禄带领兰考人民不断与风沙抗争的丰功伟绩，不断完善东坝头险工处核心部分基础设施，先后打造“一园”“一馆”“两广场”“十二景观”的格局。“一园”是 1952 文化园，“一馆”是党史、军事博物馆；“两广场”是东坝头黄河文化广场和四明堂险工文化广场，“十二景观”是在东坝头黄河文化广场内建成“碑”“亭”“点”“坝”“屏”“火车”“步道”“长廊”“雕塑”“党旗”“文化墙”“标志牌”十二大主题。

随着景区基本建成，景区不断打造黄河特色旅游项目，建设沿黄景点，成功举办兰考县“红色兰考 · 大河之湾”“红色兰考 · 绿色出行”兰考黄河湾千人骑行等活动，增加黄河文化旅游亮点，黄河文化旅游得到快速发展。核心景区成为集综合性科普教育基地、全国法治宣传教育基地、“河南黄河法治文化带”示范基地、水工程水文化融合展示基地、开封市中共党史教育示范点、焦裕禄干部学院现场教学点等于一体的特色景区。2018 年 5 月，景区成功举办兰考县黄河湾文化旅游节启动仪式。2019 年 5 月，景区内兰考 1952 民宿、1952 露营地、火车站等项目全面开业。

2019 年 9 月 18 日，习近平总书记在郑州主持召开黄河流域生态保护和高质量发展座谈会并发表重要讲话，强调让黄河成为造福人民的幸福河，[①] 开启黄河治理保护的新纪元。兰考黄河河务局认真贯彻习近平总书记在黄河流域生态保护和高质量发展座谈会上的重要讲话精神，以“打造优质水资源、健康水生态、宜居水环境、先进水文化、现代水管理”的国家水利风景区为目标，以保护为核心，以整合资源和提升品质为途径，秉持生态保护理念，紧扣文化传承，深挖兰考黄河文化和红色精神，推动绿色生态与治黄工程有机融合。围绕东坝头险工，依托沿黄堤防与河道工程，兰考打造集文化、科普、教育于一体的兰考黄河水利风景区，构建黄河流域生态保护和高质量发展新高地。

至此，兰考黄河水利风景区不断完善基础设施建设，持续做好生态修复和文化提升，以核心景区建设带动全面建成国家水利风景区。

（三）高质量发展阶段（2021年以来）

景区注重科学谋划，统筹推进。2021 年 3 月，兰考黄河河务局重新编制《兰考黄河水利景区总体规划》，进一步规划完善“一心、两廊”的空间结构。在核心景区集中布置多项公共服务及旅游观光项目，建设集黄河水利设施展示、焦裕禄精神教育、游客集散地、兰考本土风情展示等多种功能于一体的综合服务中心；在紧邻黄河的连坝道路修建黄河水利观光走廊，集中展示水利设施，强化景区的水利形象，在黄河湾大堤生态绿廊两侧进行规模化景观打造，部分节点融入文化元素休憩设施，打造集红色文化、水利文

① 《习近平在河南主持召开黄河流域生态保护和高质量发展座谈会》，中国政府网，2019 年 9 月 19 日，https：//www. gov. cn/xinwen/2019-09/19/content_ 5431299. htm。

化、生态文明于一体的景观生态文化长廊。

景区成立兰考黄河水利风景区管理处，结合实际情况，认真贯彻生态优先、绿色发展之路，实施创新、协调、绿色、开放、共享等发展理念，保护好水生态，为人民群众创造良好的生产生活环境。将景区建设和管理纳入河长制管理范围和水利重点工作，全面推进水利风景区各项工作落实。2021年，景区被水利部认定为国家水利风景区。

2022 年 5 月，兰考黄河水利风景区联合华北水利水电大学承办黄河流域水利风景区水文化产品创意设计大赛，为兰考黄河水利风景区文化资源挖掘、内涵提升和价值实现提供了新思路，也为兰考文旅产业创新发展提供了有益探索。12 月，景区入选水利部国家水利风景区高质量发展典型案例第二批重点推介名单和《红色基因水利风景区名录》。

三　建设成效

兰考黄河水利风景区高度重视河道清淤、标准化堤防建设等工作，同时加大绿化种植力度，丰富生物物种，水生态质量明显提升，实现社会、生态、经济等多重效益的统一。景区建成后，既优化了生态环境，提升了工程面貌，又成为人民群众休闲游憩的好去处。

（一）生态效益

景区重视沿黄生态保护，建设过程中，结合实际情况，坚定不移走生态优先、绿色发展之路。景区建设充分考虑黄河水环境及沿岸生态系统平衡的问题，通过 52 公里生态林建设，11000 亩构树、苜蓿产业种植，景观小品的打造和管理，使带状绿色景观与文化景观融为一体，进一步凸显生态魅力，提高黄河兰考段的生态环境和景观价值。通过春秋季植树造林活动，景区绿化覆盖率已由原来的 55% 提高到 98%，生态环境得到了极大的改善。打造黄河生态牧场休闲观光基地。

（二）社会效益

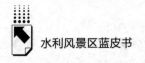

景区建设以黄河兰考段防洪工程为依托，地方政府不断加大对黄河防洪工程及河道秩序的管理力度，沿黄乡镇对辖区内黄河防汛工作日益重视。景区不断推动兰考黄河水利风景区提升改造，加快人行步道、自行车道、文化驿站、公共服务设施等的建设，推进绿化、彩化等标准，打造集生态、防洪、文化、休闲等功能于一体的生态长廊。另外，景区充分利用黄河生态资源，大力发展沿黄生态旅游，与郑州国家黄河湿地公园、柳园口省级湿地自然保护区共同形成黄河生态廊道上最美丽的湿地风景线，不断满足人民群众对美好生活的需求，社会效益显著。

（三）经济效益

景区以红色资源为引领，以黄河文化为核心，以落实黄河流域生态保护和高质量发展战略为契机，以生态廊道建设、乡村振兴示范区项目为抓手，立足乡村、产业、生态资源，构建多产业融合发展的格局，最大化激活县域资源价值。景区建设坚持以线带面，合理挖掘景区周边资源，逐步建立点、线、面融合的景区研学体系，助推兰考县域经济高质量发展。据统计，兰考黄河水利风景区核心景区在重大节假日接待游客量日均达到2万人以上，带动了景区周边产业发展，推动了乡村经济转型。

（四）文化效益

景区着力打造以保护为核心，以整合资源和提升品质为途径，文化资源丰富、景观特色鲜明的现代化水利工程，将兰考黄河水利风景区建设成为弘扬焦裕禄精神、治黄精神的重要窗口，兰考县黄河流域生态保护和高质量发展的示范高地，全国水利风景区高质量发展的示范标杆。

景区对实体文化资源，如毛主席视察纪念亭、铜瓦厢决口处、兰坝铁路支线等历史遗迹和东坝头险工教学坝、河务部门旧址苏式建筑等进行整合，建成兼具年代特点和黄河文化特色的观光游览区。整合黄河、红色、民乐区域特色资源，建设三大板块主题研学区，利用景区资源创建研学基地，因地制宜开发设计研学课程。景区依托焦裕禄干部学院现场教学点、水利科普教育基地、全国法治宣传教育基地等称号，2020~2022 年每年接待参观学员超过 100 万人次。景区还联合华北水利水电大学、黄河水利职业技术学院等水利高校，不断增添防洪工程教学载体，构建具有区域影响力的水利工程科普教育基地。

四　基本经验

（一）坚持生态第一是做好景区建设的前提

黄河水利风景区最显著的特点就是水生态的展示。黄河兰考段具有得天独厚的水资源、生态资源及地理位置优势。在黄河水利风景区建设过程中，持续突出对生态环境的保护，把发展经济与生态保护有机结合起来，切实保护好自然资源，维护好生态平衡，最大限度地发挥景区生态效益。

（二）河地共融是实现景区高质量发展的动力

景区自创建以来，主动融入地方经济社会发展，河务部门做好景区规划建设的参谋助手和沟通桥梁，与兰考县政府达成“共建共管共享”理念共识，将水利风景区建设同黄河综合治理、河道工程建设和水环境改善紧密结合。近年来，辖区堤顶道路、联坝道路的建设标准得到提升，绿化环境得到改善，景区内基础设施建设基本完成，提高了黄河兰考段的生态魅力和景观价值，推动了景区高质量发展。兰考县地方政府成立兰考黄河水利风景区管理委员会，兰考黄河河务局在景区管理过程中负责技术指导，确保旅游发展与防洪保安全不冲突。相关部门定期召开联席会议，全方位联动抓好景区规划、保护、建设与管理，管委会下设办公室，负责景区日常管理维护。

加强景区与兰考县文旅产业、研学品牌的深度融合，将文旅资源、研学品牌优势转化为景区特色发展优势，投资打造黄河湾乡村振兴示范项目、东坝头黄河治理展览馆项目、黄河湾研学项目等，建设了汽车露营地等休闲娱乐项目，推广“梦里张庄”乡村旅游品牌等沿黄旅游综合项目，拉长旅游链条，形成产品融合，建成集文化体验、休闲娱乐、康养运动、田园度假于一体的黄河旅游度假区，带动兰考县文旅事业快速发展，助推兰考县乡村振兴。

（三）规范管理是实现景区持续发展的关键

一是加强景区内水利工程管理。采取“景区管理人员+养护人员+水政执法人员”的协作模式，对景区进行日常维修养护。建立常态化巡查机制，水政执法人员与一线职工形成联合巡查运行机制，对景区重点场所、重点部位、重点节点进行全面排查整治，避免出现永久构筑物，保持工程良好面貌。二是持续完善监督机制。加强监督管理能力建设，设立监督委员会，将常规监督和动态监督相结合，增加对景区的监督频次，同时，配备安装电子监控设备，提升监管智能化水平。三是健全完善安全管理制度。健全完善安全生产、舆情处置等工作方案和应急预案，健全应对突发事件管控机制，实现安全生产管理制度化。四是健全协调联动管理机制。在重要时间节点，景区管委会制定景区节假日期间应急预案，协调各方加强景区安全管理。交警部门负责节假日期间的交通安全秩序；东坝头镇负责节假日期间景区内的经营管理、环境卫生管理以及涉水安全管理；河务部门在节假日期间加强巡查，保障工程运行安全。五是巩固“清四乱”效果。联合相关部门构建更加完善的“联审联批”制度，确保事项合理合规审批；依法加强与检察机关、公安机关、生态环境监督管理机关的联系，细化“河长+”工作机制，确保景区安全有序。

五　发展思路

一是紧抓战略机遇，建设高品质的幸福河湖。认真贯彻落实党的二十大精神，紧抓黄河流域生态保护和高质量发展重大国家战略机遇，发挥资源优势和区位优势，主动融入地方经济社会发展，深入推进“河地融合”，积极争取地方政府在政策、资金等方面的支持，持续实现水利风景区高质量发展，建设高品质的幸福河湖。

二是因地制宜，打造黄河文化品牌体系。发挥水利风景区在黄河文化建设中的示范引领作用，充分挖掘黄河历史、人文历史、红色资源，传承红色基因，弘扬黄河文化，提炼文化内核，打造文化地标，因地制宜打造内涵丰富的黄河文化品牌体系，为“黄河”金字招牌添彩，让水利风景区成为人民群众了解治黄历史成就、感悟黄河文化的重要窗口。

专家点评

兰考黄河水利风景区处九曲黄河最后一弯的兰考地段，拥有众多历史遗迹。景区结合特殊地段、特殊人物和特殊历史，以红色资源为引领，以黄河文化为核心，筑牢绿色生态屏障，整合水利工程设施、历史遗迹和焦裕禄精神等兰考独有的文化资源优势，致力于“讲好黄河故事，弘扬和传承黄河文化”，努力打造保护黄河生态、传承黄河文化、开展红色研学的高质量示范标杆，让黄河成为造福人民的幸福河。

景区建设坚持“红黄绿”三色深度融合，以绿色为底色、红色为精神，深度融合黄河文化，统筹运用“文化+”大融合思维，深度展示兰考一棵树、一条河、一个人、一种精神，依托兰考独有的历史文化优势打造集水生态、水文化、水法治、水经济于一体的综合效益展示高地。景区在讲好黄河故事、赓续红色基因、弘扬“焦裕禄精神”、“河地融合”方面进行了有益探索和实践，为同类型地区及其他景区建设提供了可借鉴的经验。

参考文献

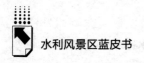

王燕、韩凌杰：《水利风景区生态产品价值实现路径初探：以兰考黄河水利风景区为例》，2022 中国水利学术大会论文，2022 年 11 月。

卢玫珺、王红炎、宋海静：《水利风景区研学旅行资源开发研究——以兰考黄河水利风景区为例》，2022 中国水利学术大会论文，2022 年 11 月。

《让黄河成为造福人民的幸福河》，《求是》2019 年第 10 期。

马绍苹、王艳萍、胡秀锦：《兰考黄河水利风景区促进生态保护和高质量发展创新实践》，载董力主编《贯彻新发展理念全面提升水利基础保障作用论文集》，长江出版社，2022。

张壤玉、张玥：《流域机构水利风景区建设发展中的问题与对策》，《水利经济》2020 第 5 期。

《奏响大合唱　建设幸福河——沿黄九省区党报全媒体联动报道》，《甘肃日报》2022 年 10 月 22 日，第 6 版。

耿明全：《黄河下游河南段治理与保护综合提升工程分析》，《人民黄河》2022 年第 9 期。

B.9

太湖浦江源水利风景区发展报告

吴慧　卢漫　范永明*

摘　要： 太湖浦江源水利风景区是依托东太湖、太湖环湖大堤、太浦闸工程及湖岸天然河道绿地建设而成的自然河湖型景区。自2011年被水利部认定为国家水利风景区以来，景区通过积极践行绿色发展理念、统筹推进建设管理、做大做强文化特色品牌、持续拓宽投资渠道等一系列举措，打造太湖最美岸线，提升城乡功能品质，提升景区文化底色和激发景区内生活力，促进水利文旅融合，带动属地经济发展，助力乡村振兴。

关键词： 水利风景区　水利文旅融合　乡村振兴　太湖浦江源

一　景区概况

太湖浦江源水利风景区地处江苏省苏州市吴江区七都镇境内，南临江浙交界，北至太浦河北岸，是长三角生态绿色一体化发展示范区中的重要生态环境保护地。

景区位于太湖东南岸，区位优势明显，交通便捷，面积约20平方公里，其中水域面积11.2平方公里；自然资源禀赋、水利资源独特，建有太湖大堤、太浦闸、太浦河泵站等工程，景观壮丽，气势恢宏，还有星罗棋布的湖

* 吴慧，吴江区太湖浦江源水利风景区运营公司总经理，研究方向为景区运营管理；卢漫，博士，河海大学副教授，研究方向为可持续建筑景观规划设计；范永明，博士，华北水利水电大学讲师，研究方向为风景园林植物应用。

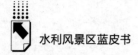

荡，纵横交错的河港，浩浩荡荡的太湖，洞庭东山西山尽收眼底，美不胜收；人文历史氛围厚重，费孝通曾在景区附近的江村调研，首次打开世界了解中国农村的窗口，著名国学大师南怀瑾先生在此主持创办太湖大学堂。景区内还有格林乡村公园、庙港水街、湿地公园等景点，已成为当地人休闲的“水乡客厅”“最美太湖岸线”。

二 发展历程

太湖浦江源水利风景区的发展可划分为工程建设和景区发展两个阶段。

（一）工程建设阶段

太湖浦江源水利风景区内的太浦河工程是根治太湖流域水旱灾害、改善流域水环境和水生态、提升下游地区供水条件的重要水利工程、民生工程。1958 年以来，“江浙沪”三地联手实施太浦河工程，前后历经三期工程，1998 年竣工，2006 年通过验收，工程跨越时间之长、动用人工之多在太湖流域水利建设史上是空前的。

太浦闸位于吴江境内的太浦河上，西距太湖 2.0 公里，是太湖流域防洪和供水的主要控制工程之一。太浦闸为二级建筑物，太浦河节制闸闸身总长 145.6 米，单孔净宽 4.0 米，共 29 孔。工程 1958 年 11 月开工，1959 年 10 月竣工验收；水利部太湖流域管理局接管该工程后，1994 年 10 月至 1995 年 10 月对太浦闸进行加固。

作为吴江湖泊治理的核心工程，东太湖综合整治一期工程 2008 年启动，包括退渔还湖、退垦还湖、堤线调整、生态清淤和生态修复等五大部分，东太湖的岸线风光得到改善。

（二）景区发展阶段

2010 年 3 月，太湖流域管理局苏州管理局和苏州市吴江区七都镇人民政府携手，以太浦闸除险加固为契机，建设太湖浦江源水利风景区。2011

年11月，太湖浦江源水利风景区被水利部评定为第十一批国家水利风景区。

2014年实施东太湖综合治理后续工程，包括环湖大堤达标加固工程、行洪通道贯通工程、入湖河道综合整治工程等三大项目。同年，景区强化规划的战略引领和刚性约束作用，编制完成《太湖浦江源国家水利风景区总体规划方案》；2015年8月，规划方案通过水利部批复（水规计〔2015〕345号）。

2017年以来，结合“三水同治”、“散乱污”企业作坊整治、河湖“两违三乱”整治、“两路一河”环境整治等一系列专项行动，直击河湖水环境“岸上问题”，推进周边及沿岸地区综合整治。2018年，景区完成太湖围网拆除。2019年，景区完成太湖水源地清理整治。

2019年，利用太浦闸工程空间，建设太湖治理展示馆、工程历史展示园地；太浦闸入选水利部第二届水工程与水文化有机融合典型案例。

2019年，吴江区全域纳入长三角生态绿色一体化发展示范区，为景区高质量发展带来机遇，通过建造水岸一体景观带，实现生态保护、环境治理、水安全保障、人文历史、经济发展的有机融合。

2020年，完成太湖停捕、恢复生态工作。景区所在地吴江区全国首创“联合河长制”，构建生态治理一体化机制，入选中国改革2020年度50个地方典型案例。2021年，景区入选国家水利风景区高质量发展典型案例，以核心景观太浦闸工程为依托，建设成立太浦河水利枢纽水情教育基地。同年，获江苏省爱国主义教育基地称号，入选市、区党史学习教育路线及长三角一体化示范区青少年红色文化研学线路。2022年，入选《红色基因水利风景区名录》。

三　发展成效

（一）工程效益

景区坚持以水利工程为依托，项目建设始终遵循安全、绿色原则，不断筑牢绿色支撑，打牢坚实安全基础。水利风景区核心景观太浦闸在保障流域防洪安全、供水安全和水生态安全方面发挥重要作用，太浦闸距离太湖核心水域仅两公里，是太湖行洪的最重要通道之一，特别是，在 2016 年流域特大洪涝灾害中做出重要贡献，防洪效益突出。2017 年、2018 年太浦闸获得国家级水利工程管理单位和水利部水利安全生产标准化一级单位荣誉。

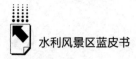

（二）社会效益

景区已成为生态文明、美丽河湖建设、推进乡村振兴的重要载体，在推进七都镇高质量发展方面做出重要贡献。以河湖长制实践为重要抓手，打造幸福河湖，彰显河湖魅力，在保护好景区河湖生态环境的基础上，着力推动产业融合、品质提升、要素集约、开放合作，开创水利文旅融合高质量发展新局面，统筹推动水利风景区建设、文旅发展、乡村振兴。太浦闸是水利风景区核心景观，景区充分挖掘其水文化特色，通过溇港文化体验与社会学研学双功能联合驱动，推动打造特色文旅品牌，有效带动周边村民就业，直接投资近 20 亿元，带动间接文旅消费超 100 亿元，不断增强当地群众的安全感、获得感、幸福感，助力乡村振兴。

（三）文化效益

景区充分挖掘工程水文化特色，充分结合吴江区溇港文化、社会学文化、国学文化、非遗文化、桥文化等内核，以江村为主要建设板块，着力打造社会学研学圣地、乡村振兴实践新样板。景区建设太浦河水利枢纽水情教育基地，基地设有“小记者站”、河海大学教学实践基地，为青少年提供水情教育、水文化实践场所，接待周边中小学校师生参观学习。费孝通江村纪念馆将优质的自然生态资源与人文学术资源紧密结合，丰富水利风景区文化底蕴。

四　基本经验

景区加强生态文明建设，把生态优势转化为经济优势，在保护好河湖环境的基础上，推动产业融合、品质提升、要素集约、开放合作，开创文旅融合发展新局面，统筹推动风景区建设和文旅发展、乡村振兴，属地旅游经济得到发展，民生福祉增进改善。

（一）积极践行绿色发展理念，打造太湖最美岸线

景区认真落实“共抓大保护，不搞大开发”要求，加强水域治理，严格落实生态红线刚性保护，实施生态红线区域清理整治，加大宕口整治力度，相继完成太湖围网拆除、水源地清理整治、停捕、恢复生态工作。属地政府从田园风光、产业更新迭代、基层治理完善等方面，实施东太湖综合整治后续工程，高标准打造太湖沿岸生态环境，开展景区内太湖沿岸纵深1公里生态提升计划；实施城乡绿化行动计划，借力属地园林景观提升工程，完成行道树景观提升，加快景观廊道建设，打造太湖最美岸线。

（二）统筹推进建设管理，提升城乡功能品质

景区注重组织建设和规划引领，太湖流域管理局苏州管理局与苏州市吴江区七都镇政府联合成立浦江源国家水利风景区管理委员会并及时更新管委会成员名单；坚持高标准理念、高规格规划、高水平建设，以建设集自然风光、人文历史、水利工程于一体的综合性水利风景区为目标，通过建造水岸一体景观带，实现生态保护、环境治理、水安全保障、人文历史、经济发展的有机融合。景区注重周边区域功能布局，对周边乡土街景设计、建筑设计、乡村色彩加以控制引导，塑造丰富的生态人文空间，乡村亮丽底色与水利风景区美景交相辉映。

（三）做大做强文化特色品牌，提升景区文化底色

属地政府成立由地方主要领导担任组长的江村建设专班，强力推动文化建设工作，助力“中国·江村”乡村振兴示范区建设，并融入周边乡村创建特色康居村、田园乡村建设工作。景区持续实施吴溇老街改造、江村文化礼堂、创新工场、文化步道等文旅项目，在完善配套服务设施的同时，统筹

属地资源，丰富文旅要素，多手段打造文旅品牌。通过建设太湖治理展示馆、吴溇老街综合改造及环境提升项目，展示流域治理成效，保护、传承和弘扬太湖溇港文化；围绕“美美江村研学圣地”主题，打造文化研学游览路径，塑造文化形象，提升水利风景区文化底色。

（四）持续拓宽投资渠道，激发景区内生动力

景区管委会结合地方政策积极开展招商引资，借力民营资本助推景区建设；属地政府进一步优化营商环境，推进“一门式”“一窗式”服务，使企业办事更加高效便捷；管委会做好项目立项及审批代办服务，吸引阿巴厘旅游农业（苏州）有限公司、乡伴文旅发展有限公司、首旅如家酒店集团、苏州文旅酒店管理有限公司、金蟾文旅发展有限公司等入驻景区，开发阿巴厘生态农场、江村理想村、太湖如家小镇乡野趣乐部、江村·姑苏小院、江村 CLUB 等文旅项目。景区建设中民营投资占比 62.27%，成为景区投资建设的主力军、生力军，丰富景区文化内涵，有效解决景区建设管理中资金短缺、运营困难的难题，维持景区可持续发展。

五　发展思路

一是推动水文旅农深度融合发展，助力区域一体化发展。贯彻长三角生态绿色一体化发展思路，立足景区资源分布状况，以区域文旅一体化促进区域一体化发展，以传统村落保护和活力提升为目标，构建集文化体验产业、研学产业、农业休闲产业于一体的多元水文旅农融合产品，打造慢生活旅游模式，打造以传统村落为载体的宜居乡村生活样板、乡村振兴发展引领区、长三角高品质示范地。

二是打造生态绿色典范，助推景区高质量发展。景区所在属地吴江区入选国家生态文明建设示范区，纳入长三角生态绿色一体化发展示范区，要秉承“绿水青山就是金山银山”理念，将生态文明建设摆在更加突出的位置，把绿色作为高质量发展的底色，打造生态绿色典范，助推水利风景区高质量发展。

专家点评

太湖浦江源水利风景区自然资源禀赋、水利资源独特，是依托东太湖、太湖环湖大堤、太浦闸工程及湖岸天然河道绿地建设而成的自然河湖型景区。自2011年被水利部认定为国家水利风景区以来，景区建设践行绿色发展理念、统筹推进建设管理、强化文化特色品牌、拓宽投资渠道，促进水利文旅融合，带动属地经济发展，助力乡村振兴，已打造成当地人休闲的“水乡客厅”“最美太湖岸线”。景区在产业融合、文旅融合、“湖地融合”方面进行了有益探索和实践，为同类型地区及其他景区建设提供了可借鉴的经验。

参考文献

于量：《“示范区”的“第一线”吴江有啥想象空间?》，《解放日报》2019年10月23日，第9版。

孔岭蓉等：《吴江绿色赋能　生态提质　打造长三角“醉美乡野”》，《中国水利》2021年第12期。

吴芳等：《苏州市吴江区农村水系综合整治技术难点及设计创新》，《中国水利》2021年第12期。

杨伟才、苑文琪：《全力推进文旅产业提质增效高质量发展——顺平县文化旅游发展情况综述》，《党史博采（上）》2021年第8期。

陈爱东、修凯：《新时代党的治藏方略下金融支持西藏经济高质量发展路径研究》，《西藏民族大学学报》（哲学社会科学版）2021年第6期。

B.10
湖北襄阳市三道河水镜湖水利风景区发展报告

窦德　卢素英　何钰雯*

摘　要： 襄阳市三道河水镜湖水利风景区依托三道河水库（水镜湖）和长渠（白起渠）等工程而建，地处历史悠久的襄阳南漳，“白起拔郢”“卞和献玉”“水镜荐诸葛”等典故均出于此，2005 年被水利部授予国家水利风景区，属于水库型水利风景区，兼有灌区型特点。景区已建成“一核（三道河水镜湖）四区（华夏第一渠——白起渠、博实乐中小学生研学营地、三国名胜水镜庄、天池山生态康养区）”空间格局。景区紧扣山水生态和文化科普两大主题，致力于弘扬水文化，保护水生态，建设幸福河湖，助力乡村振兴，为当地创造了良好的经济、社会和生态效益，绘制了一幅“水清、岸绿、景美、人和”的亮丽生态画卷，已成为国家水利风景区高质量发展的标杆。

关键词： 水利风景区　山水生态　幸福河湖　水镜湖水利风景区

一　景区概况

襄阳市三道河水镜湖水利风景区位于湖北省襄阳市南漳县。三道河水库

---

* 窦德，襄阳市三道河水电工程管理局党委书记、局长，研究方向为水利建设管理；卢素英，博士，华北水利水电大学讲师，研究方向为风景园林规划设计；何钰雯，云南大学硕士研究生，研究方向为旅游管理。

又称“水镜湖”，因毗邻三国名士司马徽（水镜先生）隐居地水镜庄，且水面开阔、平如明镜而得名。三道河水库拦截汉江支流蛮河而成，是一座以防洪、灌溉为主，兼有城镇供水、水力发电、水产养殖等综合利用功能的大Ⅱ型水利水电枢纽工程。长渠（白起渠）灌溉工程始建于公元前 279 年，全长 49.25 公里，西起南漳县武安镇，东至宜城市郑集镇，又称“百里长渠”，原是秦国大将白起为攻打楚国鄢都开凿的战渠，后经 2000 多年的建设完善，形成一处“大、中、小”水库相配套，“蓄、引、提”和“分时轮灌”技术相结合的“长藤结瓜”式水利工程系统，它是我国南方长藤结瓜灌溉模式的代表性工程，还是新中国成立后湖北省修复的第一个大型灌溉工程。

三道河水镜湖水利风景区于 2008 年被列为省级文物保护单位；2011 年被评为“国家级水土保持科技示范园”；2017 年被评为“湖北省水情教育基地”和“湖北最美水利风景区”；2018 年 8 月 14 日，景区所属白起渠成功列入世界灌溉工程遗产名录，填补了湖北省灌溉工程遗产空白；2018 年 10 月，入选全国中小学生研学实践教育基地；2019 年 3 月，入选第三批国家水情教育基地；2019 年被选为全国水利系统先进单位；2021 年 6 月，“长渠完工记”石碑被列入第一批湖北省水利红色资源名录；2022 年，成功入选水利部《红色基因水利风景区名录》；2023 年 1 月入选国家水利风景区高质量发展典型案例重点推介名单。

二　发展历程

襄阳市三道河水镜湖水利风景区的发展可划分为工程建设和景区发展两个阶段。

（一）工程建设阶段

1. 三道河水库（水镜湖）

三道河水库工程于 1959 年动工兴建，1966 年 7 月建成，承雨面积 780

平方公里，涉及南漳、保康两县6个乡镇3个社区34个自然村，人口34046人，耕地面积52832亩，总库容1.546亿立方米，兴利库容1.274亿立方米，多年平均降水量为946.7毫米，多年平均来水量为3.67亿立方米。枢纽工程由1座主坝、4座副坝、溢洪道、2处输水隧洞组成。2011年完成水库除险加固工程项目建设。

2. 长渠（白起渠）

长渠（白起渠），又名"荩忱渠"，始建于公元前279年，是目前我国现存历史最悠久的水利灌溉引水工程，被称为"华夏第一渠"，它也是新中国成立后湖北省修复的第一个大型灌溉工程。

新中国成立后，党中央、国务院高度重视白起渠复修工作，1950年1月，在北京召开的全国首次水利会议上，水利部部长傅作义批准修复长渠。1951年，在水利部、省政府的全力支持下，襄阳专署组织南宜两地动工兴修，于两年后的1953年4月15日竣工，同年5月1日正式通水，长渠成为新中国成立后湖北省修复的第一个大型灌溉工程。1999~2016年，前后耗时15年完成长渠（白起渠）灌区续建配套和节水改造工程项目建设。

白起渠复修后，不断加强工程管理，多次进行维修与加固、配套与挖潜，现已建成灌溉面积30.3万亩，各类干渠300公里，斗农渠6600条，各类建筑物2300余处，中小型结瓜水库15座，堰塘2500余口，形成一处"大、中、小"水库相配套，"蓄、引、提"和"分时轮灌"技术相结合的"长藤结瓜"式水利工程系统。

水库、灌渠等水利工程建成60多年来，先后成功拦截1000m^3/s以上的洪峰9次，400m^3/s以上的洪峰48次，无一安全事故，确保下游人民生命财产安全，免遭洪水侵袭，累计防洪减灾效益达50多亿元。在防洪减灾的同时，灌区坚持节水型建设，年农业灌溉水量从2.2亿m^3下降到1.85亿m^3，连续战胜了2018年、2019年、2022年等干旱年，灌区"大旱之年大丰收"已成常态，年均生产粮食6亿多斤，为农业增效、农民增收奠定坚实基础，2022年被水利部授予"节水型灌区"称号。

（二）景区发展阶段

景区发展历程大致可分为两个部分：一是党的十八大以前初创发展时期，景区建设以开发利用为主；二是党的十八大以后，步入高质量发展快车道时期，景区建设管理以保护传承为主。

党的十八大以前，20 世纪 90 年代，襄阳市三道河水电工程管理局创建三道河水镜湖水利风景区，于 1998 年 2 月，襄阳市政府机构编制委员会下发了《关于襄阳市三道河水电工程管理局增设内部机构的批复》（襄机编〔1998〕48 号），景区管理机构三道河旅游开发处挂牌成立。此后陆续建成了三道河水库水面游乐（游船）项目、长渠（白起渠）文化园、水保科技示范园等。

党的十八大以后，三道河水镜湖景区坚持以习近平新时代中国特色社会主义思想为指导，深入践行“两山”理念，贯彻“节水优先、空间均衡、系统治理、两手发力”治水思路，加大生态保护和文化传承工作力度。

2014 年，景区通过“以茶代旅、以旅促茶、茶旅结合”的模式，在深入融合乡村振兴政策的同时，依托三道河国家级水利风景区优美的自然风光，打造了品茶赏景、休闲娱乐的乡村旅游热门景区——天池山景区。天池山景区为国家 AAA 级景区，注册资金 2000 万元，总面积达 11000 亩，分为天池山、摩天岭、樊家山三大区域。茶旅融合区以有机茶园为基础，2022 年，通过双有机认证的茶园面积有 1206 亩，油茶 571 亩，板栗 515 亩。旅游区以生态有机为本，以文化创意为核，以休闲旅游为脉，现已形成“五区两带”的功能格局：有机产业种植区、生态产品体验区、浪漫天池休闲区、园区综合服务区、禅茶养生度假区、生态河岸风光带、天池山九色飘带。已建成的景点主要有：清茶坊、茶道博览馆、小茶世界伴手礼馆、种子博览馆、恋人天池、天池茶苑、悠然茶舍、婚礼草坪、云端木屋、茶香别院、BBQ 星空露营基地、观星塔、揽月台、紫藤长廊、科普长廊、茶香烤场、炫彩步道、千步梯、茶语步道、茶香步道、樱花谷、紫薇园、幸福湾、中华土蜂蜜基地、板栗采摘基地、冬桃采摘基地、有机茶园采摘基地、油茶采摘基地等。

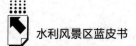

2016年，三道河水镜湖水利景区关停了三道河水面游乐（游船）项目经营，拆除了三道河水库游船码头，实施完成了“绿满长渠”项目建设。在长渠（白起渠）49.25公里长的主干渠两岸，栽植了紫薇、石楠、栾树等景观树，制定了《三道河水镜湖风景区生态保护与开发建设规划》。该规划充分考虑城市防洪、生态环境、自然水域、城市空间等因素，尊重原有水系自然条件，着力恢复湖泊生态系统，建设“精品”工程，不搞大挖大建，实现小河常流、湖水常清，确立了“两大主题，三条热线，百里绿道”的“哑铃式”空间发展战略，形成以文化科普和山水生态为主题的三国文化、楚文化和自然生态三大旅游热线。

2020年后，三道河水镜湖景区深入践行“两山”理念，围绕规划要求，立足“山水生态和文化科普”两大主题，发挥水优势，做活水文章，挖掘水历史，传承水文化，多措并举，实现了景区高质量发展，得到水利部、省水利厅以及襄阳地方党委、政府的高度认可。一是积极与南漳政府协调，将水镜庄纳入三道河水镜湖水利景区管理范畴，利用南漳地方财政，新建了沿湖观光长廊、观景平台、公共厕所、垃圾回收站等基础设施，景区实现增效扩容，规模档次得到极大的提升。二是引入社会资本，于2021年成功创建了襄阳市唯一一家“湖北省中小学生研学实践教育营地”，坚持以生态发展为基石，秉持“水旅+文旅”的发展模式，依托深厚的水文化底蕴、风光旖旎的水镜湖美景，将“模型、展板、实物、多媒体、知识讲座、互动体验、科普长廊”等相融合，创立了三国文化、水文化科普教育、休闲娱乐、手工课程、户外运动、自然探索等六大课程体系，增强了受众的参与性、互动性，实现了集生产、生活、生态于一体的“三生”研学实践教育场景，此外还修建沿库健康步道、观景平台、文化长廊等基础设施。三是积极自筹资金600万元，于2021年5月建成长渠（白起渠）展览馆。展览馆位于国家水利风景区三道河水库。收集了大量的实物、佐证资料，采用了现代的声、光、电以及幻影成像等先进技术，集中展示世界灌溉工程遗产长渠（白起渠），配套完善三道河水库国家水情教育基地功能设施，布展面积为 900 平方米，共三层，由水利部宣传教育中心组织设计、施工。

景区在生态保护和幸福河湖建设方面，2018 年起逐步完善“河湖长制”体系机制，实现水库上下游河道、库区、水库全覆盖，形成了“市、县、镇、村”四级河长、库长；2019 年按照《三道河水库碧水保卫战“示范建设行动”实施方案》进一步落实河湖保护各项工作；2020 年被省河湖长制办授予碧水保卫战“示范水库”称号，全面完成了划界确权工作；2021 年针对新情况，制定新措施，编制新一轮《三道河水库一河（库）一策实施方案（2021—2025 年）》，并开展了健康河湖评价，评价结果为二类河湖，为健康状态。2022 年 2 月 14 日《襄阳市三道河水库生态渔业实施方案（2022—2026 年）》通过襄阳市农业农村局组织专家评审，并实施。率先在全市发展生态渔业，实现以渔控藻、以渔净水、修复水生态、保障饮用水安全的目的。通过开展生态渔业，每年可从水库中移除鲜藻 1 万吨以上，移除碳汇 25 吨以上。

三　发展成效

三道河水镜湖水利风景区发挥水优势，做活水文章，分别从水资源的保护、污染防治、环境治理、生态修复、水域岸线保护、执法管理等方面开展工作，大大提升河湖的生态、经济、社会和文化效益，成为襄阳地区幸福河湖、健康河湖、生态河湖建设管理的典范。

（一）生态效益

一是建设水生态系统。水镜湖水质经过长期治理，大部分指标已达到Ⅱ类；景区秉承“人水和谐、特色鲜明、永续利用”理念，走“依水谋景、山水盈动、以文点睛”的发展道路，狠抓河湖长制落实，在以大手笔投入、高起点规划、高标准建设、精细化管理，营造和开发景点的过程中，注重维护和改善生态环境，有效防治水土流失，保护了水资源。二是结合国家海绵城市试点项目，进行生态本底建设。景区制定了《三道河水镜湖风景区生态保护与开发建设规划》，着力构建文化深厚、内涵丰富、环境优美和集生态旅游、休闲养生、水情教育于一体的游览胜地。该规划充分考虑城市防洪、生态环境、自然水域、城市空间等因素，尊重原有水系自然条件，着力恢复湖泊生态系统，建设“精品”工程，不搞大挖大建，实现小河常流、湖水常清、岸线常绿。确立“一个故事，两大主题，三条热线”的空间发展战略。三是打造“和谐美丽”的幸福河湖空间形态。依托生态环境整治、美丽乡村建设、水保科技示范园、国家水情教育基地等工作的实施，使景区生态环境质量进一步提升，确保防洪减灾、农田灌溉、水力发电、生态养殖、城市供水等功能的正常发挥。目前景区水域宽广，碧波荡漾；四季绿树成荫，鸟语花香。“阳春赏花，盛夏避暑，深秋观景，严冬咏雪”已成为景区的真实写照，“水清、岸绿、景美、人和”的亮丽生态画卷已经绘就，“天然氧吧、世外桃源”之美誉已经形成，被誉为襄阳都市“后花园”。

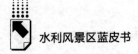

（二）社会效益

景区坚持“保护、传承”的发展理念，传承好“世遗”文化。拥有生态绿道、生态景观廊道、长渠（白起渠）博物馆、水保科技示范园、国家水情教育基地、休闲场馆场地共 25 处。三道河水镜湖水利风景区修建长渠（白起渠）博物馆集中展示历朝历代文献、碑刻等文物；利用声、光、电等方式形象展示“以竹笼石、陂渠串连、分时轮灌、多源引水”等工程技术特点；通过历史文献、图片资料等直观呈现长渠（白起渠）2000 多年的发展历史；编纂出版反映白起渠历史渊源、工程特点、历史故事的一系列图书；开通官方网站，注册“白起渠”微信公众号，制作《白起渠》宣传专题片等。景区目前已成为寓教于乐的新亮点、好去处、休闲地。

另外，在直接与间接接触、交流中，游客自身相关信息、知识、文化将在无形之中促进当地居民文化素质水平的提升，培育人力资源，改善投资环境，为周边居民提供就业机会，促进社会的进步。

（三）经济效益

三道河水镜湖水利风景区区域内部开展各种休闲娱乐、观光赏景、科普教育、影视广告拍摄等活动，促进了该地区旅游事业的发展，带来了周期性的旅游收入。良好的生态环境带动周边区域的开发和建设，吸引人们在此居住、旅游，提升周边土地价值，为景区带来了巨大的经济效益。

（四）文化效益

景区依托水镜湖楚文化、战国文化、三国文化、荆楚文化的交融处、发生地，重点讲好楚国先人筚路蓝缕、卞和献玉、水镜荐诸葛，尤其是白起拔鄢的故事，发展文化旅游。三道河水镜湖水利风景区不仅有丰富的自然资源和人文景观，更有 2000 多年悠久的文化并成功入选世界灌溉工程遗产名录的长渠（白起渠）。为充分利用好这一世界级金字招牌，充分释放金字招牌的能量，彰显金字招牌的品位，景区依托现有资源和设施场所，积极面向社会开展水文化宣传和水情科普教育。现已形成白起渠绿色廊道、鲤鱼湖湿地公园、长渠（白起渠）重点灌溉试验站等 6 个专题展示区，可向公众展示农田灌溉、“长藤结瓜”、分时轮灌、防洪减灾、水力发电、绿色养殖、城镇供水、生态旅游、水土流失、湿地保护等 20 余种受众场所与载体。此外，景区结合自身独有的水文化特点，构筑集水文化教育、水知识教育、水生态教育于一体的绿色功能园区，目前已建成以长渠（白起渠）展览馆、博实乐研学营地为代表的可供社会团体、中小学生集中见学、体验、休闲的场馆场地 25 处。

四　基本经验

（一）坚持规划先行，加强顶层设计

景区突出规划的“龙头”地位，按照“突出特色，培育亮点，夯实基

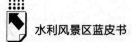

础，切实可行”的原则，立足可持续发展，对景区进行高起点、高标准的规划设计，以规划促进保护、以规划指导利用、以规划延续传承。采取分步实施的方法，景区建设一条环水镜湖滨湖风情景观带，构建一张白起水文化幸福河湖网，集中打造水镜湖滨湖风情观光区、长渠（白起渠）水文化展示区、水镜庄三国文化体验区、博实乐水科普研学实践教育区和天池山特色生态农业休闲康养区五大区块，形成“一带、一网、五区”的景观格局。景区通过资源整合与提升，致力于建设集河湖观光、水利科普、文化展示、休闲康养等多功能于一体的特色综合型水利风景区。

（二）夯实生态本底，提高发展质量和效益

景区建设在设计、选址方面注重保持原有景观的自然性、生态性、真实性和完整性，保证了景区植被的完好性和水域面积稳定性。景区依托独特的资源禀赋，大力发展休闲康养、研学旅行、文化创意等新兴产业。景区立足水库及灌区的生态水利、农业优势，打造皮划艇等水上运动教学、攀岩登山等素质提升、剪纸武术等传统文化普及等旅游项目，启动了“武汉大学实训基地”“襄阳中小学生研学旅行”“水情教育体验农耕”等科普项目，促进襄阳市经济社会高质量发展。

（三）创新投入机制，探索“水利+”多业态发展

为了解决景区建设投资资金不足的难题，襄阳市三道河水电工程管理局对风景管理处进行改革，发挥政府投资撬动作用，激发民间投资活力，形成市场主导的投资内生增长机制。改革后，社会资本主要承担项目开发，水利工程管理单位负责水库日常管理，不同投资主体间通过签订权责分明的合同协议，建立激励相容的约束机制。社会资本的引入使新增建设投资明显提升，累计超过 1.5 亿元，新建生态科普步道、三国文化廊道、湿地文化科普长廊、沿库岸观景平台等项目。景区先后开发出“水镜活泉”品牌矿泉水、白起渠有机米、天池山有机茶等商品，拓宽了水利风景区盈利渠道，探索出一条多业态协调统一可持续的发展模式。

（四）深挖江河湖海汇聚优势，传承治水兴水文化

以长渠（白起渠）为线，构建西起长渠（白起渠）展览馆、东至长渠渠首文化园的水文化展示带，安排专职讲解员结合长渠（白起渠）治水富民实践宣讲习近平生态文明思想，弘扬白起渠水文化。景区以“辉煌长渠”为主题的展示馆，设置序厅、古渠兴衰、焕发新生、你身边的水四个篇章，结合图文资料、音视频、体感互动、大数据等方式集中展示长渠古今治水历史。景区管理部门挖掘历史资源，收集文物、汇总文献，汇编《长渠（白起渠）志》，展现长渠（白起渠）的历史演变过程、自战国以来的管水制度变迁等内容，把长渠（白起渠）建设成一个教育资源丰富、教育内容科学合理的水情教育基地，发挥好基地科普宣教作用。景区已成为各大机关企事业单位开展主题党日活动的重要阵地。

（五）秉持人民至上，打造幸福河湖示范

三道河水镜湖水利风景区属于公益型景区，为周边的人民群众提供了优良的生态休闲空间。景区的高质量发展得益于水安全、水环境、水生态基础的综合治理。景区建设一方面坚持“一张蓝图绘到底”。自 1953 年长渠（白起渠）复修通水以来，每一代三道河人坚持推进高质量发展，为景区发展奠定了良好基础。另一方面坚持生态发展的底色。三道河人注重系统治理，加强生态保护，坚持水清、岸绿、河畅、景美的生态图景。三道河水镜湖水利风景区在高质量发展理念的持续推动下，成为湖北省幸福河湖的代表，也是南漳及襄阳群众引以为豪的美丽地标。

五　发展思路

景区通过多年建管事实证明，现有的生态、文化等优秀资源本底对景区发展有极高的价值，今后景区将继续为建设一套“观光游览为基础、水利文化为特色、生态康养为补充、科普研学为方向”的高质量发展旅游体系而不懈努力。

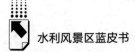

一是借优良水生态环境，助推康养旅游发展。结合水体综合治理加强重要水源地保护，关停水上游船项目，严防水体污染。定期进行库区水质监测，委托市县质检部门在水镜湖水域设立水质监测站点，及时掌握水质情况，目前三道河水库的水质常年保持在Ⅱ类及以上。其凭借优质的水源、优美的景色和丰富的资源，被称为襄阳的“后花园”。天池山、水镜湖等适合开展山地徒步、森林游憩等活动，是市民休闲养生、避暑等的好去处。三道河水镜湖五大景区内各类风景、建筑、庙宇及古色古香的人文环境等，清新典雅，具有教育意义和陶冶情操的功能，适合开展观光游览活动。

二是以科普研学为方向，传承水利文化。对三道河水镜湖水利风景区灌溉历史文化进行有效的保护和利用，建设博物馆，推动遗产地保护与旅游产业融合发展，引导社会资金参与工程遗产保护利用基础设施建设，解决好制约灌溉工程遗产保护与利用的资金链问题。在巩固好现有游览项目的基础上，打造以白起文化、荆楚水文化为主题的水利科普活动及旅游产品，拓展内容，深化内涵，形成有鲜明特色的研学课程、主题活动、娱乐餐饮、住宿、纪念品等多个层次的文化产品。此外，在成功申报成为湖北省研学营地的基础上，继续申报湖北省首家国家级营地，以期更好地带动南漳乃至襄阳就业与文旅业的发展。

三是以创新管理为抓手，坚持高质量发展目标。立足自身优势，突出“人水和谐、特色鲜明、永续利用”和“旅游强局、旅游兴库、旅游富民”的理念，着力“建设一个中心、突出两大主题、开发三条热线”，以山水园林旅游和生态旅游为主题，开发三国文化旅游热线、荆楚文化旅游热线和自然生态旅游热线，形成枢纽景观、库区景观、灌区景观、人文景观等各具特色、自成体系的水利旅游度假区。坚持“一把手负责，分管领导主抓”的工作机制，积极贯彻《水利风景区管理办法》，切实加强景区规划、建设、管理、保护，同时按照大旅游、大市场、大产业的原则，把景区规划与地方旅游总体规划衔接起来，纳入城市总体规划，理顺管理关系，整合旅游资源，逐步提高景区的级别和品位。继续加大招商引资力度，在广筹资金的同时积极引入社会资本参与景区建设管理，建立合作共赢机制。

专家点评

湖北襄阳市三道河水镜湖水利风景区依托三道河水库（水镜湖）和长渠（白起渠）等工程而建，属于水库型水利风景区，兼有灌区型特点，地处历史悠久的襄阳南漳，“白起拔郾”“卞和献玉”“水镜荐诸葛”等典故均出于此。

自2005年被认定为国家水利风景区以来，景区结合自然优势建成“一核（三道河水镜湖）四区（华夏第一渠——白起渠、博实乐中小学生研学营地、三国名胜水镜庄、天池山生态康养区）”的空间格局。近年来，景区紧扣山水生态和文化科普两大主题，致力于弘扬水文化，保护水生态，建设幸福河湖，助力乡村振兴，为当地创造了良好的经济、社会和生态效益，绘制了一幅“水清、岸绿、景美、人和”的亮丽生态画卷，已成为国家水利风景区高质量发展的标杆。

参考文献

李俊：《三道河水利工程与水文化融合发展探析》，《中国水利》2019年第12期。

皮向东、李吉涛、周彦洲：《三道河水库水资源优化配置分析》，《农村经济与科技》2019年第7期。

马小泉：《三道河水库水土保持科技示范园》，《中国水土保持》2017年第1期。

杨小冬、戴国瑞、黄春雷：《三道河水库兴利优化调度研究》，《武汉水利电力大学学报》2000年第3期。

张欧亚等：《荆山楚源看蛮河》，《湖北日报》2017年7月27日，第14版。

朱运海、谢志凌、田方杰：《世界灌溉工程遗产长渠中的生态实践智慧及其保护利用》，《湖北文理学院学报》2022年第10期。

B.11
上海浦东新区滴水湖水利风景区发展报告

成凯　刘琪　曾恒*

摘　要： 上海浦东新区滴水湖水利风景区依托滴水湖水域及水利设施建设而成，于2009年被水利部认定为国家水利风景区，是城市河湖型水利风景区。景区因地制宜推进水利建设，打造集水利、生态、人文景观特色于一体的“一湖、四涟、七射”的河道布局模式；发挥文旅酒店和城市运维业务板块的联动作用，推动水文化建设；推进水域保护的制度建设，不断探索依法治水的现实可行性，打造最具活力的世界级滨海环湖开放空间和城市河湖型国家水利风景区标杆。滴水湖水利风景区是统筹城市发展与生态文明、打造人水和谐的临港城市的生动范例。

关键词： 水利风景区　城市河湖　水文化　临港城市建设　滴水湖水利风景区

一　景区概况

滴水湖水利风景区位于中国（上海）自由贸易试验区临港新片区、上海五大新城之一的南汇新城。滴水湖又名芦潮湖，地处杭州湾与长江河口交汇处，距离上海市中心约76公里，是南汇新城的中心湖泊。

---

* 成凯，贵州省旅游规划设计院院长，高级工程师，研究方向为水旅融合发展；刘琪，华北水利水电大学讲师，研究方向为城市设计；曾恒，赣江上游水文水资源监测中心四级主任科员，研究方向为水文水资源监测。

滴水湖水利风景区以滴水湖为核心进行水域规划，河道布局结构呈“环状与放射状”，并形成“一湖、四涟、七射”的蛛网式布局；统筹兼顾“水安全、水资源、水环境、水景观”，逐步建设滴水湖出海闸、芦潮引河出海闸、黄日港节制闸、绿丽港节制闸等众多水利工程，形成防汛挡潮、引排自如的水利体系，形成集生态保护、游览观光、文化传播、运动健身、休闲娱乐等综合功能于一体的城市河湖型水利风景区。

2006 年，景区水利工程获中国水利工程优质（大禹）奖；2019 年，景区获评长江经济带最美湖泊；2021 年，景区入选国家水利风景区高质量发展典型案例。滴水湖水利风景区以水兴城、以水美城的建设、管理经验，为临港城市发展提供了借鉴。

二　发展历程

滴水湖水利风景区的发展可划分为景区创建、景区提升和高质量发展三个阶段。

（一）景区创建阶段（2002~2008年）

滴水湖工程。滴水湖工程于 2002 年 6 月 26 日开工，2003 年 10 月 6 日完工，滴水湖面积为 5.56 平方公里，是当时国内最大的人工淡水湖。滴水湖建于滨海滩涂，城市围绕滴水湖形成波状环形，并向四周扩散，提升了城市功能和防洪排涝能力；通过大治河引黄浦江水，为城市围垦土壤洗盐排碱、绿化植树创造了条件，滴水湖及其水系建设是临港城市发展的一种新探索。

南汇嘴观海公园。南汇嘴观海公园建于滩涂之上，是为纪念港城水利建设的巨大成就，为后人见证港城建设历史而建，同时为人们游览提供最佳观景点。

滴水湖出海闸工程。赤风港出海闸工程于 2005 年建成，是滴水湖经赤风港的出海口，集防汛排涝、挡潮、城市水系调度、置换水体、城市景观效果等功能于一体。赤风港充分发挥了城市水景观功能，具备调节城市湖河水位和水量、维护水质的功能，获得中国水利工程优质（大禹）奖，是港城水利建设的典范。

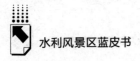

滴水湖水系建设。港城建设形成了相对独立的水系格局，三涟和七射的规划河道总长58公里，截至2019年已建成38公里。下阶段结合滴水湖引水工程，将进一步完善港城水系的调控系统，实现引清目标，确保滴水湖的水质安全。

（二）景区提升阶段（2009~2014年）

水域治理。滴水湖刚建成时，生态系统不完善，水环境不稳定，为管理好滴水湖的水质，港城集团成立上海港城滴水湖建设管理有限公司。

滴水湖水系是相对独立的水系，通过闸控系统与外围河网和杭州湾贯通，滴水湖核心区河道建设以生态为中心，设计为生态护岸，经过5~6年的自然生长，景区一期水系河道生态护岸形成以芦苇为主的水生植物群落，并有螺蛳、河虾、螃蟹等水生动物在生态护岸上安家繁殖，河道生态系统日渐完善，形成一道独特的河道湿地景观。

推进水域保护制度建设。景区为进一步完善水系的调控系统，实现引清目标，确保滴水湖水质安全，相继出台《滴水湖水系水域维护管理办法》《滴水湖水系运行调度管理办法》等水系管理制度，强化滴水湖管理，维护滴水湖的景观核心地位。2014年，上海市临港地区开发建设管理委员会发布《上海市临港地区滴水湖环境保护与管理暂行办法》，制度的完善和建设为滴水湖管理提供了抓手。

（三）高质量发展阶段（2015年以来）

国家成立临港新片区为景区发展提供了契机，景区加强推介配套设施、城市功能和旅游功能；推动生态本底的建设工作，促使全国各地海绵城市建设单位来参观学习，擦亮了生态城市名片；在新一轮水利风景区规划编制的契机下，景区采用规划进社区、进校园、进园区等方式加强科普宣传工作。

2018年，滴水湖获得“长江经济带2018年最美河流（湖泊）”称号；滴水湖获得上海大世界基尼斯纪录的“最长的蓝色透水沥青慢跑道”和“建有环湖景观桥数量最多的人工湖”证书。2021年5月，《浦东新区滴水湖水利风景区规划（2020—2035）》通过上海市水务局行业审核，引领了滴水湖水利风景区新一轮的开发建设。同年，滴水湖水利风景区入选国家水利风景区高质量发展典型案例名单。

三　建设成效

围绕打造具有活力的世界级别的滨海环湖开放空间，树立城市河湖型国家水利风景区标杆，港城集团运用近20年滴水湖水质管理经验，多措并举，持续提升水域保护成效和城市运维标准化水平，在生态、社会、经济、文化方面取得了良好的综合效益。

（一）生态效益

一是建设健康水生态系统。滴水湖水质呈持续改善状态，大部分水质指标达到Ⅰ～Ⅲ类；滴水湖建于重盐碱的滨海滩涂，水土盐碱化严重，景区利用滴水湖水利优势，创新开展以潮差式引排水、水体洗盐洗碱等工作，为水体中水生植物生长和繁殖提供条件，改善和丰富湖泊、河道的食物链和生态系统结构。滴水湖水域没有野生鱼类，景区每年投入一定量的滤食性鱼类、河蚬、螺蛳等，以改善水生态，同时每年的春季采取科学控制出海闸开闸的排水时间和流量，连通附近水域引入鱼苗，最终形成以滤食性鱼类为主，各种本地鱼类共存的健康生态系统。景区在水质监测、水生态治理、污染源防控、水域常态化巡查、政企联动、智能化信息管理平台等领域加大管理力度。

二是以国家海绵城市试点项目为抓手，进行生态本底建设。景区利用透水盲管、生态湿地、生态驳岸等海绵技术，收集、净化和处理地面雨水；采用生态护岸、雨水排放口水质净化措施、植被缓冲带等多种方式解决积水、内涝和水资源流失的问题。

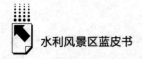

三是打造“城在景中”的生态空间形态。景区湖、河相连形成的河道水系网络，实现了绿地网络化渗透，打造了“城在景中”的生态体验；放射状嵌入城市的绿地生态空间，实现绿色与城市交融。

（二）社会效益

滴水湖作为城市景观湖泊，环湖 80 米景观带，内涟河贯穿滴水湖核心区环湖绿带，中、外涟河为城市社区水景，涟河与射河交汇构成众多人工湖泊，成为重要的城市水岸空间会客厅。蓝色透水沥青慢跑道、生态护岸、生态湿地、特色景观桥、亲水栈道、全龄儿童游乐设施、精致游憩设施成为市民亲水和休闲娱乐的重要公共活动平台。

临港新片区正在加速打造世界级的文体旅游目的地和上海国际消费中心城市承载地，努力成为体现高标准规划和高品质开发的“城市会客厅”和“人民城市样板间”。

（三）经济效益

景区发挥文旅酒店和城市运维业务板块的联动作用，布局“湖景、河景、海景、江景”多主题景观；引入海洋主题文旅项目，举办一系列赛事、节庆活动等，吸引不同年龄的人群，积极促进文旅产业发展。上海中国航海博物馆、上海海昌海洋公园、上海冰雪之星、上海天文馆等优质文旅项目主题鲜明，上海海昌海洋公园于 2018 年开园，其高峰期日客流量达 5 万人次；上海天文馆于 2021 年开馆，其日均客流量达到 5000 人次。2015~2021 年，景区连续 4 年在“世界海洋日”“中国航海日”举办上海海洋论坛，连续 5 年举办上海临港海洋节。

（四）文化效益

景区依托滴水湖和港城的地域特点，塑造亲水乐水、人水和谐共生的水文化。景区利用现有水利工程，参与组织策划各种大型赛事活动，助力水文化科普。滴水湖培养的生态鱼类在国家绿色食品中心成功申报8项绿色水产品，水生态产品成为滴水湖旅游文化的品牌；景区依托上海临港海洋节、上海海洋论坛等文化活动，推出一系列了解海洋、亲近海洋、感受海洋的活动，让市民深度感受海洋文化；景区打造水利科技实践基地、科普长廊等，宣传节水、爱水、护水理念，提高公众对于水利知识的认知，增强公众水生态环境保护意识。景区先后组织了环法自行车赛事、世界摩托艇锦标赛、全球顶级障碍赛跑、摩托艇大赛铁人三项赛等一系列国际与国内体育赛事活动。

四　基本经验

（一）科学规划引领，强化制度保障

景区发展需要科学的规划引领和健全的管理制度体系，需要高效能治理以赋能景区高质量发展。景区规划要高度适配高质量发展要求，将创新发展理念贯穿始终；对河湖长制、生态文明建设等工作，明确发展定位和目标，并配合出台相关的管理制度加以保障。

2022年7月29日，《浦东新区加强滴水湖水域保护和滨水公共空间建设管理若干规定》经浦东新区七届人大常委会第四次会议审议通过，该规定的出台，将为高标准保护滴水湖水域和高水平建设管理滨水公共空间提供有力的法治保障。临港新片区管委会强化规划建设顶层机制设计，创新建设统筹“1+X+N”管理模式、建成规划建设统筹协同工作平台、打造三个区域平台公司规划建设统筹工作样板，以重点区域、重点项目为引领，带动区域的全面开发建设，保障国家战略的高效能落地。

该规定将智慧生态、韧性低碳的绿色发展理念贯穿水陆两域，创造性地扩大流域立法适用范围，全面推进海绵公园等碳汇系统建设，全面实施建设项目绿色建筑要求，全面应用新能源交通，建设绿色低碳示范区，全力探索一条符合滴水湖发展实际的创新发展道路。

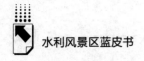

（二）夯实生态本底，提高发展质量和效益

滴水湖水利风景区因滴水湖而生，因滴水湖而兴，景区将保护滴水湖生态环境和安全放在首位，科学生态治理、定期水质监测、24 小时巡查管理、整治偷捕偷钓、控制污染排放、进行水体调度，加快周边水系、控制闸建设，特别是引清河道建设，解决滴水湖缺优质水源、水动力不足等问题，完善滴水湖水系闸控系统，更好维护水生态水安全。为建设国际化的城市会客厅筑牢生态本底，实现生态和经济效益双赢。

（三）深挖江河湖海汇聚优势，培育水文化、海洋文化

滴水湖水利风景区根据自身独特水系优势，布局“湖景、河景、海景、江景”多主题景观、海洋主题文旅项目，开展科普宣传，深度挖掘景区水文化；利用水利工程文化，大力弘扬滴水湖的地域文化，举办赛事节庆活动，充分发挥水文化的引导、约束、规范、凝聚和激励功能。景区在特色景点打造、文旅项目引进、海洋产业布局上下足功夫，丰富功能业态，扩大规模效应，使水文化、海洋文化成为区域特色。

（四）贯彻人民城市理念，打造高品质景区

高水平城市开发建设是滴水湖水利风景区发展的关键。临港从成立之初就坚持“高起点规划，高标准建设”，临港新片区成立后，承载国家战略和上海战略的临港更坚持规划先行，从项目引进到工程设计和实施，从功能导入到公共空间打造，一以贯之，以满足人民高品质生活需要为奋斗目标。环湖景观带、春华秋色公园、星空之境、上海海昌海洋公园、冰雪之星、上海天文馆等一系列优质文旅项目，使景区宜业、宜居、宜乐、宜游，让人民有更多获得感、幸福感和安全感，为人民创造更加幸福的美好生活。

五　发展思路

一是树立水陆统筹理念，构建智慧、低碳多元的景区发展模式。扩大流

域立法的适用范围，从水域拓展至滨水公共空间，将智慧、低碳、韧性城市建设理念贯穿于水陆两域；把智慧城市理念贯穿基础设施建设和城市运行管理，高效运营临港综合管廊管理平台；提升区域清洁能源供应能力，擦亮低碳底色，赋能港城广场和国际文化创意园区能源中心；建设绿色低碳示范区，探索水陆统筹，规划空间紧凑、功能复合、景观融合的城市布局形态，全面推进海绵公园等碳汇系统建设，全面推行建设项目绿色建筑要求，全面应用新能源交通，全面提高可再生能源规模化利用水平，降低环境负荷，打造低能耗低排放的城市公共空间。

二是坚持共享共治，统筹滨水公共空间建设。践行“人民城市人民建，人民城市为人民”重要理念，坚持开放共享，鼓励社会共治，重大事项公示公开，建立志愿者服务长效机制，设立专家咨询委员会。以滨水公共空间为重要承载，打造滴水湖 IP，建设滴水湖未来交通创新生态圈，建成一流滨水区和环湖国际旅游度假区。根据滨水公共空间的特点和需求，统筹规划建设高品质的基础设施、公共服务设施、商业配套设施、应急保障设施，营造布局合理、功能匹配、风貌协调、安全舒适的魅力水岸空间。鼓励开展水上旅游、水上体育、文艺演出、文化展示等活动，促进科教文创、商业、旅游、体育、休闲娱乐等功能融合发展。鼓励和支持在滨水公共空间区域内及相邻的交通枢纽，合理布局集商业、休闲、旅游等购物和体验功能于一体的大型商业综合体。

专家点评

上海浦东新区滴水湖水利风景区属于城市河湖型水利风景区，其依托滴水湖水域及其水利设施建设而成。自 2009 年被水利部认定为国家水利风景区以来，景区因地制宜统筹城市和水利建设，打造集水利、生态、人文景观特色于一体的“一湖、四涟、七射”的河道布局模式，打造“城在景中”的城市意象；发挥文旅酒店和城市运维业务板块的联动作用，布局“湖景、河景、海景、江景”，丰富景区水文化建设；加强水域治理，推动水域制度建设，不断探索依法治水的现实可行性。自出台《浦东新区加强滴水湖水域保护和滨水公共空间建设管理若干规定》以来，景区更加注重高标准的水域保护和高水平的建设管理，并将智慧生态、韧性低碳的绿色发展理念贯穿水陆两域，景区正在全力探索城市河湖型景区的创新发展道路。上海滴水湖水利风景区是统筹城市发展与生态文明，人水和谐、水城相生的临港城市发展的生动范例。

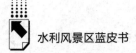

参考文献

饶应福：《上海滴水湖国家水利风景区建设中形成的水文化内涵分析》，载水利部水利风景区建设与管理领导小组办公室编《全国水利风景区建设管理与水文化论坛论文集》，水利水电出版社，2010。

饶应福：《滴水湖国家水利风景区水利建设管理的探索与实践》，载中国水利学会编《中国水利学会 2010 学术年会论文集》下册，黄河水利出版社，2010。

武娇：《滴水入湖涟漪我心》，《中国水利报》2010 年 3 月 19 日，第 6 版。

《上海浦东：滴水湖获选长江经济带“最美湖泊”》，《上海税务》2019 年第 2 期。

《十大主题景观、三条水上观光路线！滴水湖水利风景区规划（2020—2035）正式通过行业审核》，人民网，2021 年 5 月 31 日，http：//sh. people. com. cn/n2/2021/0531/c134768-34753650. html。

康晓芳、浦布：《浦东出台措施塑造临港地区“水上明珠”》，《东方城乡报》2022 年 8 月 16 日，第 B7 版。

《水美长江　景惠民生——长江流域入选“国家水利风景区高质量发展典型案例”集锦》，《人民长江报》2022 年 1 月 15 日，第 4 版。

王志彦：《上海临港地区拟建全国最大“海绵体”——海绵城市首期样板工程已完工》，《解放日报》2017 年 4 月 22 日，第 1 版。

B.12 河南舞钢市石漫滩水库水利风景区发展报告

吴亦宁　夏　炎　黄诗颖*

摘　要： 舞钢市石漫滩水库水利风景区依托石漫滩水库建设而成，拥有优美的生态环境、独特的水利历史，属于水库型水利风景区。自2001年被水利部认定为国家水利风景区以来，通过高位规划，景区建设与水利工程有机结合，充分挖掘水利历史事件，打造集“75·8”水文化、爱国主义教育、山水观光、体育等多功能于一体的水利生态旅游品牌，探索“精致石漫滩”管理模式，形成景城融合发展的创新典范。

关键词： 水利风景区　水文化　景城融合　石漫滩水库

一　景区概况

石漫滩水库位于河南省舞钢市淮河流域洪河支流滚河上，是新中国成立后在淮河流域上游修建的第一座大（Ⅱ）型水库，有“治淮第一坝”之称。水库大坝为全断面碾压混凝土重力坝，高40.5米，长650米，总库容1.2亿立方米，水域面积8.6平方公里，是一座以防洪除涝为主，兼顾工业供水、旅游、养殖等综合利用的大型水利工程。

---

* 吴亦宁，河南省水利厅景区办高级经济师，研究方向为水利风景区建设管理；夏炎，河南省石漫滩水库运行中心副主任，研究方向为水利风景区建设管理；黄诗颖，长江水利水电开发集团（湖北）有限公司工程师，研究方向为水利规划。

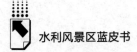

石漫滩水库坝址位于舞钢市境内，东距漯河市 70 公里，西距平顶山市 75 公里，距舞阳钢铁责任有限公司所在地寺坡 4 公里，交通便捷。石漫滩水库水利风景区依托自然山水资源和水利工程，以石漫滩水库为中心，打造涵盖石漫滩国家森林公园、二郎山风景区、佛爷岭公园、石漫滩湿地公园的生态旅游区。

石漫滩水库是河南省水利厅直管的大型水库之一。景区由河南省石漫滩水库运行中心负责管理，已纳入城市公共设施。运行中心成立了专门科室负责景区运行、管理和维护。其环境卫生、园林修剪等业务，向社会招标分包。景区属于公益型景区，免费向社会开放，人员工资和管理经费全部由石漫滩水库运行中心负责。

二　发展历程

（一）工程建设阶段（2001年以前）

1951 年 4 月，石漫滩水库开工兴建，建坝全靠群众肩扛手提，最高峰时投入民工 4.2 万人，7 月水库竣工投入运行，创造出“当年开工、当年建成、当年受益”的奇迹。该水库成为新中国在淮河流域上建成的第一座水库，被称为“治淮第一坝”。原石漫滩水库坝型为均质土坝，坝长 500 米，总库容 9440 万立方米。1975 年 8 月，遭遇历史上罕见的特大暴雨，水库大坝因大水漫顶而溃决。

1993 年 9 月，水库复建工程启动，1998 年 1 月通过竣工验收并投入使用。坝型由原有的均质土坝改为碾压混凝土重力坝，坝址以上控制流域面积 230 平方公里，总库容 1.2 亿立方米。大坝复建过程中，溃坝遗迹加以保留，原石漫滩水库大坝、溢洪道和发电站残存部分保存完好，建成“75·8”洪灾警世碑，警世碑位于溃坝遗址园的西边，成为全国唯一一处垮坝遗址与复建大坝并存的大型水利工程景观。

石漫滩水库的初建、复建，不仅为治理淮河流域洪涝灾害做出了贡献，也为当地工农业生产提供了便利，同时区域生态环境得到极大的改善，更重要的是让舞钢市形成集山、水、林、城于一体的独特自然环境，使当地以及周边地区发展旅游观光和休闲养生成为可能。

（二）景区建设阶段（2001年以来）

2001 年，石漫滩水库被水利部认定为首批国家水利风景区；2006 年，石漫滩水库获得“国家一级水利工程管理单位”称号；2011 年，被评为“全国水利建设与管理先进单位”。

从 2001 年水利风景区创建以来，景区开始谋划取缔库区网箱养鱼，经过与上级水利部门、当地政府、库区沿岸群众等多方协商和不懈努力，2009 年，成功取缔水库内所有的网箱养鱼和滥捕滥捞行为，成为河南省大型水库中第一个取缔网箱养鱼的库区。2009 年，创建国家 4A 级旅游景区，入选“河南省十大最美丽的湖”。2012 年，景区聘请北京水木维景城乡规划设计研究院编制了《石漫滩水库基础设施建设及景区发展规划大纲》。

2013 年，面向社会在全国范围内开展石漫滩水库徽标公开征集活动，打造景区自身特色的文化品牌，树立对外形象，提高社会公众对石漫滩水库品牌的认知度。

2016 年 9 月，以石漫滩水库除险加固工程开工建设为契机，先后在软硬件建设上投入 1.5 亿多元，加固了大坝，建成了防洪调度体系，确保了水库安全度汛，为当地群众营造幸福、安康的和谐社会环境。与此同时，结合除险加固工程建设规划，考虑文化建设需要，对景区主要景观大坝公园进行提档升级，挖掘景区文化资源，把文化建设项目纳入除险加固工程体系，注重文化建设与工程设施同步规划、同步实施，以灯光、诗词、雕刻、长廊等美化、亮化库区周边环境，着力提升工程设施的文化品位，真正实现“建”“管”结合，既提升了工程文化品位，又在一定程度上解决了文化建设必不可少的经费问题，文化建设水平也得到大幅提升。

2020 年 9 月，水库除险加固工程竣工验收，标志着景区进入正常运行管理、全面发挥综合效益的新阶段。2022 年 7 月，由河南省水利厅景区办主办的“水美河南，出彩中原”——河南省水利风景区建设成就巡回展在石漫滩国家水利风景区开展。

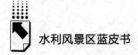

三　发展成效

石漫滩水库水利风景区工程效益、生态效益、社会效益、经济效益和文化效益显著。

（一）工程效益

石漫滩水库每年可向舞钢市提供工业及城市生活用水 3300 万立方米，为地方经济和社会发展发挥重要作用。水库与下游洪河上的杨庄、老王坡滞洪区联合运用，有效减免洪河下游平原地区常遇的洪涝灾害，在淮河防洪减灾中起到一定作用，年防洪除涝社会效益至少在 2000 万元以上，丰水年更是发挥重要作用。2000 年汛期减灾效益为 1 亿元，2004 年为 0.7 亿元；1998 年、2000 年、2004 年、2007 年、2020 年、2021 年遭遇较大暴雨，水库充分发挥拦蓄作用，为保护下游人民生命财产安全做出巨大贡献。特别是 2020 年在应对淮河流域洪水中，石漫滩水库保持高水位运行，拦蓄洪峰 14 小时，超汛限水位运行 8 个小时，与下游田岗水库联合调度，避免了下游蓄滞洪区开闸分洪，直接避免经济损失 2 亿元，再度发挥了拦洪削峰作用。石漫滩水库与板桥水库、燕山水库一起，在确保水库安全的同时，服从指令，科学调度，防洪减灾成效十分显著。2020 年 7 月 8 日，《中国水利报》专题报道《淮北水库三杰：拦洪削峰显威力，防洪减灾保民生》，让公众进一步了解水库群在防洪减灾中的巨大作用。

（二）生态效益

在地方政府的大力支持下，石漫滩水库周围水土流失总治理度达到 93%，林草植被恢复率达到 98%，绿地覆盖率达 94%以上，景区内林草面积占宜林宜草面积的96%。当地渔政、环保和森林保护部门各司其职、各负其责，携手保护良好的生态环境。在全省20个县级市中，石漫滩水库所在地舞钢市大气总悬浮微粒、二氧化碳平均值、区域环境噪声值、道路交通噪声值、地下水和饮用水达标率等6项指标均名列第一。

（三）社会效益

景区立足山水资源优势，搭建游客、市民亲水和休闲旅游的公共活动平台，成为重要的城市水岸空间会客厅。景区积极参与创建舞钢市“中国优秀旅游城市”“国家级园林城市”“国家级卫生城市”“国家文明城市”“河南省A级乡村旅游示范村”等活动，在创建活动中宣传爱护水环境、保护水资源、发展水利综合经济的行为和理念，为当地休闲旅游、创建体育赛事、水灯节活动做出贡献。1995年，被批准建设石漫滩国际龙舟竞赛基地；2000年，在石漫滩国际龙舟竞赛基地举办首届“中国人寿杯”端午节龙舟赛；2001年起连续举办18届舞钢市水灯节；2016~2019年，舞钢市成功举办4届“悦动全球”环湖马拉松赛，参加比赛的国内外马拉松运动员和长跑爱好者达2万多人次。

（四）经济效益

景区建成后纳入城市公共设施，石漫滩水库每年向当地提供工业用水及城市生活用水约3000万立方米，收取水费300余万元，灌溉农田面积5.5万亩，确保农业保产增收。景区所在地舞钢市正致力于发展“一黑（钢铁）一白（纺织）一旅游”，旅游产业是当地经济发展的重要支柱。石漫滩水库水利风景区为舞钢市优美的自然环境提供重要保障，有效促进了地方旅游产业的发展。全市共有1个国家级水利风景区、1个国家级湿地公园、3个国家4A级旅游景区、7个国家3A级旅游景区，旅游业的发展直接促进当地经济提升。近年来，舞钢市每年接待游客约150万人次，旅游总收入约为2.25亿元，其中石漫滩水库水利风景区主要景点二郎山景区年接待游客约43万人次，旅游收入约为1200万元。水库大坝公园为纯公益性质，由舞钢市政府每年补贴 60 万元用于公园的建设和管理，免费向公众开放，为广大市民和游客提供一个休闲观光的好去处。石漫滩水库水利风景区观光旅游事业的蓬勃发展为舞钢市县域经济综合实力快速提升提供了强大的支持。

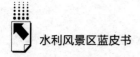

（五）文化效益

景区建有警示后人、让人时刻保持警惕的警钟明珠碑，表现淮河儿女在治淮历史过程中取得丰硕成果的水利展览馆，讲述大禹治水故事的 30 米巨幅长卷、爱国主义教育基地等场所，弘扬水利历史，做好水文章，宣传节水、爱水、护水深入人心，提高公众对于水利历史的认知，培育公众爱国主义精神、家国情怀。在全国范围内征集 logo 标志，编纂出版《水库志》，创作《石漫滩赋》和《石漫滩赞歌》，打造一批特色的文化宣传产品。景区内建设各类文化科普场馆 1100 平方米，户外水文化科普场所面积 2300 平方米，开发 4 个系列 46 款独具特色的文创产品。景区还发挥爱国主义教育基地的优势，开展教育活动，成为游客缅怀历史和树立理想的“第二课堂”。2021 年，景区文化服务设施建设投入 400 余万元，进一步提升了景区文化服务能力。

四　基本经验

舞钢市石漫滩水库水利风景区在发展过程中，在景城融合发展、提升景区文化内涵、管理模式创新等方面积累了可供借鉴的经验。

（一）规划先行，谋划景城融合发展

景区三面青山环碧水，一面翠竹绿树靠钢城，山在水中，水在城中，城在林中，山水林城浑然天成。舞钢市构建以石漫滩水库水利风景区为中心的空间布局，形成景在城中、城中成景的景城融合格局。

一是发挥政府引领作用，做好景区发展规划。在地方政府的引领下，高水平编制景区总体规划，采取自然景观与人文景观相结合、经济发展与当地

群众利益相结合的原则，着眼于生态环境保护，保护现有林木植被、动植物、湖泊水面，体现舞钢市“山、水、林、城”一体的独特自然环境。

二是借力乡村振兴，带动景区地方共同发展。景区在提升基础设施的同时，优化乡村基础设施，改善乡村生态环境，提升乡村景观环境。依托乡村田园及湖水资源，通过特色花卉和植物及太阳能光影设备、光伏发电设备、风力发电设备、全息投影设备等科技手段的引入，打造油菜花田、风车秀、光伏秀、光影秀等乡村景观。随着石漫滩品牌日益成熟，其辐射带动周边更多生态基础良好、交通便捷的乡村发展。

（二）打造多样化产品，提升景区文化内涵

以爱国主义教育、红色教育、水情教育、科普教育、文化研学为抓手，结合水库除险加固工程，依托遗留的溃坝遗址和复建的水利工程，落实水文化发展规划，打造具有石漫滩特色的多样化水文化展示产品，提升景区文化内涵。

一是建成各类水利特色场所。景区利用水库复建纪念碑基座下的环形房廊，建成水利展览馆，多方式展现“75·8”历史事件。依托遗留的溃坝遗址和复建的水利工程，打造溃坝遗址园、水库复建纪念碑、垮坝纪念碑、“75·8”文化广场及“75·8”警示碑等一系列水文化场所。

二是打造高标准的爱国主义教育基地。景区以弘扬党的先进文化为宗旨，以爱国主义教育为主题，利用景区“75·8”洪灾第一手资料，发挥爱国主义教育功能，开展红色旅游，挖掘教育资源，向社会免费开放各类场所，满足广大群众精神文化需求，扩大景区爱国主义教育的影响力。

三是打造独具水乡韵味的水灯节。从2001年起，舞钢市连续举办16届水灯节，每当夜幕降临，石漫滩水库北岸连绵近千米水灯分布在美轮美奂的湖畔。水灯节已上升为中国水灯节，成为河南旅游的一张水利名片。

（三）创新工程管理模式，探索景区精细管理新思路

景区围绕打造“精致工程、精致管理、精致环境、精致文化”的“四

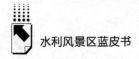

个精致”管理模式，严格按照制订的“制度、标准、考核、目标”执行，进一步强化精细化目标管理，逐步建立四个精致体系，探索独具特色的“石漫滩模式”，打造“精致石漫滩”，开创水利风景区精细化管理新格局，为水利风景区发展提供新思路。

五 发展思路

一是高质量发展。贯彻落实水利部《关于推动水利风景区高质量发展的指导意见》，以河南省水利事业“四水同治”“五水综改”为契机，将水工程安全运行、水文化科普建设、水资源集约节约利用、水利智能化管理等要求融入景区发展建设，拓宽景区发展空间，打造成集爱国主义教育、红色旅游、水利研学、体育赛事活动、营地建设等多功能于一体的水利旅游品牌，促进水利风景区高质量发展。

二是融合发展。立足于水利与文化、旅游等行业协调发展，深入挖掘景区价值，做强水利市场培育。坚持以规划为引领，有效整合资源，探索“水利+”和“+水利”模式，推动水利与城市、美丽乡村、田园综合体、特色小镇以及水利与文旅、红旅、农旅、康旅等融合发展，以水生态效益催生水利综合效益。

专家点评

舞钢市石漫滩水库水利风景区依托的石漫滩水库，是一座以防洪除涝为主，兼顾工业供水、旅游、养殖等综合利用功能的大型水利工程，是新中国成立后在淮河流域上游修建的第一座大（Ⅱ）型水库，有“治淮第一坝”之称。景区拥有自然山水资源和独特的水利历史，建设形成了水利特色鲜明的生态景观和文化景观，为人民群众提供了天蓝、地绿、水清、城美、气净的生态宜居环境，带动了当地经济社会的绿色发展。

景区高位推动，将工程建设与景区建设有机结合，通过挖掘水利历史事件，建成丰富的水利文化场所，打造集“75·8”水文化、爱国主义教育、山水观光、体育等多功能于一体的水利生态旅游品牌，探索“精致石漫滩”管理模式，形成景城融合发展的创新典范。景区创建过程中将工程建设与景区建设有机结合，在景区管理模式、景城融合发展方面进行了有益探索和实践，为同类型地区及其他景区建设提供了可资借鉴的经验。

参考文献

李乐乐、彭可、张丽娜：《淮河明珠耀“钢城”》，《中国水利报》2022 年 7 月 26 日。

余向阳：《浅议石漫滩水利风景区开发建设与生态环境保护》，《治淮》2016 年第 5 期。

田建设：《石漫滩水库水文化建设的实践与探索》，《河南水利与南水北调》2014 年第 21 期。

康万营、齐翠阁：《洪水调度自动化系统在石漫滩水库防汛工作中的应用》，《治淮》2004 年第 8 期。

杨德坤、张丽娜：《高峡平湖保安澜——石漫滩水库建库 70 周年纪实》，《平顶山日报》2021 年 4 月 13 日，第 5 版。

马德全：《建设好石漫滩水库　促进流域经济发展》，《中国水利》1998 年第 2 期。

附录一　国家水利风景区名录

序号	主管部门	景区名称	批次	所在流域
1	水利部(2)	黄河小浪底水利枢纽水利风景区	3	黄河
2		黄河万家寨水利枢纽水利风景区	3	黄河
3	长江委(3)	丹江口市松涛水利风景区	6	长江
4		丹江口大坝水利风景区	13	长江
5		陆水水库水利风景区	17	长江
6	黄河委(23)	黄河三门峡大坝水利风景区	2	黄河
7		河南黄河花园口水利风景区	2	黄河
8		济南百里黄河水利风景区	3	黄河
9		山西永济黄河蒲津渡水利风景区	4	黄河
10		开封黄河柳园口水利风景区	4	黄河
11		濮阳黄河水利风景区	5	黄河
12		范县黄河水利风景区	6	黄河
13		潼关县金三角黄河水利风景区	6	黄河
14		河南台前县将军渡黄河风景区	7	黄河
15		山东淄博黄河水利风景区	7	黄河
16		河南孟州黄河开仪水利风景区	8	黄河
17		山东滨州黄河水利风景区	9	黄河
18		东阿黄河水利风景区	10	黄河
19		德州黄河水利风景区	10	黄河
20		垦利区黄河口水利风景区	10	黄河
21		山东邹平黄河水利风景区	11	黄河

续表

序号	主管部门	景区名称	批次	所在流域
22	黄河委(23)	山东菏泽黄河水利风景区	11	黄河
23		甘肃庆阳南小河沟水利风景区	11	黄河
24		河南故县洛宁西子湖水利风景区	11	黄河
25		利津县黄河生态水利风景区	12	黄河
26		洛阳孟津黄河水利风景区	14	黄河
27		长垣黄河水利风景区	17	黄河
28		兰考黄河水利风景区	19	黄河
29	淮河委(3)	沂河刘家道口枢纽水利风景区	13	淮河
30		骆马湖嶂山水利风景区	16	淮河
31		中运河宿迁枢纽水利风景区	20	淮河
32	海河委(2)	德州市漳卫南运河水利风景区	4	海河
33		潘家口水利风景区	5	海河
34	松辽委(2)	察尔森水库水利风景区	5	松辽
35		齐齐哈尔市尼尔基水利风景区	7	松辽
36	太湖局(1)	吴江区太湖浦江源水利风景区	11	太湖
37	北京(3)	昌平区十三陵水库水利风景区	1	海河
38		怀柔区青龙峡水利风景区	2	海河
39		门头沟区妙峰山水利风景区	9	海河
40	天津(2)	北辰区北运河水利风景区	3	海河
41		东丽区东丽湖水利风景区	3	海河
42	河北(24)	秦皇岛市桃林口水库水利风景区	2	海河
43		鹿泉市中山湖水利风景区	4	海河
44		秦皇岛市燕塞湖水利风景区	4	海河
45		衡水市衡水湖水利风景区	4	海河
46		平山县沕沕水水利风景区	5	海河
47		武安市京娘湖风景区	5	海河
48		邢台县前南峪生态水利风景区	6	海河
49		邢台县凤凰湖水利风景区	6	海河

续表

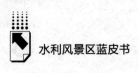

序号	主管部门	景区名称	批次	所在流域
50	河北(24)	承德市庙宫水库水利风景区	6	海河
51		邯郸市东武仕水库水利风景区	6	海河
52		迁安市滦河生态防洪水利风景区	7	海河
53		沽源县闪电河水库水利风景区	9	海河
54		丰宁县黄土梁水库水利风景区	10	海河
55		魏县梨乡水城水利风景区	14	海河
56		临漳邺城公园水利风景区	14	海河
57		衡水滏阳河水利风景区	14	海河
58		滦县滦河水利风景区	15	海河
59		邢台七里河水利风景区	15	海河
60		邢台紫金山水利风景区	16	海河
61		保定易水湖水利风景区	16	海河
62		邯郸广府古城水利风景区	17	海河
63		张家口清水河水利风景区	18	海河
64		张家口桑干河水利风景区	19	海河
65		迁西滦水湾水利风景区	20	海河
66	山西(19)	太原市汾河二库水利风景区	2	黄河
67		忻州市汾源水利风景区	2	黄河
68		太原汾河景区	5	黄河
69		阳泉市翠枫山水利风景区	8	海河
70		平顺县太行水乡水利风景区	8	海河
71		晋城市山里泉自然风光水利风景区	8	黄河
72		吕梁市柳林县昌盛水保示范园水利风景区	8	黄河
73		盂县藏山水利风景区	8	海河
74		朔州市桑干河湿地水利风景区	8	海河
75		宁武县暖泉沟水利风景区	12	黄河
76		汾河水库水利风景区	12	黄河
77		沁县北方水城水利风景区	12	海河
78		长子县精卫湖水利风景区	12	海河
79		繁峙县滹源水利风景区	13	海河
80		原平滹沱河水利风景区	14	海河
81		长治漳泽湖水利风景区	14	海河
82		怀仁鹅毛河水利风景区	15	海河
83		运城亳清河水利风景区	18	黄河
84		长治后湾水库水利风景区	18	海河

续表

序号	主管部门	景区名称	批次	所在流域
85	内蒙古(29)	赤峰市红山湖水利风景区	4	松辽
86		赤峰市宁城县打虎石水利风景区	4	松辽
87		包头市石门水利风景区	4	黄河
88		鄂尔多斯市巴图湾水利风景区	4	黄河
89		黄河三盛公水利风景区	5	黄河
90		赤峰市南山水土保持示范园水利风景区	6	松辽
91		赤峰市达理诺尔水利风景区	6	黄河
92		鄂尔多斯市杭锦旗七星湖沙漠水利风景区	6	黄河
93		赤峰市喀喇沁旗锦山水上公园水利风景区	6	松辽
94		呼和浩特市和林县前夭子水库水利风景区	7	黄河
95		兴安盟科右中旗翰嘎利水库水利风景区	7	松辽
96		鄂尔多斯市沙漠大峡谷水利风景区	7	黄河
97		赤峰市阿鲁科尔沁旗达哈拉湖水利风景区	8	松辽
98		赤峰市巴林左旗沙那水库水利风景区	8	松辽
99		呼和浩特市敕勒川(哈素海)水利风景区	8	黄河
100		锡林郭勒盟多伦县西山湾水利风景区	8	海河
101		巴彦淖尔市二黄河水利风景区	9	黄河
102		牙克石市凤凰湖水利风景区	9	松辽
103		呼和浩特市白石水利风景区	10	黄河
104		鄂尔多斯市础砂岩水利风景区	11	黄河
105		额济纳旗东居延海水利风景区	11	黄河
106		巴彦淖尔德岭山水库水利风景区	14	黄河
107		赤峰德日苏宝冷水库水利风景区	14	松辽
108		乌海市乌海湖水利风景区	16	黄河
109		巴彦淖尔狼山水库水利风景区	15	黄河
110		包头南海湿地水利风景区	17	黄河
111		鄂尔多斯马颤沟神龙寺水利风景区	17	黄河
112		乌兰浩特洮儿河水利风景区	18	松辽
113		巴彦淖尔乌加河水利风景区	18	黄河
114	辽宁(12)	本溪县关门山水利风景区	2	松辽
115		抚顺市大伙房水库水利风景区	2	松辽
116		大连市碧流河水利风景区	4	松辽
117		朝阳市大凌河风景区	5	松辽
118		汤河水库风景区	5	松辽

续表

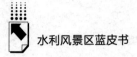

序号	主管部门	景区名称	批次	所在流域
119	辽宁(12)	抚顺市关山湖水利风景区	5	松辽
120		沈阳市浑河水利风景区	8	松辽
121		沈阳市蒲河水利风景区	12	松辽
122		喀左龙源湖水利风景区	16	松辽
123		铁岭凡河水利风景区	16	松辽
124		抚顺浑河城区水利风景区	18	松辽
125		兴隆台辽河鼎翔水利风景区	18	松辽
126	吉林(31)	长春市新立湖水利风景区	2	松辽
127		集安市鸭绿江水利风景区	2	松辽
128		磐石市黄河水库水利风景区	3	松辽
129		长春市石头口门水库水利风景区	3	松辽
130		通化市桃园湖水利风景区	4	松辽
131		舒兰市亮甲山水利风景区	4	松辽
132		长春市净月潭水库风景区	5	松辽
133		东辽县聚龙潭生态度假区	5	松辽
134		松原市查干湖水利风景区	6	松辽
135		梅河口市磨盘湖水利风景区	7	松辽
136		延吉市布尔哈通河水利风景区	8	松辽
137		长白县十五道沟水利风景区	8	松辽
138		松原市龙坑水利风景区	9	松辽
139		吉林市松花江清水绿带水利风景区	9	松辽
140		白城市嫩水韵白水利风景区	11	松辽
141		四平市二龙湖水利风景区	11	松辽
142		沙河水库水利风景区	12	松辽
143		长岭县龙凤湖水利风景区	12	松辽
144		东辽县鴜鹭湖水利风景区	13	松辽
145		松原市哈达山水利风景区	13	松辽
146		和龙市龙门湖水利风景区	13	松辽
147		和龙图们江流域红旗河水利风景	14	松辽
148		松原沿江水利风景区	15	松辽
149		白城嫩江湾水利风景区	16	松辽
150		大安牛心套保水利风景区	16	松辽
151		永吉星星哨水利风景区	17	松辽
152		通榆向海水利风景区	17	松辽

续表

序号	主管部门	景区名称	批次	所在流域
153	吉林(31)	临江鸭绿江水利风景区	17	松辽
154		吉林新安水库水利风景区	18	松辽
155		长春双阳湖水利风景区	18	松辽
156		四平转山湖水利风景区	19	松辽
157	黑龙江(32)	安达市红旗泡水库红湖水利风景区	1	松辽
158		五常市龙凤山水利风景区	3	松辽
159		五大连池市山口湖水利风景区	5	松辽
160		甘南县音河水库水利风景区	6	松辽
161		齐齐哈尔市劳动湖水利风景区	6	松辽
162		佳木斯市柳树岛水利风景区	6	松辽
163		鹤岗市鹤立湖水利风景区	7	松辽
164		密山市农垦兴凯湖第二泄洪闸水利风景区	7	松辽
165		哈尔滨市太阳岛水利风景区	8	松辽
166		密山市当壁镇兴凯湖水利风景区	8	松辽
167		哈尔滨市白鱼泡水利风景区	9	松辽
168		黑河市法别拉水利风景区	9	松辽
169		密山市青年水库水利风景区	9	松辽
170		孙吴县二门山水库水利风景区	9	松辽
171		伊春市红星湿地水利风景区	10	松辽
172		伊春市上甘岭水利风景区	10	松辽
173		伊春市卧龙湖水利风景区	10	松辽
174		伊春市乌伊岭水利风景区	10	松辽
175		伊春市新青湿地水利风景区	10	松辽
176		伊春市伊春河水利风景区	10	松辽
177		哈尔滨市西泉眼水利风景区	10	松辽
178		哈尔滨市呼兰富强水利风景区	11	松辽
179		哈尔滨市金河湾水利风景区	13	松辽
180		大庆市黑鱼湖水利风景区	13	松辽
181		鹤岗市清源湖水利风景区	13	松辽
182		兰西县河口水利风景区	13	松辽
183		伊春市滨水新区水利风景区	13	松辽
184		伊春回龙湾水利风景区	15	松辽
185		泰来泰湖水利风景区	15	松辽
186		哈尔滨长寿湖水利风景区	17	松辽

续表

序号	主管部门	景区名称	批次	所在流域
187	黑龙江(32)	呼兰河口水利风景区	17	松辽
188		铁力呼兰河水利风景区	20	松辽
189	上海(5)	松江区松江生态水利风景区	3	太湖
190		青浦区淀山湖水利风景区	6	太湖
191		奉贤区碧海金沙水利风景区	7	太湖
192		浦东新区滴水湖水利风景区	9	太湖
193		黄浦江徐汇滨江水利风景区	19	太湖
194	江苏(66)	溧阳市天目湖旅游度假水利风景区	1	长江
195		江都区水利枢纽水利风景区	1	淮河
196		徐州市云龙湖水利风景区	2	淮河
197		扬州市瓜洲古渡水利风景区	2	长江
198		淮安市三河闸水利风景区	3	淮河
199		泰州市引江河水利风景区	3	长江
200		苏州市胥口水利风景区	4	太湖
201		淮安市水利枢纽水利风景区	4	淮河
202		淮安市古运河水利风景区	5	淮河
203		盐城市通榆河枢纽风景区	5	淮河
204		姜堰区溱湖风景区	5	淮河
205		南京市金牛湖水利风景区	6	长江
206		宜兴市横山水库水利风景区	6	长江
207		无锡市梅梁湖水利风景区	7	太湖
208		泰州市凤凰河水利风景区	7	淮河
209		南京市外秦淮河水利风景区	8	长江
210		宿迁市中运河水利风景区	8	淮河
211		徐州市故黄河水利风景区	9	淮河
212		太仓市金仓湖水利风景区	9	太湖
213		南京市珍珠泉水利风景区	9	长江
214		南京市天生桥河水利风景区	9	长江
215		邳州市艾山九龙水利风景区	10	淮河
216		赣榆区小塔山水库水利风景区	10	淮河
217		淮安市樱花园水利风景区	11	淮河
218		如皋市龙游水利风景区	11	长江
219		无锡市长广溪湿地水利风景区	12	太湖
220		连云港市花果山大圣湖水利风景区	12	淮河

续表

序号	主管部门	景区名称	批次	所在流域
221	江苏(66)	宝应县宝应湖湿地水利风景区	12	淮河
222		盐城市大纵湖水利风景区	12	淮河
223		泗阳县泗水河水利风景区	12	淮河
224		盱眙县天泉湖水利风景区	12	淮河
225		淮安市清晏园水利风景区	12	淮河
226		淮安市古淮河水利风景区	12	淮河
227		苏州市旺山水利风景区	13	太湖
228		张家港市环城河水利风景区	13	长江
229		扬州市凤凰岛水利风景区	13	淮河
230		徐州潘安湖水利风景区	13	淮河
231		徐州市金龙湖水利风景区	13	淮河
232		连云港市海陵湖水利风景区	13	淮河
233		金坛愚池湾水利风景区	14	长江
234		昆山明镜荡水利风景区	14	太湖
235		镇江金山湖水利风景区	14	长江
236		无锡新区梁鸿水利风景区	14	太湖
237		宿迁宿城古黄河水利风景区	14	淮河
238		溧阳南山竹海水利风景区	14	长江
239		阜宁金沙湖水利风景区	15	淮河
240		宿迁六塘河水利风景区	15	淮河
241		徐州丁万河水利风景区	15	淮河
242		江阴芙蓉湖水利风景区	15	长江
243		金湖荷花荡水利风景区	15	淮河
244		扬州古运河水利风景区	16	淮河
245		南京玄武湖水利风景区	16	长江
246		句容赤山湖水利风景区	16	长江
247		宜兴竹海水利风景区	16	长江
248		常州雁荡河水利风景区	16	长江
249		泰州凤城河水利风景区	17	长江
250		宜兴华东百畅水利风景区	17	长江
251		涟水五岛湖水利风景区	17	淮河
252		常州青龙潭水利风景区	18	长江
253		泰州千垛水利风景区	18	淮河
254		徐州大沙河水利风景区	18	淮河

续表

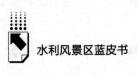

序号	主管部门	景区名称	批次	所在流域
255	江苏(66)	南京滁河(浦口段)水利风景区	19	长江
256		金湖三河湾水利风景区	19	太湖
257		宜兴阳羡湖水利风景区	19	淮河
258		南京浦口象山湖水利风景区	20	长江
259		武进滆湖水利风景区	20	太湖
260	浙江(42)	宁波市宁海县天河生态水利风景区	1	太湖
261		海宁市钱江潮韵度假村水利风景区	1	太湖
262		奉化市亭下湖水利风景区	1	太湖
263		湖州市太湖水利风景区	2	长江
264		湖州市安吉县天赋水利风景区	2	长江
265		慈溪市杭州湾水利风景区	2	太湖
266		江山市峡里湖水利风景区	3	太湖
267		新昌县沃洲湖水利风景区	3	太湖
268		绍兴市环城河水利风景区	3	太湖
269		江山市月亮湖水利风景区	4	太湖
270		余姚市姚江风景区	5	太湖
271		天台山龙穿峡水利风景区	5	太湖
272		绍兴市浙东古运河绍兴运河园水利风景区	7	太湖
273		安吉县江南天池水利风景区	7	长江
274		上虞区曹娥江城防水利风景区	8	太湖
275		台州市玉环县玉环水利风景区	8	太湖
276		丽水市南明湖及生态河川水利风景区	9	太湖
277		安吉县老石坎水库水利风景区	9	长江
278		绍兴市曹娥江大闸水利风景区	10	太湖
279		天台县琼台仙谷水利风景区	10	太湖
280		衢州市乌溪江水利风景区	10	太湖
281		富阳区富春江水利风景区	10	太湖
282		衢州市信安湖水利风景区	11	太湖
283		遂昌县十八里翠水利风景区	12	太湖
284		桐庐县富春江水利风景区	13	太湖
285		松阳县松阴溪水利风景区	13	太湖
286		景宁畲族自治县畲乡绿廊水利风景区	15	太湖
287		宁波东钱湖水利风景区	16	太湖
288		乐清中雁荡山水利风景区	16	太湖

续表

序号	主管部门	景区名称	批次	所在流域
289	浙江(42)	永嘉黄檀溪水利风景区	16	太湖
290		湖州吴兴太湖溇港水利风景区	17	太湖
291		云和梯田水利风景区	17	太湖
292		金华浦阳江水利风景区	17	太湖
293		金华浙中大峡谷水利风景区	18	太湖
294		衢州马金溪水利风景区	18	太湖
295		嘉兴海盐鱼鳞海塘水利风景区	18	太湖
296		湖州吴兴西山漾水利风景区	19	太湖
297		缙云好溪水利风景区	19	太湖
298		建德新安江-富春江水利风景区	19	太湖
299		金华梅溪水利风景区	20	太湖
300		湖州德清洛舍漾水利风景区	20	长江
301		丽水龙泉瓯江源-龙泉溪水利风景区	20	太湖
302	安徽(43)	六安市龙河口(万佛湖)水利风景区	1	长江
303		黄山市太平湖水利风景区	1	长江
304		六安市佛子岭水库水利风景区	3	淮河
305		蚌埠市龙子湖水利风景区	3	淮河
306		金寨县梅山水库水利风景区	4	淮河
307		六安市响洪甸水库水利风景区	4	淮河
308		太湖县花亭湖水利风景区	4	长江
309		蚌埠市淮河蚌埠闸枢纽水利风景区	4	淮河
310		宁国市青龙湾水利风景区	4	长江
311		六安市横排头水利风景区	5	淮河
312		霍邱县水门塘水利风景区	6	淮河
313		宣城市广德县卢湖竹海风景区	7	长江
314		泾县桃花潭水利风景区	8	长江
315		黄山市歙县霸王山摇铃秀水水利风景区	9	长江
316		凤台县茨淮新河水利风景区	9	淮河
317		霍邱县临淮岗工程水利风景区	9	淮河
318		亳州市白鹭洲水利风景区	9	淮河
319		阜南县王家坝水利风景区	10	淮河
320		淮南市焦岗湖水利风景区	10	淮河
321		郎溪县石佛山天子湖水利风景区	10	长江
322		黄山市石门水利风景区	10	长江

续表

序号	主管部门	景区名称	批次	所在流域
323	安徽(43)	芜湖市滨江水利风景区	11	长江
324		六安市淠河水利风景区	11	淮河
325		岳西县天峡水利风景区	12	长江
326		来安县白鹭岛水利风景区	12	长江
327		全椒襄河水利风景区	14	长江
328		岳西大别山彩虹瀑布水利风景区	14	淮河
329		颍上八里河水利风景区	14	淮河
330		肥东岱山湖水利风景区	14	长江
331		合肥滨湖水利风景区	15	长江
332		六安悠然蓝溪水利风景区	15	淮河
333		休宁横江水利风景区	15	长江
334		池州九华天池水利风景区	15	长江
335		望江古雷池水利风景区	15	长江
336		黟县宏村·奇墅湖水利风景区	16	长江
337		宿州新汴河水利风景区	16	淮河
338		芜湖陶辛水韵水利风景区	16	长江
339		池州杏花村水利风景区	16	长江
340		金寨燕子河大峡谷水利风景区	16	淮河
341		肥西三河水利风景区	17	长江
342		南陵大浦水利风景区	17	长江
343		祁门牯牛降水利风景区	17	长江
344		铜陵天井湖水利风景区	18	长江
345	福建(41)	福清市东张水库石竹湖水利风景区	1	太湖
346		仙游县九鲤湖水利风景区	2	太湖
347		南平市延平湖风景区	5	太湖
348		永安市桃源洞水利风景区	6	太湖
349		永泰县天门山水利风景区	6	太湖
350		德化县岱仙湖水利风景区	8	太湖
351		尤溪县闽湖水利风景区	9	太湖
352		龙岩市梅花湖水利风景区	9	太湖
353		华安县九龙江水利风景区	11	太湖
354		永定区龙湖水利风景区	11	珠江
355		漳平市九鹏溪水利风景区	12	太湖
356		泉州市山美水库水利风景区	13	太湖

续表

序号	主管部门	景区名称	批次	所在流域
357	福建(41)	漳州开发区南太武新港城水利风景区	13	太湖
358		莆田市木兰陂水利风景区	13	太湖
359		三明市泰宁水利风景区	13	太湖
360		顺昌县华阳山水利风景区	13	太湖
361		武夷山市东湖水利风景区	13	太湖
362		南靖土楼水乡水利风景区	14	太湖
363		邵武云灵山水利风景区	14	太湖
364		宁德东湖水利风景区	14	太湖
365		泉州金鸡拦河闸水利风景区	14	太湖
366		连城冠豸山水利风景区	15	太湖
367		永春桃溪水利风景区	15	太湖
368		邵武天成奇峡水利风景区	15	太湖
369		厦门天竺山水利风景区	15	太湖
370		柘荣青岚湖水利风景区	15	太湖
371		漳平台湾农民创业园水利风景区	15	太湖
372		莆田九龙谷水利风景区	16	太湖
373		武平梁野山云礤溪水利风景区	16	珠江
374		宁德洋中水利风景区	16	太湖
375		永春晋江源水利风景区	16	太湖
376		长汀水土保持科教园水利风景区	17	珠江
377		宁德水韵九都水利风景区	17	太湖
378		霞浦杨家溪水利风景区	17	太湖
379		寿宁西浦水利风景区	18	太湖
380		宁德霍童水利风景区	18	太湖
381		泉州龙门湖水利风景区	18	太湖
382		永春外山云河谷水利风景区	19	太湖
383		南平考亭水利风景区	19	太湖
384		德化银瓶湖水利风景区	20	长江
385		上杭城区江滨水利风景区	20	长江
386	江西(48)	宜春市上游湖水利风景区	3	长江
387		景德镇市玉田湖水利风景区	3	长江
388		贵溪市白鹤湖水利风景区	4	长江
389		井冈山市井冈湖水利风景区	4	长江
390		南丰县潭湖水利风景区	4	长江

续表

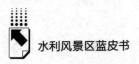

序号	主管部门	景区名称	批次	所在流域
391	江西(48)	乐平市翠平湖水利风景区	4	长江
392		南城县麻源三谷水利风景区	4	长江
393		泰和县白鹭湖水利风景区	4	长江
394		宜春市飞剑潭水利风景区	4	长江
395		上饶市枫泽湖风景区	5	长江
396		赣州市三江水利风景区	5	长江
397		铜鼓县九龙湖水利风景区	6	长江
398		安福县武功湖水利风景区	6	长江
399		景德镇市月亮湖水利风景区	7	长江
400		九江市都昌县张岭水库水利风景区	9	长江
401		萍乡市明月湖水利风景区	9	长江
402		会昌县汉仙湖水利风景区	10	长江
403		南昌市赣抚平原灌区水利风景区	10	长江
404		庐山市庐湖水利风景区	10	长江
405		宜丰县渊明湖水利风景区	11	长江
406		新建区梦山水库水利风景区	11	长江
407		新建区溪霞水库水利风景区	11	长江
408		武宁县武陵岩桃源水利风景区	12	长江
409		九江市庐山西海水利风景区	13	长江
410		万年县群英水库水利风景区	13	长江
411		玉山县三清湖水利风景区	13	长江
412		广丰区铜钹山九仙湖水利风景区	13	长江
413		弋阳龟峰湖水利风景区	14	长江
414		德兴凤凰湖水利风景区	14	长江
415		宁都赣江源水利风景区	14	长江
416		新干黄泥埠水库水利风景区	14	长江
417		吉安螺滩水利风景区	14	长江
418		武宁西海湾水利风景区	15	长江
419		德安江西水保生态科技园水利风景区	15	长江
420		瑞金陈石湖水利风景区	15	长江
421		南城醉仙湖水利风景区	15	长江
422		吉安青原禅溪水利风景区	16	长江
423		弋阳龙门湖水利风景区	16	长江
424		石城琴江水利风景区	17	长江

续表

序号	主管部门	景区名称	批次	所在流域
425	江西(48)	崇义客家梯田水利风景区	17	长江
426		德兴大茅山双溪湖水利风景区	17	长江
427		宜春恒晖水利风景区	18	长江
428		抚州大觉山水利风景区	18	长江
429		吉安峡江水利枢纽水利风景区	18	长江
430		宜黄曹山水利风景区	19	长江
431		新余八马水利风景区	19	长江
432		乐安九瀑峡水利风景区	20	长江
433		泰和槎滩陂水利风景区	20	长江
434	山东(97)	临沂市沂蒙湖水利风景区	1	淮河
435		东营市天鹅湖水利风景区	2	黄河
436		聊城市江北水城风景区	3	海河
437		诸城市潍河水利风景区	5	淮河
438		泰安市天平湖风景区	5	黄河
439		昌乐县仙月湖风景区	5	淮河
440		东营市清风湖风景区	5	黄河
441		安丘市汶河水利风景区	6	淮河
442		寿光市弥河水利风景区	6	淮河
443		滨州市中海水利风景区	6	海河
444		广饶县孙武湖水利风景区	7	淮河
445		东阿县洛神湖水利风景区	7	海河
446		胶州市三里河公园水利风景区	7	淮河
447		淄博市峨庄水土保持生态水利风景区	7	淮河
448		枣庄市抱犊崮龟蛇湖水利风景区	7	淮河
449		海阳市东村河水利风景区	7	淮河
450		莱西市莱西湖水利风景区	7	淮河
451		潍坊市峡山湖水利风景区	8	淮河
452		昌邑市潍河水利风景区	8	淮河
453		滕州市微山湖湿地红荷水利风景区	8	淮河
454		桓台县马踏湖水利风景区	8	淮河
455		高唐县鱼丘湖水利风景区	8	海河
456		枣庄市岩马湖水利风景区	8	淮河
457		肥城市康王河公园水利风景区	8	黄河
458		潍坊市白浪河水利风景区	9	淮河

续表

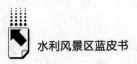

序号	主管部门	景区名称	批次	所在流域
459	山东(97)	枣庄市台儿庄运河水利风景区	9	淮河
460		淄博市太公湖水利风景区	9	淮河
461		沾化区秦口河水利风景区	9	海河
462		临朐县淌水崖水库水利风景区	9	淮河
463		高青县千乘湖水利风景区	9	淮河
464		高密市胶河水利风景区	9	淮河
465		新泰市青云湖水利风景区	9	黄河
466		潍坊市浞河水利风景区	10	淮河
467		文登区抱龙河水利风景区	10	淮河
468		胶州市少海水利风景区	10	淮河
469		莱芜市雪野湖水利风景区	10	淮河
470		泰安市天颐湖水利风景区	10	黄河
471		东平县东平湖水利风景区	10	黄河
472		菏泽市赵王河水利风景区	10	淮河
473		滨州市三河湖水利风景区	10	海河
474		莒南县天马岛水利风景区	10	淮河
475		滨州市小开河灌区水利风景区	10	海河
476		沂源县沂河源水利风景区	10	淮河
477		淄博市五阳湖水利风景区	11	淮河
478		青州市仁河水库水利风景区	11	淮河
479		临朐县沂山东镇湖水利风景区	11	淮河
480		莱阳市五龙河水利风景区	11	淮河
481		乳山市岠嵎湖水利风景区	11	淮河
482		沂南县竹泉水利风景区	11	淮河
483		单县浮龙湖水利风景区	11	淮河
484		惠民县古城河水利风景区	11	海河
485		无棣县黄河岛水利风景区	11	海河
486		龙口市王屋水库水利风景区	12	淮河
487		栖霞市长春湖水利风景区	12	淮河
488		泗水县万紫千红水利风景区	12	淮河
489		乳山市大乳山水利风景区	12	淮河
490		邹平县黛溪河水利风景区	12	淮河
491		招远市金都龙王湖水利风景区	13	淮河
492		沾化区徒骇河思源湖水利风景区	13	海河

续表

序号	主管部门	景区名称	批次	所在流域
493	山东(97)	夏津县黄河故道水利风景区	13	海河
494		博兴县打渔张引黄灌区水利风景区	13	黄河
495		章丘区绣源河水利风景区	13	淮河
496		济南市长清湖水利风景区	13	淮河
497		微山县微山湖水利风景区	13	淮河
498		枣庄市城河水利风景区	13	淮河
499		曲阜沂河水利风景区	14	淮河
500		济宁蓼河水利风景区	14	淮河
501		青州弥河水利风景区	14	淮河
502		单县东沟河绿色生态长廊水利风景区	14	淮河
503		茌平金牛湖水利风景区	14	海河
504		滨州秦皇河水利风景区	14	海河
505		寿光洰淀湖水利风景区	14	淮河
506		烟台芝罘大沽夹河水利风景区	14	淮河
507		禹城大禹文化水利风景区	14	海河
508		巨野洙水河水利风景区	14	淮河
509		烟台牟平沁水河水利风景区	14	淮河
510		滨州韩墩引黄灌区水利风景区	14	黄河
511		临朐弥河水利风景区	15	淮河
512		邹平樱花山水利风景区	15	淮河
513		金乡金水湖水利风景区	15	淮河
514		聊城莲湖水利风景区	15	海河
515		泰安徂徕山汶河水利风景区	15	黄河
516		夏津九龙口湿地水利风景区	15	海河
517		任城南池水利风景区	15	淮河
518		肥城龙山河水利风景区	15	黄河
519		菏泽成武文亭湖水利风景区	15	淮河
520		莒南鸡龙河水利风景区	16	淮河
521		金乡羊山湖水利风景区	16	淮河
522		禹城徒骇河水利风景区	16	海河
523		莒县沭河水利风景区	17	淮河
524		青州阳河水利风景区	17	淮河
525		沂水县沂河水利风景区	17	淮河
526		德州大清河水利风景区	18	黄河

续表

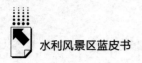

序号	主管部门	景区名称	批次	所在流域
527	山东(97)	临沂沂沭河水利风景区	18	淮河
528		沂水雪山彩虹谷水利风景区	19	淮河
529		聊城位山灌区水利风景区	19	黄河
530		郯城县沭河水利风景区	20	淮河
531	河南(45)	舞钢市石漫滩水库水利风景区	1	淮河
532		信阳市南湾湖水利风景区	1	淮河
533		驻马店市薄山湖水利风景区	1	淮河
534		修武县云台山水利风景区	2	海河
535		平顶山市昭平湖水利风景区	2	淮河
536		焦作市群英湖水利风景区	2	海河
537		焦作市博爱青天河水利风景区	3	黄河
538		灵宝市窄口水库水利风景区	3	黄河
539		林州市红旗渠水利风景区	4	海河
540		驻马店市铜山湖水利风景区	4	长江
541		信阳市香山湖水利风景区	4	淮河
542		商城县鲇鱼山水库水利风景区	4	淮河
543		西峡县石门湖水利风景区	5	长江
544		光山县龙山湖风景区	5	淮河
545		白沙水库水利风景区	5	淮河
546		方城县望花湖水利风景区	6	长江
547		安阳市彰武南海水库水利风景区	6	海河
548		卫辉市沧河水利风景区	7	海河
549		驻马店市宿鸭湖水利风景区	7	淮河
550		信阳市光山县泼河水利风景区	7	淮河
551		洛阳市陆浑湖水利风景区	8	黄河
552		漯河市沙澧河水利风景区	9	淮河
553		南阳市龙王沟水利风景区	9	长江
554		信阳市北湖水利风景区	9	淮河
555		商丘市黄河故道湿地水利风景区	10	淮河
556		南阳市鸭河口水库水利风景区	10	长江
557		郑州市黄河生态水利风景区	11	黄河
558		柘城县容湖水利风景区	11	淮河
559		商丘市商丘古城水利风景区	12	淮河
560		驻马店市板桥水库水利风景区	12	淮河

续表

序号	主管部门	景区名称	批次	所在流域
561	河南(45)	禹州市颍河水利风景区	13	淮河
562		武陟嘉应观黄河水利风景区	14	黄河
563		永城沱河日月湖水利风景区	14	淮河
564		淮阳龙湖水利风景区	14	淮河
565		民权黄河故道水利风景区	14	淮河
566		睢县北湖生态水利风景区	15	淮河
567		许昌曹魏故都水利风景区	16	淮河
568		虞城响河水利风景区	16	淮河
569		荥阳古柏渡南水北调穿黄水利风景区	17	黄河
570		林州太行平湖水利风景区	17	海河
571		南乐西湖生态水利风景区	17	海河
572		济源沁龙峡水利风景区	18	黄河
573		许昌鹤鸣湖水利风景区	18	淮河
574		郑州龙湖水利风景区	18	淮河
575		汝州北汝河水利风景区	19	淮河
576	湖北(29)	荆门市漳河水利风景区	2	长江
577		恩施市龙麟宫水利风景区	3	长江
578		京山县惠亭湖水利风景区	4	长江
579		襄阳市三道河水镜湖水利风景区	5	长江
580		钟祥市温峡湖水利风景区	6	长江
581		荆州市滟水水利风景区	7	长江
582		武汉市夏家寺水利风景区	7	长江
583		武汉市江滩水利风景区	8	长江
584		孝昌县观音湖水利风景区	9	长江
585		罗田县天堂湖水利风景区	9	长江
586		英山县毕升湖水利风景区	10	长江
587		通山县富水湖水利风景区	11	长江
588		长阳土家族自治县清江水利风景区	12	长江
589		麻城浮桥河水利风景区	14	长江
590		郧西天河水利风景区	15	长江
591		荆州北闸水利风景区	15	长江
592		黄冈白莲河水利风景区	16	长江
593		宜昌百里荒水利风景区	16	长江
594		麻城明山水利风景区	16	长江

续表

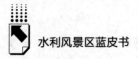

序号	主管部门	景区名称	批次	所在流域
595	湖北(29)	武汉金银湖水利风景区	17	长江
596		蕲春大同水库水利风景区	17	长江
597		武穴梅川水库水利风景区	17	长江
598		潜江田关岛水利风景区	18	长江
599		宜昌高岚河水利风景区	18	长江
600		十堰太和梅花谷水利风景区	18	长江
601		兴山南阳河水利风景区	19	长江
602		远安回龙湾水利风景区	19	长江
603		潜江兴隆水利风景区	19	长江
604		襄阳引丹渠水利风景区	20	长江
605	湖南(43)	张家界市溇江水利风景区	2	长江
606		娄底市水府水利风景区	2	长江
607		怀化市九龙潭大峡谷水利风景区	3	珠江
608		衡阳市衡东洣水水利风景区	4	长江
609		长沙市湘江水利风景区	4	长江
610		攸县酒埠江水利风景区	4	长江
611		益阳市鱼形山水利风景区	5	长江
612		永兴县便江水利风景区	5	长江
613		长沙市千龙湖生态度假村	5	长江
614		湘西土家族苗族自治州大龙洞水利风景区	6	长江
615		双牌县阳明山水利风景区	6	长江
616		怀化市五龙溪水利风景区	7	长江
617		长沙市皂市水利风景区	8	长江
618		衡山县九观湖水利风景区	8	长江
619		凤凰县长潭岗水利风景区	8	长江
620		衡阳县织女湖水利风景区	8	长江
621		长沙市宁乡县黄材水库水利风景区	9	长江
622		新化县紫鹊界水利风景区	9	长江
623		韶山市青年水库水利风景区	9	长江
624		衡阳县斜陂堰水库水利风景区	9	长江
625		花垣县花垣边城水利风景区	10	长江
626		耒阳市蔡伦竹海水利风景区	11	长江
627		澧县王家厂水利风景区	12	长江
628		辰溪县燕子洞水利风景区	12	长江

续表

序号	主管部门	景区名称	批次	所在流域
629	湖南(43)	常德市柳叶湖水利风景区	13	长江
630		益阳市皇家湖水利风景区	13	长江
631		江华瑶族自治县潇湘源水利风景区	13	长江
632		湘潭韶山灌区水利风景区	14	长江
633		汉寿清水湖水利风景区	14	长江
634		资兴东江湖水利风景区	15	长江
635		江永千家峒水利风景区	15	长江
636		永兴青山垅-龙潭水利风景区	15	长江
637		蓝山湘江源水利风景区	15	长江
638		望城半岛水利风景区	16	长江
639		汝城热水河水利风景区	16	长江
640		郴州四清湖水利风景区	16	长江
641		涟源杨家滩水利风景区	16	长江
642		芷江侗族自治县和平湖水利风景区	17	长江
643		长沙洋湖湿地水利风景区	17	长江
644		祁阳浯溪水利风景区	17	长江
645		株洲湘江风光带水利风景区	18	长江
646		永州金洞白水河水利风景区	18	长江
647		株洲万丰湖水利风景区	19	长江
648	广东(14)	清远市飞来峡水利枢纽水利风景区	1	珠江
649		茂名市玉湖水利风景区	4	珠江
650		茂名市小良水土保持水利风景区	4	珠江
651		惠州白盆湖生态风景区	5	珠江
652		梅州市洞天湖水利风景区	7	珠江
653		五华县益塘水库水利风景区	9	珠江
654		连州市湟川三峡水利风景区	10	珠江
655		增城区增江画廊水利风景区	11	珠江
656		仁化县丹霞源水利风景区	13	珠江
657		珠海竹洲水乡水利风景区	14	珠江
658		广州白云湖水利风景区	15	珠江
659		湛江鹤地银湖水利风景区	16	珠江
660		广州花都湖水利风景区	16	珠江
661		佛山乐从水利风景区	18	珠江

续表

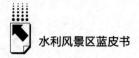

序号	主管部门	景区名称	批次	所在流域
662	广西(14)	百色市澄碧河水利风景区	2	珠江
663		北海市洪潮江水利风景区	2	珠江
664		南宁市大王滩水利风景区	2	珠江
665		南宁市天雹水库水利风景区	4	珠江
666		德保县鉴河水利风景区	11	珠江
667		鹿寨县月岛湖水利风景区	12	珠江
668		南丹县地下大峡谷水利风景区	13	珠江
669		柳城县融江河谷水利风景区	13	珠江
670		象州县象江水利风景区	13	珠江
671		靖西龙潭鹅泉水利风景区	14	珠江
672		都安澄江水利风景区	16	珠江
673		桂林灵渠水利风景区	17	珠江
674		隆林万峰湖水利风景区	17	珠江
675		广西贵港九凌湖水利风景区	20	珠江
676	海南(5)	儋州市松涛水库水利风景区	2	珠江
677		定安县南丽湖水利风景区	6	珠江
678		琼海合水水库水利风景区	14	珠江
679		保亭毛真水库水利风景区	16	珠江
680		海口美舍河水利风景区	17	珠江
681	重庆(15)	大足区龙水湖水利风景区	4	长江
682		江津区清溪沟水利风景区	9	长江
683		璧山区大沟水库水利风景区	9	长江
684		合川区双龙湖水利风景区	9	长江
685		黔江区小南海水利风景区	9	长江
686		武隆区山虎关水库水利风景区	9	长江
687		潼南区从刊水库水利风景区	10	长江
688		石柱县龙河水利风景区	10	长江
689		南岸区南滨路水利风景区	11	长江
690		永川区勤俭水库水利风景区	12	长江
691		开州区汉丰湖水利风景区	12	长江
692		璧山璧南河水利风景区	14	长江
693		武隆阳水河水利风景区	15	长江
694		荣昌荣峰河水利风景区	16	长江
695		丰都龙河谷水利风景区	17	长江

续表

序号	主管部门	景区名称	批次	所在流域
696	四川(48)	绵阳市仙海水利风景区	2	长江
697		鲁班湖风景区	5	长江
698		安县白水湖风景区	5	长江
699		自贡市双溪湖风景区	5	长江
700		自贡市尖山水利风景区	6	长江
701		盐源县凉山州泸沽湖水利风景区	6	长江
702		巴中市平昌县江口水乡水利风景区	8	长江
703		蓬安县大深南海水利风景区	11	长江
704		都江堰水利风景区	13	长江
705		汶川县水墨藏寨水利风景区	13	长江
706		绵阳市涪江六峡水利风景区	13	长江
707		眉山市黑龙滩水利风景区	13	长江
708		隆昌市古宇庙水库水利风景区	13	长江
709		南充市升钟湖水利风景区	13	长江
710		苍溪县白鹭湖水利风景区	13	长江
711		西充县青龙湖水利风景区	13	长江
712		遂宁市琼江源水利风景区	13	长江
713		乐山大渡河金口大峡谷水利风景区	14	长江
714		峨边大小杜鹃池水利风景区	14	长江
715		犍为桫椤湖水利风景区	14	长江
716		蓬安嘉陵第一桑梓水利风景区	14	长江
717		阆中金沙湖水利风景区	14	长江
718		青川青竹江水利风景区	14	长江
719		武胜太极湖水利风景区	14	长江
720		金口河大瓦山五池水利风景区	14	长江
721		大竹百岛湖水利风景区	15	长江
722		开江宝石桥水库水利风景区	15	长江
723		雅安飞仙湖水利风景区	15	长江
724		内江黄鹤湖水利风景区	15	长江
725		巴中化湖水利风景区	15	长江
726		广安白云湖水利风景区	15	长江
727		西昌邛海水利风景区	16	长江
728		泸州张坝水利风景区	16	长江
729		壤塘则曲河水利风景区	16	长江

续表

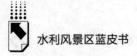

序号	主管部门	景区名称	批次	所在流域
730	四川(48)	南部红岩子湖水利风景区	16	长江
731		广安华蓥山天池湖水利风景区	16	长江
732		雅安陇西河上里古镇水利风景区	17	长江
733		南江玉湖水利风景区	17	长江
734		遂宁观音湖水利风景区	17	长江
735		凉山安宁湖水利风景区	18	长江
736		广安天意谷水利风景区	18	长江
737		巴中柳津湖水利风景区	18	长江
738		米易迷易湖水利风景区	19	长江
739		会理仙人湖水利风景区	19	长江
740		通江东郡水乡水利风景区	19	长江
741		洪雅烟雨柳江水利风景区	20	长江
742		剑阁县翠云湖水利风景区	20	长江
743		仪陇柏杨湖水利风景区	20	长江
744	贵州(34)	镇远县舞阳河水利风景区	1	长江
745		毕节市织金恐龙湖水利风景区	1	长江
746		岑巩县龙鳌河水利风景区	2	长江
747		贞丰县三岔河水利风景区	2	珠江
748		黄平县舞阳湖水利风景区	2	长江
749		长顺县杜鹃湖水利风景区	2	珠江
750		毕节市天河水利风景区	3	长江
751		贵阳市松柏山水利风景区	4	长江
752		龙里市生态科技示范园水利风景区	4	长江
753		贵阳市金茫林海水利风景区	7	长江
754		六盘水市明湖水利风景区	11	长江
755		关岭布依族苗族自治县木城河水利风景区	11	珠江
756		遵义市大板水水利风景区	11	长江
757		贵阳市永乐湖水利风景区	11	长江
758		沿河土家族自治县乌江山峡水利风景区	11	长江
759		罗甸县高原千岛湖水利风景区	11	珠江
760		惠水县涟江水利风景区	12	珠江
761		剑河县仰阿莎湖水利风景区	12	长江
762		铜仁市锦江水利风景区	12	长江
763		施秉县舞阳河水利风景区	13	长江

续表

序号	主管部门	景区名称	批次	所在流域
764	贵州(34)	织金县织金关水利风景区	13	长江
765		龙里莲花水利风景区	14	长江
766		锦屏三江水利风景区	15	长江
767		思南乌江水利风景区	15	长江
768		绥阳双门峡水利风景区	15	长江
769		大方奢香九驿水利风景区	15	长江
770		威宁草海水利风景区	16	长江
771		开阳清龙河水利风景区	16	长江
772		凯里清水江水利风景区	17	长江
773		福泉洒金谷水利风景区	17	长江
774		贵定金海雪山水利风景区	17	长江
775		铜仁白岩河水利风景区	18	长江
776		遵义茅台渡水利风景区	18	长江
777		黔南州雍江水利风景区	18	长江
778	云南(23)	曲靖市珠江源水利风景区	2	长江
779		泸西县五者温泉水利风景区	2	珠江
780		普洱市梅子湖水利风景区	3	珠江
781		建水县绵羊冲度假村	5	珠江
782		景谷傣族彝族自治县昔木水库风景区	5	珠江
783		泸西县阿拉湖风景区	5	珠江
784		潞西市孔雀湖生态风景区	5	长江
785		普洱市西盟县勐梭龙潭水利风景区	6	长江
786		保山市北庙湖水利风景区	6	长江
787		洱源县茈碧湖水利风景区	7	珠江
788		泸西县阿庐湖水利风景区	9	珠江
789		丘北县摆龙湖水利风景区	9	珠江
790		普洱市洗马河水利风景区	10	珠江
791		丽江市玉龙县拉市海水利风景区	11	长江
792		文山市君龙湖水利风景区	12	珠江
793		祥云县青海湖水利风景区	13	长江
794		宜良九乡明月湖水利风景区	15	长江
795		临沧冰岛水利风景区	15	长江
796		双柏查姆湖水利风景区	17	珠江
797		丘北纳龙湖水利风景区	17	珠江

续表

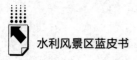

序号	主管部门	景区名称	批次	所在流域
798	云南(23)	丽江鲤鱼河水利风景区	18	长江
799		大姚蜻蛉湖水利风景区	18	长江
800		楚雄州青山湖水利风景区	18	长江
801	西藏(3)	林芝市措木及日湖水利风景区	10	长江
802		乃东区雅砻河谷水利风景区	13	长江
803		拉萨市拉萨河水利风景区	16	长江
804	陕西(41)	铜川市锦阳湖水利风景区	2	黄河
805		汉中市石门水利风景区	2	长江
806		渭南市黄河魂水利风景区	3	黄河
807		安康市瀛湖水利风景区	4	长江
808		汉中市南郑区红寺湖水利风景区	4	长江
809		渭南市友谊湖休闲度假山庄	5	黄河
810		霸柳生态综合开发园风景区	5	黄河
811		商洛市丹江公园水利风景区	6	长江
812		汉中市城固县南沙湖水利风景区	7	长江
813		咸阳市郑国渠水利风景区	8	黄河
814		丹凤县龙驹寨水利风景区	9	长江
815		凤县嘉陵江源水利风景区	9	长江
816		宝鸡市千湖水利风景区	10	黄河
817		西安市汉城湖水利风景区	10	黄河
818		宝鸡市渭水之央水利风景区	11	黄河
819		商南县金丝大峡谷水利风景区	11	长江
820		太白县黄柏塬水利风景区	12	长江
821		西安市翠华山水利风景区	12	黄河
822		西安市灞桥湿地水利风景区	12	黄河
823		宜川县黄河壶口瀑布水利风景区	13	黄河
824		神木区红碱淖水利风景区	13	黄河
825		户县金龙峡水利风景区	14	黄河
826		太白青峰峡水利风景区	14	黄河
827		合阳洽川水利风景区	14	黄河
828		丹凤桃花谷水利风景区	14	长江
829		柞水乾佑河源水利风景区	14	长江
830		西安世博园水利风景区	14	黄河
831		岐山岐渭水利风景区	14	黄河

续表

序号	主管部门	景区名称	批次	所在流域
832	陕西(41)	汉阴凤堰古梯田水利风景区	14	长江
833		宝鸡太白山水利风景区	15	黄河
834		沣东沣河水利风景区	15	黄河
835		渭南卤阳湖水利风景区	15	黄河
836		眉县霸渭关中文化水利风景区	16	黄河
837		岚皋千层河水利风景区	16	长江
838		米脂高西沟水利风景区	16	黄河
839		延川乾坤湾水利风景区	17	黄河
840		西安渭河生态水利风景区	17	黄河
841		镇坪飞渡峡水利风景区	17	长江
842		安康任河水利风景区	18	长江
843		西安曲江池·大唐芙蓉园水利风景区	18	黄河
844		西安护城河水利风景区	18	黄河
845	甘肃(29)	酒泉市金塔县鸳鸯池水库水利风景区	2	黄河
846		武威市凉州天梯山水利风景区	3	黄河
847		平凉市崆峒水库水利风景区	3	黄河
848		酒泉市赤金峡水利风景区	4	黄河
849		高台县大湖湾水利风景区	4	黄河
850		庄浪县竹林寺水库水利风景区	4	黄河
851		泾川县田家沟水利风景区	4	黄河
852		禹苑水利风景区	5	黄河
853		安西县瓜州苑水利风景区	5	黄河
854		临泽县双泉湖水利风景区	6	黄河
855		张掖市二坝湖水利风景区	6	黄河
856		张掖市大野口水库水利风景区	7	黄河
857		张掖市临泽县平川水库水利风景区	8	黄河
858		陇南市西和县晚霞湖水利风景区	8	黄河
859		山丹县李桥水库水利风景区	9	黄河
860		阿克塞县金山湖水利风景区	9	黄河
861		迭部县白龙江腊子口水利风景区	10	长江
862		临潭县冶力关水利风景区	10	黄河
863		民勤县红崖山水库水利风景区	11	黄河
864		敦煌市党河风情线水利风景区	11	黄河
865		玛曲县黄河首曲水利风景区	12	黄河

续表

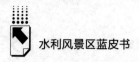

序号	主管部门	景区名称	批次	所在流域
866	甘肃(29)	康县阳坝水利风景区	13	长江
867		卓尼县洮河水利风景区	13	黄河
868		两当云屏河水利风景区	14	长江
869		崇信龙泽湖水利风景区	14	黄河
870		肃南隆畅河风情线水利风景区	16	黄河
871		庆阳市庆阳湖水利风景区	16	黄河
872		景电水利风景区	17	黄河
873		庆阳西峰区清水沟水利风景区	20	黄河
874	青海(13)	互助土族自治县南门峡水库风景区	5	黄河
875		长岭沟风景区	5	黄河
876		黄南藏族自治州黄河走廊水利风景区	7	黄河
877		大通县黑泉水库水利风景区	8	黄河
878		循化县孟达天池水利风景区	8	黄河
879		互助县北山水利风景区	9	黄河
880		久治县年保玉则水利风景区	10	黄河
881		民和县三川黄河水利风景区	10	黄河
882		玛多县黄河源水利风景区	11	黄河
883		囊谦县澜沧江水利风景区	13	长江
884		海西州巴音河水利风景区	13	黄河
885		乌兰县金子海水利风景区	13	黄河
886		玉树通天河水利风景区	16	长江
887	宁夏(12)	青铜峡市唐徕闸水利风景区	4	黄河
888		沙坡头水利风景区	5	黄河
889		银川市艾依河水利风景区	6	黄河
890		石嘴山市星海湖水利风景区	7	黄河
891		灵武市鸭子荡水利风景区	10	黄河
892		石嘴山市沙湖水利风景区	11	黄河
893		中卫市腾格里湿地水利风景区	11	黄河
894		彭阳县茹河水利风景区	12	黄河
895		隆德县清流河水利风景区	13	黄河
896		银川市鸣翠湖水利风景区	13	黄河
897		彭阳阳洼流域水利风景区	16	黄河
898		银川黄河横城水利风景区	17	黄河

续表

序号	主管部门	景区名称	批次	所在流域
899	新疆(13)	拜城县克孜尔水库水利风景区	4	黄河
900		巴音郭愣州西海湾明珠水利风景区	4	黄河
901		伊犁州喀什河龙口水利风景区	5	黄河
902		乌鲁瓦提水利风景区	5	黄河
903		吐鲁番市坎儿井水利风景区	6	黄河
904		塔城市喀浪古尔水利风景区	7	黄河
905		玛纳斯县石门子水库水利风景区	8	黄河
906		沙湾市千泉湖水利风景区	10	黄河
907		天山天池水利风景区	11	黄河
908		巩留县库尔德宁水利风景区	13	黄河
909		岳普湖县达瓦昆沙漠水利风景区	13	黄河
910		巩留县野核桃沟水利风景区	13	黄河
911		喀什吐曼河水利风景区	18	黄河
912	新疆生产建设兵团(10)	农八师石河子市北湖水利风景区	1	黄河
913		五家渠市青格达湖水利风景区	3	黄河
914		喀什市西海湾水库水利风景区	3	黄河
915		阿拉尔市塔里木多浪湖水利风景区	4	黄河
916		阿克苏市千鸟湖水利风景区	4	黄河
917		奎屯市双湖水利风景区	4	黄河
918		巴音山庄	5	黄河
919		石河子桃源风景区	5	黄河
920		塔里木祥龙湖风景区	5	黄河
921		北屯市福海县布伦托海西海水利风景区	6	黄河

资料来源：由水利部景区办提供水利部公布的历年水利风景区名单。

附录二　2019~2022年新增省级水利风景区名录

2022 年新增省级水利风景区

序号	省份	所在地区	景区名称
1	河北(5)	廊坊(5)	北运河水利风景区
2			霸州牤牛河水利风景区
3			御龙河水利风景区
4			龙河水利风景区
5			永定河水利风景区
6	辽宁(2)	鞍山(1)	台安辽河张荒古渡水利风景区
7		本溪(1)	大石湖老边沟水利风景区
8	吉林(3)	长春(2)	长春市天定山水利风景区
9			九台区小南河水利风景区
10		四平(1)	伊通县伊通河水利风景区
11	江苏(10)	南京(1)	南京市栖霞区周冲水库水利风景区
12		徐州(1)	睢宁县白塘河水利风景区
13		常州(2)	常州市滨江毗邻潮水利风景区
14			常州市武进区春秋淹城遗址水利风景区
15		淮安(2)	淮安市清江浦区大口子湖水利风景区
16			金湖县水上森林水利风景区
17		盐城(1)	盐城市盐都区小马沟水利风景区
18		扬州(1)	仪征市月塘水库水利风景区
19		镇江(1)	句容市北山水库水利风景区
20		泰州(1)	泰兴市长江生态廊道水利风景区
21	福建(4)	厦门(1)	厦门市杏林湾水利风景区
22		宁德(1)	福鼎市赤溪水利风景区
23		泉州(1)	惠安县科山水利风景区
24		宁德(1)	寿宁县武曲水利风景区

续表

2022年新增省级水利风景区			
序号	省份	所在地区	景区名称
25	江西(8)	景德镇(1)	景德镇浯溪口水利枢纽水利风景区
26		赣州(1)	赣县区晓镜公园水利风景区
27		萍乡(2)	莲花县将军水库灌溉工程水利风景区
28			上栗县泉之源水利风景区
29		抚州(1)	宜黄县幸福宜水水利风景区
30		宜春(1)	丰城市紫云山水库水利风景区
31		吉安(1)	永丰县高虎脑水利风景区
32		九江(1)	九江市八赛枢纽水利风景区
33	河南(2)	濮阳(1)	范县水利风景区
34		信阳(1)	石山口水库水利风景区
35	湖北(10)	武汉市(1)	武汉硚口汉江湾水利风景区
36		十堰市(2)	十堰竹溪桃花岛(夯土小镇)水利风景区
37			房县方家畈水库水利风景区
38		襄阳市(5)	襄阳老河口汉江水利风景区
39			老河口杨家山水库水利风景区
40			老河口杨家湾水库水利风景区
41			谷城百花岛水利风景区
42			谷城南河小三峡水利风景区
43		荆州市(2)	荆州监利三闸水利风景区
44			荆门东宝仙居河水库水利风景区
45	湖南(1)	娄底市(1)	娄星区高灯河水利风景区
46	广西(1)	崇左市(1)	天等县丽川河水利风景区
47	四川(25)	成都(2)	锦江区东湖水利风景区
48			双流区永安湖水利风景区
49		攀枝花(1)	仁和区大河水利风景区
50		泸州(1)	古蔺县八节洞水利风景区
51		德阳(2)	罗江区玉京湖水利风景区
52			旌阳区槐香谷水利风景区
53		绵阳(1)	盐亭县湍江云栖逸境水利风景区
54		遂宁(2)	射洪市龙凤峡水利风景区
55			蓬溪县赤城湖水利风景区
56		内江(2)	隆昌市望城湖水利风景区
57			东兴区小青龙河水利风景区
58		乐山(2)	井研县研溪水利风景区
59			夹江县东风堰水利风景区
60		南充(2)	仪陇县秀水长滩水利风景区

续表

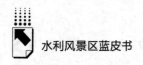

2022年新增省级水利风景区			
序号	省份	所在地区	景区名称
61	四川(25)	南充(2)	顺庆区桂花湖水利风景区
62		宜宾(1)	南溪区南溪古街桂溪河水利风景区
63		广安(1)	岳池县大力水库水利风景区
64		达州(2)	万源市金山水库水利风景区
65			万源市覃家坝水利风景区
66		雅安(2)	天全县龙湾湖水利风景区
67			荥经县青杠湖水利风景区
68		资阳(2)	安岳县卧佛水利风景区
69			乐至县观音湖水利风景区
70		阿坝(1)	小金县达木藏寨水利风景区
71		甘孜(1)	雅江县天龙湖水利风景区

2021年新增省级水利风景区			
序号	省份	所在地区	景区名称
1	河北(4)	沧州市	仪陇县秀水长滩水利风景区
2		泊头市	顺庆区桂花湖水利风景区
3		邢台市	南溪区南溪古街桂溪河水利风景区
4		邢台市	岳池县大力水库水利风景区
5	吉林(1)	白山市抚松县	万源市金山水库水利风景区
6	江苏(12)	无锡市梁溪区	江南古运河水利风景区
7		常州市钟楼区	大运河安基水利风景区
8		常州市武进区	永安河水利风景区
9		盐城市大丰区	梅花湾水利风景区
10		盐城市东台市	黄海海滨水利风景区
11		盐城市射阳县	日月岛水利风景区
12		盐城市阜宁县	马良湖水利风景区
13		扬州市广陵区	归江河道水利风景区
14		镇江市丹徒区	御隆河水利风景区
15		宿迁市泗阳县	成子湖水利风景区
16		宿迁市沭阳县	沭阳闸水利风景区
17		南京市六合区	御水文化水利风景区
18	福建(3)	南平市光泽县	光泽县饶坪溪水利风景区
19		福州市平潭县	平潭六桥湖水利风景区
20		龙岩市永定区	永定区湖坑十里南溪水利风景区

续表

2021年新增省级水利风景区			
序号	省份	所在地区	景区名称
21	江西(8)	吉安市安福县	安福县谷口水库水利风景区
22		赣州市寻乌县	寻乌县太湖水库水利风景区
23		赣州市寻乌县	寻乌县柯树塘水保生态园水利风景区
24		南昌市	南昌市瑶湾水利风景区
25		九江市修水县	修水县红旗水库水利风景区
26		九江市修水县	修水县石嘴水库水利风景区
27		九江市浔阳区	九江市浔阳江水利风景区
28		九江市德安县	德安县林泉水库水利风景区
29	山东(3)	临沂市蒙阴县	金水河水利风景区
30		邹平市青阳镇	醴泉水利风景区
31		济宁市泗水县	龙湾湖水利风景区
32	河南(2)	信阳市	出山店水库水利风景区
33		开封市	开封宋都古城水利风景区
34	湖北(6)	武汉市	武汉青山江滩水利风景区
35		宜昌市	宜昌东风渠灌区水利风景区
36		宜昌市当阳市	当阳杨树河水库(关雎河畔)水利风景区
37		宜昌市枝江市	枝江玛瑙河故道(曹店)水利风景区
38		襄阳市老河口市	老河口登云湖水利风景区
39		黄冈市武穴市	武穴荆竹水库水利风景区
40	广西(2)	柳州市柳江区	岜公塘·晋航水利风景区
41		贺州市钟山县	思勤江·荷塘水利风景区
42	四川(6)	德阳市旌阳区	旌阳区黄土河水利风景区
43		达州市万源市	万源市青龙嘴水利风景区
44		攀枝花市米易县	米易县马鞍山水库水利风景区
45		雅安市荥经县	荥经县叠翠溪水利风景区
46		资阳市雁江区	雁江区天府花溪水利风景区
47		自贡市大安区	大安区青龙湖水利风景区

2020年新增省级水利风景区			
序号	省份	所在地区	景区名称
1	河北(1)	沧州市	沧州捷地御碑苑水利风景区(大运河文化带)
2	辽宁(1)	阜新市彰武县	彰武大清沟水利风景
3	吉林(2)	辽源市东辽县	东辽县辽河水库水利风景区
4		白城市镇赉县	镇赉环城国家湿地公园(南湖)水利风景区

续表

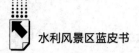

2020年新增省级水利风景区			
序号	省份	所在地区	景区名称
5	上海(1)	徐汇区	上海黄浦江徐汇滨江水利风景区
6	江苏(8)	南京市	南京市溧水区无想寺水库水利风景区
7		无锡市	无锡市锡山区荡口古镇水利风景区
8		苏州市	苏州市石湖水利风景区
9		苏州市	苏州市吴江区潜龙渠水利风景区
10		盐城市	盐城市盐都区大马沟水利风景区
11		镇江市	镇江市谏壁抽水站水利风景区
12		泰兴市	泰兴市马甸水利枢纽水利风景区
13		金湖县	省石港抽水站水利风景区
14	福建(2)	宁德市寿宁县	寿宁县斜滩水利风景区
15		邵武市	邵武市千岭湖水利风景区
16	江西(3)	抚州市	宜黄县歌坪水利风景区
17		九江市都昌县	江西省鄱阳湖水文生态科技园水利风景区
18		九江市共青城市	鄱阳湖模型试验研究基地水利风景区
19	山东(4)	济宁市高新区	济宁高新区十里水乡水利风景区
20		济宁市兖州区	济宁兖州区泗河水利风景区
21		济宁市金乡县	金乡县金沙湖水利风景区
22		山东省淄博市	山东水利技师学院萌源河水利风景区
23	河南(4)	汝州市	汝州北汝河水利风景区
24		汝州市	汝州黄涧河水利风景区
25		汝阳县	前坪水库水利风景区
26		息县	息县龙湖水利风景区
27	湖北(1)	咸宁市	咸宁市通城云溪水库水利风景区
28	广西(1)	桂林市灌阳县	灌阳县“红色沃土·幸福灌江”水利风景区
29	四川(8)	德阳市	旌阳区邻姑泉水利风景区
30		德阳市	绵竹市鸳鸯湖水利风景区
31		德阳市	什邡市雍湖水利风景区
32		广元市	朝天区双峡湖水利风景区
33		内江市	资中县沱江新画廊水利风景区
34		雅安市	石棉县安顺场水利风景区
35		雅安市	名山区月亮湖水利风景区
36		甘孜州	德格县温拖水利风景区

续表

2019 年新增省级水利风景区			
序号	省份	所在地区	景区名称
1	江苏(6)	南京市	南京市浦口区象山湖水利风景区
2		新沂市	新沂市高塘水库水利风景区
3		盐城市	盐城市盐都仰徐水利风景区
4		兴化市	兴化市沙沟古镇水利风景区
5		徐州市	省沙集枢纽水利风景区
6		淮安市	省高良涧闸水利风景区
7	福建(1)	龙岩市	上杭县城区江滨水利风景区
8	湖北(1)	咸宁市	咸宁市通城云溪水库水利风景区
9	广西(3)	贵港市	贵港市九凌湖水利风景区
10		贵港市	贵港市龙凤江水利风景区
11		桂林市	永福县城“三江六岸”水利风景区
12	海南(1)	琼海市	琼海市官排水库水利风景区
13	四川(4)	成都市	邛崃市平乐水利风景区
14		成都市	邛崃市竹溪湖水利风景区
15		南充市	仪陇县思德水库水利风景区
16		眉山市	洪雅县烟雨柳江水利风景区
17	山西(1)	临汾市	和川水利风景区
18	甘肃(1)	张掖市	山丹县山丹河水利风景区

资料来源：由地方景区办提供或根据地方相关部门网站资料收集整理。

附录三　国家、部委及地方政府出台的相关政策文件

国家层面				
序号	名称	颁布时间	提出背景(核心内容)	颁布单位
1	《扩大内需战略规划纲要（2022—2035年)》	2022年12月	坚定实施扩大内需战略、培育完整内需体系,是加快构建以国内大循环为主体、国内国际双循环相互促进的新发展格局的必然选择	中共中央、国务院
2	《中华人民共和国黄河保护法》	2022年10月	第八章　黄河文化保护传承弘扬 第九十一条　国务院文化和旅游主管部门应当会同国务院有关部门编制并实施黄河文化保护传承弘扬规划,加强统筹协调,推动黄河文化体系建设。黄河流域县级以上地方人民政府及其文化和旅游等主管部门应当加强黄河文化保护传承弘扬,提供优质公共文化服务,丰富城乡居民精神文化生活	全国人民代表大会常务委员会
3	《"十四五"文化发展规划》	2022年8月	贯彻新发展理念,构建新发展格局,推动高质量发展,文化是重要支点,必须进一步发展壮大文化产业,强化文化赋能,充分发挥文化在激活发展动能、提升发展品质、促进经济结构优化升级中的作用。顺应我国社会主要矛盾的历史性变化,满足人民日益增长的美好生活需要,促进人的全面发展,文化是重要因素,必须深化文化体制改革,扩大优质文化供给,让人民享有更加充实、更为丰富、更高质量的精神文化生活	中共中央办公厅、国务院办公厅

续表

国家层面				
序号	名称	颁布时间	提出背景(核心内容)	颁布单位
4	《国务院关于印发扎实稳住经济一揽子政策措施的通知》	2022年5月	加快推进一批论证成熟的水利工程项目。2022年再开工一批已纳入规划、条件成熟的项目,包括南水北调后续工程等重大引调水、骨干防洪减灾、病险水库除险加固、灌区建设和改造等工程	国务院
5	《乡村建设行动实施方案》	2022年5月	乡村建设是实施乡村振兴战略的重要任务,也是国家现代化建设的重要内容。我国农村基础设施和公共服务体系还不健全,部分领域还存在一些突出短板和薄弱环节,与农民群众日益增长的美好生活需要还有差距	中共中央办公厅、国务院办公厅
6	《关于推进实施国家文化数字化战略的意见》	2022年5月	夯实文化数字化基础设施,依托现有有线电视网络设施、广电5G网络和互联互通平台,形成国家文化专网。 五是发展数字化文化消费新场景,大力发展线上线下一体化、在线在场相结合的数字化文化新体验	中共中央办公厅、国务院办公厅
7	《关于推进以县城为重要载体的城镇化建设的意见》	2022年5月	打造蓝绿生态空间。完善生态绿地系统,依托山水林田湖草等自然基底建设生态绿色廊道,利用周边荒山坡地和污染土地开展国土绿化,建设街心绿地、绿色游憩空间、郊野公园。加强河道、湖泊、滨海地带等湿地生态和水环境修复,合理保持水网密度和水体自然连通。加强黑臭水体治理,对河湖岸线进行生态化改造,恢复和增强水体自净能力	中共中央办公厅、国务院办公厅
8	《国务院办公厅关于进一步释放消费潜力促进消费持续恢复的意见》	2022年4月	一、应对疫情影响,促进消费有序恢复发展	国务院办公厅

续表

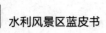

国家层面				
序号	名称	颁布时间	提出背景(核心内容)	颁布单位
8	《国务院办公厅关于进一步释放消费潜力促进消费持续恢复的意见》	2022年4月	(三)创新消费业态和模式。适应常态化疫情防控需要,促进新型消费,加快线上线下消费有机融合,扩大升级信息消费,培育壮大智慧产品和智慧零售、智慧旅游、智慧广电、智慧养老、智慧家政、数字文化、智能体育、"互联网+医疗健康"、"互联网+托育"、"互联网+家装"等消费新业态。加强商业、文化、旅游、体育、健康、交通等消费跨界融合,积极拓展沉浸式、体验式、互动式消费新场景	国务院办公厅
9	《政府工作报告》	2022年3月	(五)坚定实施扩大内需战略,推进区域协调发展和新型城镇化。积极扩大有效投资。围绕国家重大战略部署和"十四五"规划,适度超前开展基础设施投资。建设重点水利工程,完善防洪排涝设施。 (八)持续改善生态环境,推动绿色低碳发展。加强污染治理和生态保护修复,处理好发展和减排关系,促进人与自然和谐共生。 (九)切实保障和改善民生,加强和创新社会治理。不断提升公共服务水平。建设群众身边的体育场地设施,促进全民健身蔚然成风	国务院
10	《中共中央 国务院关于做好2022年全面推进乡村振兴重点工作的意见》	2022年1月	四、聚焦产业促进乡村发展 (十六)持续推进农村一二三产业融合发展。实施乡村休闲旅游提升计划。支持农民直接经营或参与经营的乡村民宿、农家乐特色村(点)发展。将符合要求的乡村休闲旅游项目纳入科普基地和中小学学农劳动实践基地范围。 (二十二)接续实施农村人居环境整治提升五年行动。加快推进农村黑臭水体治理。推进生活垃圾源头分类减量,加强村庄有机废弃物综合处置利用设施建设,推进就地利用处理。深入实施村庄清洁行动和绿化美化行动	中共中央、国务院

续表

部委层面				
序号	名称	颁布时间	提出背景(核心内容)	颁布单位
1	《关于推动露营旅游休闲健康有序发展的指导意见》	2022年11月	丰富旅游休闲产品供给,有序引导露营旅游休闲发展,不断满足人民群众美好生活需要	文化和旅游部等14部门
2	《国家发展改革委关于进一步完善政策环境加大力度支持民间投资发展的意见》	2022年10月	进一步完善政策环境、加大力度支持民间投资发展	国家发展改革委
3	《关于推动职能部门做好生态环境保护工作的意见》	2022年10月	七、加强生态环境保护监督保障 (十七)建立完善生态环境部门会同有关职能部门和公安、检察、法院等机关联动机制	生态环境部等14部门
4	《户外运动产业发展规划(2022—2025年)》	2022年10月	高效统筹疫情防控和经济社会发展,促进和扩大体育消费,满足人民群众日益增长的户外运动需求和美好生活向往,助力构建新发展格局	体育总局等8部门
5	《国家水利风景区复核工作方案》	2022年9月	强化国家水利风景区监督管理,规范开展复核工作	水利部办公厅
6	《"十四五"国家科学技术普及发展规划》	2022年8月	在新发展阶段、新发展理念、新发展格局下,科普工作应当坚持以人民为中心的发展思想,普及科学知识、弘扬科学精神、传播科学思想、倡导科学方法,在全社会大力营造崇尚科学和鼓励创新的风尚	科技部、中央宣传部、中国科协
7	《关于推动水利风景区高质量发展的指导意见》	2022年7月	到2035年,水利风景区总体布局进一步优化,发展体制机制进一步完善,综合效益显著增强,更好地满足人民日益增长的美好生活需要,使水利风景区成为幸福河湖的重要标识、生态文明建设的水利名片	水利部

续表

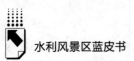

部委层面				
序号	名称	颁布时间	提出背景(核心内容)	颁布单位
8	《母亲河复苏行动方案(2022—2025年)》	2022年7月	母亲河是与国家民族以及省市县沿河区域人民世代繁衍生息紧密相关,对所在流域区域地貌发育演化、生态系统演变、经济社会发展格局构建、人类文明孕育、文化传承和民族象征等起到重大作用的河流湖泊。开展母亲河复苏行动,让河流流动起来,把湖泊恢复起来,是生态文明建设的必然要求,是水利高质量发展的重要路径,是建设幸福河湖的具体行动	水利部
9	《关于做好2022年金融支持全面推进乡村振兴重点工作的意见》	2022年7月	强化责任担当,积极主动作为,抓重点、补短板、强基础,加强资源配置,创新金融产品,优化金融服务,进一步提升金融支持全面推进乡村振兴的能力和水平	中国人民银行
10	《关于金融支持文化和旅游行业恢复发展的通知》	2022年7月	深刻认识疫情对文化和旅游行业的影响,结合文化和旅游行业特点,切实改善对文化和旅游行业的金融服务,稳定从业人员队伍,促进文化和旅游行业尽快恢复发展,发挥文化和旅游行业在加快构建新发展格局、推动高质量发展中的重要作用,满足人民群众对美好生活的需要	中国人民银行、文化和旅游部
11	《关于促进乡村民宿高质量发展的指导意见》	2022年7月	到2025年,初步形成布局合理、规模适度、内涵丰富、特色鲜明、服务优质的乡村民宿发展格局,需求牵引供给、供给创造需求的平衡态势更为明显,更好满足多层次、个性化、品质化的大众旅游消费需求,乡村民宿产品和服务质量、发展效益、带动作用全面提升,成为旅游业高质量发展和助力全面推进乡村振兴的标志性产品	文化和旅游部等10部门

续表

部委层面				
序号	名称	颁布时间	提出背景(核心内容)	颁布单位
12	《国民旅游休闲发展纲要(2022—2030年)》	2022年7月	习近平总书记指出“人民对美好生活的向往就是我们的奋斗目标”。为加快推进国民旅游休闲高质量发展,更好满足人民群众的美好生活需要,进一步优化我国旅游休闲环境,完善相关公共服务体系,提升产品和服务质量,丰富旅游休闲内涵,促进相关业态融合	国家发展改革委、文化和旅游部
13	《关于支持江西革命老区水利高质量发展的意见》	2022年6月	以全面提升水安全保障能力为目标,支持江西革命老区推进水利高质量发展和赣州革命老区水利高质量发展示范区建设	水利部
14	《关于印发2022年推进智慧水利建设水资源管理工作要点的通知》	2022年6月	统筹推进水资源管理信息系统建设以水资源管理业务应用为牵引,制定水资源管理与调配系统建设实施方案,不断强化取水监测计量和用水统计调查管理,推进取用水管理相关系统和信息资源整合,搭建水资源管控“一张图”,为水资源管理提供信息化支撑	水利部办公厅
15	《关于公布2020—2021年水系连通及水美乡村建设试点县实施情况终期评估结果的通知》	2022年6月	第一批水系连通及水美乡村试点县于2020年启动实施。累计完成投资289亿元,治理河流900多条、湖塘1200多处,实施水系连通超过400公里,新建改建生态护岸超过4000公里,受益村庄超过3300个。通过治理,河道防洪、灌溉、供水等基本功能得到恢复,治理区水安全保障能力明显提升,河湖生态功能和农村水环境显著改善,建成一批各具特色的县域综合治水示范样板,有力助推了乡村振兴,进一步增强了农村群众获得感、幸福感、安全感	水利部办公厅、财政部办公厅

续表

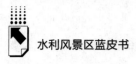

部委层面				
序号	名称	颁布时间	提出背景(核心内容)	颁布单位
16	《黄河流域生态环境保护规划》	2022年6月	聚焦解决黄河流域突出的生态环境问题。到2030年,生态环境质量明显改善。黄河流域生态安全格局初步构建,产业结构和空间布局得到优化,环境和气候治理能力系统提升,生态环境监管体系全面建设,生态环境保护体制机制进一步完善,生态环境突出问题从根本上得到有效解决,实现二氧化碳排放2030年前达峰,生态系统质量和稳定性全面提升,现代环境治理体系基本形成,人民群众幸福感、获得感、安全感显著增强。 提出7方面重点任务:一是优化空间布局,加快产业绿色发展;二是推进三水统筹,治理修复水生态环境;三是加强区域协作,实现减污降碳协同增效;四是加强管控修复,防治土壤地下水污染;五是坚持生态优先,实施系统保护修复;六是强化源头管控,有效防范重大环境风险;七是构建治理体系,提升治理水平	生态环境部、国家发展改革委、自然资源部、水利部
17	《关于推进水利基础设施政府和社会资本合作(PPP)模式发展的指导意见》	2022年5月	充分发挥市场在资源配置中的决定性作用,更好发挥政府作用,深化水利投融资改革,积极引导各类社会资本参与水利建设运营,拓宽水利基础设施建设长期资金筹措渠道,推进现代化水利基础设施建设,推动新阶段水利高质量发展	水利部

续表

部委层面				
序号	名称	颁布时间	提出背景（核心内容）	颁布单位
18	《关于加强河湖水域岸线空间管控的指导意见》	2022 年 5 月	河湖是水资源的重要载体，是生态系统的重要组成部分，事关防洪、供水、生态安全。空间完整、功能完好、生态环境优美的河湖水域岸线，是最普惠的民生福祉和公共资源。坚持以人民为中心，把保护人民生命财产安全和满足人民日益增长的美好生活需要摆在首位，统筹发展和安全，确保防洪、供水、生态安全，兼顾航运、发电、减淤、文化、公共休闲等需求，强化河湖长制，严格管控河湖水域岸线，强化涉河建设项目和活动管理，全面清理整治破坏水域岸线的违法违规问题，构建人水和谐的河湖水域岸线空间管理保护格局，不断提升人民群众的获得感、幸福感、安全感	水利部
19	《关于加快推进省级水网建设的指导意见》	2022 年 5 月	科学谋划省级水网建设布局。依托国家骨干网的调控作用，全方位贯彻“四水四定”原则，根据省域自然河湖水系特点和水利基础设施网络布局，综合考虑水资源多种功能属性，把联网、补网、强链作为重点，统筹谋划省级水网“纲、目、结”，合理布局省级水网骨干工程，构建符合区域特点的省级水网格局	水利部
20	《关于加大开发性金融支持力度提升水安全保障能力的指导意见》	2022 年 5 月	加大金融支持水利是提升水安全保障能力的迫切需要。水利基础设施是经济社会发展的重要支撑，具有战略性、基础性和先导性作用。加强水利基础设施建设是扩大有效投资的重要领域	水利部、国家开发银行
21	《水利风景区管理办法》	2022 年 3 月	以推动新阶段水利高质量发展为主题，以维护河湖健康生命为主线，坚守安全底线，科学保护和综合利用水利设施、水域及其岸线，传承弘扬水文化，为人民群众提供更多优质水生态产品，服务幸福河湖和美丽中国建设	水利部办公厅

续表

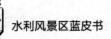

部委层面				
序号	名称	颁布时间	提出背景(核心内容)	颁布单位
22	《关于印发2022年水利乡村振兴工作要点的通知》	2022年3月	五、围绕乡村生态宜居,开展水生态环境治理和保护 (一)实施水土流失综合治理。支持脱贫地区实施小流域综合治理、坡耕地综合整治、病险淤地坝除险加固、新建淤地坝和拦沙坝等国家水土保持重点工程。 (二)加强河湖保护治理。落实"河长制""湖长制",纵深推进脱贫地区河湖"清四乱"常态化规范化,将清理整治重点向中小河流、农村河湖延伸。 (三)开展水美乡村建设。以县域为单元、河流为脉络、村庄为节点,支持具备条件的脱贫县开展水系连通及水美乡村建设,打造一批山清、水净、村美、民富的水美乡村	水利部
23	《关于推动文化产业赋能乡村振兴的意见》	2022年3月	以"文化引领、产业带动""农民主体、多方参与""政府引导、市场运作""科学规划、特色发展"作为基本原则,到2025年基本建立文化产业赋能乡村振兴的有效机制	文化和旅游部等6部门
24	《关于印发2022年河湖管理工作要点的通知》	2022年2月	滚动编制"一河(湖)一策",深入推进河湖综合治理、系统治理、源头治理,打造人民群众满意的幸福河湖。持续推动建设一批高质量国家水利风景区	水利部办公厅
25	《关于促进服务业领域困难行业恢复发展的若干政策》	2022年2月	加强银企合作,建立健全重点旅游企业项目融资需求库,引导金融机构对符合条件的、预期发展前景较好的A级旅游景区、旅游度假区、乡村旅游经营单位、星级酒店、旅行社等重点文化和旅游市场主体加大信贷投入,适当提高贷款额度	国家发展改革委等14部门

续表

部委层面				
序号	名称	颁布时间	提出背景(核心内容)	颁布单位
26	《关于抓好促进旅游业恢复发展纾困扶持政策贯彻落实工作的通知》	2022年2月	主动对接财政、商务等部门和地方工会组织，抓紧出台旅行社承接机关企事业单位工会活动、展会活动的实施细则，明确服务内容、服务标准等要求，完善细化服务合同订立、资金使用管理、财务票据报销等规定，规范业务流程，增强旅行社承接相关活动的可操作性	文化和旅游部办公厅
27	《关于利用文化和旅游资源、文物资源提升青少年精神素养的通知》	2022年2月	一、创新利用阵地服务资源 (一)建设青少年教育实践基地； (二)有效服务中小学社会实践活动； (三)丰富精神文化产品供给	文化和旅游部办公厅、教育部办公厅、国家文物局办公室
28	《"十四五"水安全保障规划》	2022年1月	重点任务：一是实施国家节水行动，强化水资源刚性约束；二是加强重大水资源工程建设，提高水资源优化配置能力；三是加强防洪薄弱环节建设，提高流域防洪减灾能力；四是加强水土保持和河湖整治，提高水生态环境保护治理能力；五是加强农业农村水利建设，提高乡村振兴水利保障能力；六是加强智慧水利建设，提升数字化网络化智能化水平	国家发展改革委、水利部
29	《"十四五"水文化建设规划》	2022年1月	在水利风景区规划设计、建设和运营管理等各个环节要充分挖掘水利工程的文化内涵，发挥其文化功能，将水利工程与其蕴含的文化元素有机融合，突出水利工程的文化内涵和时代价值，形成各具特色的水利风景区发展优势	水利部办公厅

续表

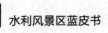

部委层面				
序号	名称	颁布时间	提出背景(核心内容)	颁布单位
30	《在2022年全国水利工作会议上的讲话》	2022年1月	以流域综合规划为龙头,健全流域规划体系,建立流域规划实施责任制,完善监测、统计、评估、考核制度,强化流域规划法定地位和指导约束作用。出台强化河湖长制指导意见,明确各部门河湖治理任务,形成党政主导、水利牵头、部门协同、社会共治的河湖管理保护机制。开展河湖健康评价,把群众满意度作为重要考核指标,加强对河湖长履职情况的监督检查、正向激励和考核问责,推动河湖长考核评价与干部综合考核评价挂钩	水利部
地方政府层面				
序号	名称	颁布时间	提出背景(核心内容)	颁布单位
1	《关于开展幸福河湖建设的指导意见》	2022年12月	依托水利工程设施、水利风景区,大力推进水情教育基地、节水科普基地、河湖长制主题公园等水文化特色场馆和亲水乐水载体建设,构建独具特色的水文化展览展示体系,讲好新时代河湖治理的河北故事	河北省河湖长制办公室
2	《陕西省水利风景区管理办法》	2022年12月	发挥财政资金引导作用,建立水利风景区发展专项资金,增加政府引导性投入,建立长效、稳定的“政府引导、社会参与、市场运作”的多元化投入机制	陕西省水利厅
3	《关于进一步加强水利工程建设保障经济社会高质量发展的意见》	2022年12月	推进生态堤防护岸、水系连通及水美乡村建设,加强水利风景区、河湖公园建设,带动区域产业升级和城市功能提升,促进休闲观光、文化旅游、健康养生等产业发展	四川省委、四川省人民政府

续表

地方政府层面				
序号	名称	颁布时间	提出背景(核心内容)	颁布单位
4	《关于共同缔造高质量水利风景区的指导意见》	2022 年 11 月	工作任务:(一)优化水利景区规划,推动美丽乡村建设;(二)依托水利景区资源优势,带动乡村农户致富;(三)发挥水利景区示范效应,协助乡村环境提升;(四)打造水利景区特色文化,促进乡村文旅融合	湖北省水利厅
5	《陕西省水利风景区复核工作方案》	2022 年 10 月	对省域内审批设立之日起或景区复核审定之日起满五年的水利风景区按照景区自查、县级水行政主管部门或市属单位审核、市级水行政主管部门或厅属单位审查、省级复核的程序进行复核	陕西省水利厅
6	《关于开展幸福河湖建设的决定》	2022 年 10 月	坚持文化引领,促进人水和谐,加快水生态文明建设,加强水文化挖掘、保护、弘扬,打造有文化气息的河湖	河南省人民政府
7	《关于构建现代水网建设幸福河湖的动员令》	2022 年 9 月	要求全市各地要高质量推进国家级和省级水利风景区建设,建设幸福河湖,绘就水清、岸绿、景美、文兴的新画卷	江苏省苏州市河长办
8	《关于在黄河水利风景区开展黄河文化标识展示活动的通知》	2022 年 8 月	按照"逐步推进、全面覆盖"的原则,积极做好黄河标志和吉祥物在黄河水利风景区推广应用。结合自身情况,利用一切可以利用的渠道和窗口,全方位、多层次、多渠道、多形式地推广使用黄河标志和吉祥物标识,不断扩大黄河文化品牌效应,确保工作落实到位	黄委经管局
9	《河北省推动水利风景区高质量发展的指导意见》	2022 年 8 月	重点工作任务:(一)推动水利风景区风光带;(二)建设一批特色鲜明的水利风景区;(三)提升水利风景区文化内涵;(四)完善水利风景区绿色安全服务设施;(五)推进水利风景区智慧服务建设;(六)落实水利风景区管理责任;(七)强化水利风景区监督管理	河北省水利厅

续表

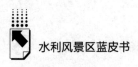

地方政府层面				
序号	名称	颁布时间	提出背景(核心内容)	颁布单位
10	《浦东新区加强滴水湖水域保护和滨水公共空间建设管理若干规定》	2022年7月	基于保障水环境品质和水生态安全、实现滨水公共空间资源可持续利用、建设一流滨水活力空间三方面考虑,既要解决短期实践中的痛点和难点,又要为远期发展预留空间	浦东新区七届人大常委会第四次会议审议
11	《云南省城乡绿化美化三年行动(2022—2024年)》	2022年7月	(五)绿美河湖 建设范围:纳入全省河(湖)长制实施范围的湖泊,流经城镇、坝区重点河流(河段),城市周边大中小型水库,水利风景区,主要交通干道沿线的河湖岸线等。 建设措施:重要城镇周边水利风景区加强水文化专题景观建设,打造民生水利宣传、教育、示范基地,增强全民水资源、水生态保护意识。 三年目标:建设绿美湖泊15个,流经城镇、坝区绿美河流60条,城市周边大中小型绿美水库60个,城镇周边水利风景区15个	中共云南省委办公厅、云南省人民政府办公厅
12	《江西省实施河长制湖长制条例(2022年修订)》	2022年7月	总河长、总湖长应当组织对本级河长制湖长制责任单位和下一级人民政府落实河长制湖长制情况进行考核,县级以上河长、湖长应当组织对责任水域的下一级河长、湖长履职情况进行考核。考核工作由本级河长制湖长制工作机构承担	江西省人民代表大会
13	《关于加强山东现代水网建设的决定》	2022年7月	十、省人民政府应当统筹山水林田湖草沙系统治理,推动实施河湖生态保护和修复工程,加强对黄河流域和南四湖、东平湖、黄河三角洲等生态敏感区以及重要湿地的保护,保障水生态安全	山东省人民代表大会常务委员会

续表

地方政府层面				
序号	名称	颁布时间	提出背景(核心内容)	颁布单位
14	《关于贯彻落实〈水利部中国农业发展银行关于政策性金融支持水利基础设施建设的指导意见〉的通知》	2022年7月	(五)支持水生态保护治理。一是加强水土流失综合治理。二是加强地下水超采区综合治理。三是推进农村水系综合整治。四是积极支持重点河湖水系综合整治和饮用水水源保护	山东省水利厅、中国农业发展银行山东省分行
15	《大中型灌区信息化建设技术指南》(DB65/T 4502—2022)	2022年7月	为提升灌区信息化建设和管理水平、推进新疆灌区现代化进程提供强有力的技术支撑	新疆维吾尔自治区水利厅
16	《浙江省2022年河湖管理工作要点》	2022年7月	推进水利风景区及人文水脉耀眼明珠建设	浙江省水利厅办公室
17	《关于印发福建省节水型社会建设"十四五"规划的通知》	2022年6月	三、重点任务 (五)提升全社会节水意识 11. 加大宣传教育。 12. 持续推进节水载体建设	福建省水利厅等5部门
18	《关于推进全省水利高质量发展的意见》	2022年6月	(三)构建科学系统的河湖生态健康体系 8. 实施流域生态综合治理。开展五河干支流生态廊道建设,构建人水和谐共生的滨水空间。推进幸福河湖、水系连通及水美乡村建设,建设一批水生态文明村、绿色小水电站,打造一批各具特色的水利风景区,提升城乡生态环境和宜居环境	江西省委、江西省人民政府
19	《2022年河湖长制工作考核细则》	2022年5月	创建国家级水利风景区,加0.5分;创建省级水利风景区,加0.3分	江西省河长办公室
20	《关于强化河湖长制建设幸福河湖的实施意见》	2022年5月	强化水文化传承。加强古代水利工程和水文化遗址的保护与修复,因地制宜开展水情教育基地、河湖长制主题公园、水利风景区等建设,打造流域旅游休闲精品线路	九江市

续表

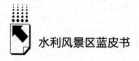

地方政府层面				
序号	名称	颁布时间	提出背景(核心内容)	颁布单位
21	《"十四五"时期复苏河湖生态环境实施方案》	2022年5月	从生态整体性和流域系统性出发,按照山水林田湖草沙系统治理要求,统筹淮河流域水资源与水域岸线空间	淮河水利委员会
22	《关于推动黑龙江省水利风景区高质量发展的指导意见》	2022年5月	主要任务:(一)构建水利风景区发展新格局;(二)提高水利风景区产品供给能力;(三)提升水利风景区安全服务水平;(四)培育水利风景区发展新动力	黑龙江省河湖长制办公室等6部门
23	《湖南省2022年河湖长制工作要点》	2022年5月	推进水利风景区与美丽河湖建设等有机结合,持续建设一批高质量水利风景区;结合中小河流治理、农村水系整治、"水美湘村"建设等,分批推进"一乡一亮点""一县一示范"美丽河湖建设	湖南省河湖长制办公室
24	《关于印发〈丽水市水旅融合规划〉的通知》	2022年4月	通过开发滨水空间、激活亲水空间、活化水文化价值、盘活水利工程新功能四条路径,"点、线、面"立体发展的水旅融合三大模式,重点打造休闲观光、户外运动、文化研学、生态康养四大主题产品,形成山城水镜、山城水趣、山城水事、山城水居四大水旅品牌	丽水市发展和改革委员会、丽水市水利局
25	《江西省康养旅游发展规划(2021—2030年)》	2022年4月	突出我省生态环境优美、医药资源丰富等康养旅游资源特色优势,强调各地市根据区域特色差异化发展	江西省文化和旅游厅
26	《关于印发2022年度强化河湖长制建设幸福河湖工作要点及考核方案的通知》	2022年3月	强化水文化传承。加强古代水利工程和水文化遗址的保护与修复,因地制宜开展水情教育基地、河湖长制主题公园、水利风景区等建设	江西省河长办公室
27	《2022年全省河湖管理工作要点》	2022年3月	出台黑龙江省关于推动水利风景区高质量发展指导性文件,推动水利风景区建设	黑龙江省河湖长制办公室

续表

地方政府层面				
序号	名称	颁布时间	提出背景(核心内容)	颁布单位
28	《关于推进水利高质量发展的意见》	2022年2月	四、建设秀水长清的万里碧道网 (九)传承和弘扬先进水文化。加强水文化遗产保护和挖掘,开展水文化遗产调查认定。以大中型水利工程为依托,推进水利风景区建设,打造爱国主义教育和水利科普教育基地。 (十)打造绿色水经济新业态。充分利用万里碧道、中小河流治理、水系连通及水美乡村等建设成果,带动沿线产业升级和城市功能提升,促进休闲观光、文化旅游、健康康养等绿色产业发展,推动形成"以水养水"新业态	广东省委、广东省人民政府
29	《关于强化河湖长制建设幸福河湖的指导意见》	2022年1月	切实强化水安全保障、水岸线管控、水环境治理、水生态修复、水文化传承和可持续利用	江西省河长办公室
30	《丽水市文化和旅游发展"十四五"规划》	2022年1月	推进水经济与旅游融合。积极创建好溪、清水源、龙泉绿道、太鹤湖国家水利风景区,推进市级水利风景区提升改造与周公源流域、黄南水库、松源溪流域等水利风景区建设,实施沙湾仙姑生态水湾、景宁云上天池等项目,打造水旅融合发展示范案例	丽水市文化和广电旅游体育局、丽水市发展改革委

附录四　水利部出台水利风景区政策文件的官方解读*

1.《水利风景区管理办法》官方解读：维护河湖健康生命强化水利风景区管理

为加强水利风景区建设与管理，维护河湖健康生命，促进幸福河湖建设，满足人民日益增长的美好生活需要，结合新形势、新实践和新要求，水利部修订出台了《水利风景区管理办法》（以下简称《办法》），自 2022 年 4 月 15 日起施行。就有关问题，水利部景区办负责同志进行了解读。

问：《水利风景区管理办法》修订的背景是什么？

答：为科学、合理利用水利风景资源，加强对水利风景区的建设、管理和保护，水利部 2004 年颁布了《办法》，对于推动水利风景区建设与管理工作发挥了重要作用。截至目前，全国已建成国家水利风景区 902 家，涵盖了 31 个省（自治区、直辖市）。从各地实践看，建设发展水利风景区已成为推进生态文明建设、助力经济社会高质量发展的水利行动，有效提升了水利工程综合效益。该办法已实施十余年，在此期间，形势发生了较大变化，2018 年中央和国家机关机构改革中，中央对水利部新增"指导水利设施、水域及其岸线的综合利用""维护河湖健康美丽"的工作职责，并在机关司局"三定"中进一步明确"指导水利风景区建设管理"内容，水利风景区建设与管理工作成为水利部职责。同时，原办法实施过程中遇到一些问题，如对规划编制单位的资质要求不符合"放管服"改革要求，规定的"先设

* 引自水利风景区建设管理网站。

立、再规划建设”的景区管理方式一定程度上存在重评轻管，对景区项目建设、运营活动等刚性约束不够，未建立景区复核、退出等动态管理机制，需要通过修订办法，补充、完善和调整水利风景区规划、建设、认定、管理等制度，满足新阶段水利风景区高质量发展需要。

问：《办法》主要内容是什么？

答：《办法》共 6 章 35 条，包括总则、规划与建设、申报与认定、运行管理、监管管理、附则。第 1 条至第 5 条，规定了制定办法的目的和依据、适用范围、指导思想、管理体制、工作机制。第 6 条至第 12 条，规定了规划分类、总体规划、建设规划、规划标准、景区建设、信息化建设。第 13 条至第 16 条，规定了分级认定、国家水利风景区申报基本条件和申报程序、省级水利风景区认定、变更事项办理。第 17 条至第 26 条，规定了标识管理、运行管理、监测信息、水利科普和水文化宣教、水文化遗产保护与利用、安全管理、禁止行为、经费。第 27 条至第 33 条，规定了景区监管、自查、复核、重点抽查和专项检查、撤销、宣传、法律责任。第 34 条至第 35 条为附则，规定了实施细则、施行日期与相关文件废止。

问：与原《办法》相比，修订的《办法》主要有什么变化？

答：新《办法》较原《办法》增加了 16 条，涉及的内容更加丰富。原《办法》主要侧重水利风景区设立，以评促管，对设立后景区监督管理没有明确要求，运行管理内容偏少。修订后的《办法》新增了水利风景区建设与管理工作指导思想，明确了维护河湖健康美丽、满足人民对美好生活需要的功能定位，增加了工作机制，调整水利风景区管理方式为“先规划、后建设、达到标准后再认定”，完善了景区规划、建设、管理与利用内容，新增了复核、检查和撤销等监督管理条款。

问：水利风景区建设与管理的指导思想是什么？

答：《办法》明确，水利风景区建设与管理以习近平新时代中国特色社会主义思想为指导，贯彻落实习近平总书记“节水优先、空间均衡、系统治理、两手发力”治水思路和关于治水重要讲话指示批示精神，以推动新阶段水利高质量发展为主题，以维护河湖健康生命为主线，坚守安全底线，科学保护和综合利用水利设施、水域及其岸线，传承弘扬水文化，为人民群众提供更多优质水生态产品，服务幸福河湖和美丽中国建设。

问：《办法》对水利风景区工作的管理体制和工作机制如何规定的？

答：按照统一组织、分级管理的要求，《办法》在原有基础上，进一步明确了水利部、流域管理机构和地方水行政主管部门在水利风景区建设与管理中承担的职责；指出水利部指导全国水利风景区建设与管理工作，水利部在国家确定的重要江河、湖泊设立的流域管理机构指导所管辖范围内的水利风景区建设与管理工作，县级以上地方水行政主管部门指导本行政区域内所管辖的水利风景区建设与管理工作；新增工作机制，在吸取地方实践经验基础上，提出水利风景区建设与管理应当在政府统筹协调下，充分利用河长制湖长制平台，发挥各部门资源优势，建立部门协同、社会参与的工作机制。

问：水利风景区规划管理有哪些变化？

答：科学合理的规划是保护和利用好水利风景资源的前提和保障，也是促进水利风景区健康发展的基本依据。原《办法》中仅规定了单个水利风景区规划要求，未对全国或区域水利风景区总体发展进行统筹考虑，水利风景区发展缺乏统筹谋划和整体性推进。从地方实践和成效看，编制水利风景区总体规划有利于与江河流域规划等水利规划做好衔接，有利于融入地方经济社会发展全局，实现水利风景区与农业农村、生态环境、文化旅游等工作融合。为此，《办法》新增水利风景区总体规划，将单个景区的规划调整为水利风景区建设规划，明确水利风景区规划包括水利风景区总体规划和水利风景区建设规划。同时，规定了总体规划和建设规划的编制主体和审批程序，明确水利部负责组织编制和审批全国水利风景区总体规划，省级水行政主管部门负责组织编制和审批本行政区域的水利风景区总体规划，并报水利部备案。水利风景区建设规划由水利风景区管理机构负责组织编制，水行政主管部门审查，按程序报批，并报上一级水行政主管部门备案；省级水行政主管部门或者流域管理机构直接管理的水利风景区，其建设规划由水利风景区管理机构负责组织编制，报省级水行政主管部门或者流域管理机构审批。删除了规划编制单位资质要求。

问：《办法》对水利风景区建设有哪些具体要求？

答：一是明确了水利风景区建设的刚性约束。规定水利风景区建设应当按照批复的水利风景区建设规划实施，有关建设项目应当依法履行相关行政许可和管理程序。

二是明确了水利风景区建设应当完善基础设施，体现水文化内涵。结合新建、改建、扩建水利工程，河湖综合治理、水土流失综合防治和绿色小水电、移民村落等建设，完善安全、文化、服务等设施。结合世界灌溉工程遗产、国家水利遗产、水利法治宣传教育基地、国家水土保持科技示范园区、国家水情教育基地、节水教育社会实践基地等，建设水利知识普及和教育设施、水文化展示场所。

三是明确了水利风景区应当建立和完善信息化和智能管理设施，建立信息档案和监测数据库。

问：《办法》对水利风景区申报和认定有哪些新要求？

答：一是明确了分级认定主体。国家水利风景区由水利部认定，省级水利风景区由省级水行政主管部门认定。

二是明确了水利风景区申报基本条件。规定申报国家或者省级水利风景区，应当完成景区涉及的河湖管理范围和水利工程管理与保护范围划定，无水事违法行为以及河湖“四乱”（乱占、乱采、乱堆、乱建）等突出问题，水利工程设施无重大安全隐患。申报国家水利风景区，一般需认定为省级水利风景区二年以上。

三是明确了水利风景区申报程序。申报国家水利风景区，由水利风景区管理机构向省级水行政主管部门提出申请，附具景区所在市县人民政府出具的意见。省级水行政主管部门依照水利风景区评价标准审核后，连同申报材料一并转报水利部认定。省级水行政主管部门或者流域管理机构直接管理的水利风景区，由水利风景区管理机构提出申请，经省级水行政主管部门或者流域管理机构依照水利风景区评价标准审核后，报水利部认定。

问：《办法》对水利风景区运行管理新增哪些要求？

答：一是细化了运行管理具体要求。明确水利风景区的运行管理应当服从水旱灾害防御、水资源利用和调度，并遵守水利工程设施管理、水资源保护、河湖管理、水土保持、水污染防治等规定。水利风景区管理机构应当建立并完善管理与保护制度，合理划分功能分区，落实管护措施，明确管理责任。在水利风景区内开展游憩观光、文化体验等活动应当符合有关规定，不得对水利工程设施、水资源水环境、河湖水域岸线、水土保持等造成不利影响。

二是新增了安全管理条款。规定水利风景区管理机构应当加强景区公共安全与应急管理，编制突发公共事件应急预案，建立健全安全管理制度。水利风景区管理机构应当在游览路线沿线设置路标、指示牌等标识。在不宜对公众开放区域的显著位置，应当设置安全警戒标识并落实管控措施；在对公众开放的区域，应当设置安全警示牌并设立必要的安全防护设施，定期对安全防护设施进行检查和维护，确保防护设施正常使用，及时排除安全隐患。同时完善了水利风景区内禁止从事的活动。

三是新增标识管理。水利风景区经认定后，应当在显要位置设置水利风景区标志。标志内容应当包括水利风景区标识、水利风景区名称、认定时间、范围以及水利设施、水治理成效、河湖水情、水文化等相关说明。

四是新增水利科普和水文化宣教、水利遗产保护与利用条款。明确水利风景区管理机构应当加强对水利风景区内水利遗产调查、保护与利用，建立并完善水利遗产档案和数据库，明确保护重点，制定保护措施，充分挖掘水利遗产时代价值，凸显水文化元素，创新水利遗产利用方式。

问：《办法》对加强水利风景区监督管理有哪些新规定？

答：一是明确了监管主体。规定县级以上水行政主管部门和流域管理机构应当建立健全监督管理制度，按照管理权限对水利风景区开展监督检查，充分利用数字化、网络化、智能化技术手段加强对水利风景区动态监管。

二是新增自查、复核、重点抽查和专项检查要求。规定了国家水利风景区管理机构应当按要求每年开展自查，并向水利部报送自查报告。水利部组织流域管理机构或者省、自治区、直辖市水行政主管部门对认定五年以上的国家水利风景区开展复核。根据工作需要，水利部不定期对国家水利风景区开展重点抽查和专项检查。

三是新增国家水利风景区撤销条款。规定了因水利设施、水域及其岸线功能调整等原因，不符合原认定条件的国家水利风景区，由水利部予以撤销并向社会公告。经复核、重点抽查或者专项检查发现不符合原认定条件的国家水利风景区，由水利部责令限期整改；逾期未整改或者整改不到位的，由水利部予以撤销并向社会公告。

问：贯彻落实《办法》有哪些具体要求和安排？

答：一是做好新《办法》的宣贯工作。水利部景区办将牵头组织开展《办法》宣贯工作，通过网络、新闻媒体、举办培训班等多种形式进行宣传，全面准确理解《办法》修订的内容和目的，统一认识，更新观念，把握要点，加快推进新阶段水利风景区高质量发展。

二是完善新《办法》的配套制度。加快制定出台《关于推动水利风景区高质量发展的指导意见》，加快修订《水利风景区评价规范》《水利风景区规划编制导则》等技术规范，为《办法》顺利实施提供支撑。同时，鼓励各级水行政主管部门加强顶层设计，因地制宜出台本地区水利风景区管理办法或者实施细则，制定标准，构建全国水利风景区建设与管理制度体系。

三是推进新《办法》的贯彻落实。以《办法》出台为契机，指导各级水行政主管部门和流域管理机构增强责任意识，履行好职责，认真抓好贯彻落实，及时总结推广《办法》实施过程中的好经验好做法，引导各地规范推进水利风景区建设发展。

2.《关于推动水利风景区高质量发展的指导意见》的官方解读：维护河湖健康生命助力水美中国建设推动新阶段水利风景区高质量发展

为充分发挥水利设施功能、维护河湖健康生命，推动新阶段水利风景区高质量发展，水利部景区办根据新颁布的《水利风景区管理办法》和《水利部关于加强河湖水域岸线空间管控的指导意见》《水利部关于加快推进水文化建设的指导意见》《“十四五”水文化建设规划》等文件，组织起草了《关于推动水利风景区高质量发展的指导意见》（以下简称《指导意见》），日前已由水利部印发。

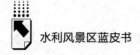

问：制定和印发《指导意见》的必要性是什么？

答：一是维护河湖健康生命、满足人民对美好生活新期待的必然需求。进入新发展阶段，人民群众对优美的河湖生态环境需求日益增长。水利风景区作为建设幸福河湖的重要举措，有必要通过制定《指导意见》，指导各地进一步筑牢底线思维，依法依规、科学合理保护和利用水利风景资源，充分发挥水利风景区资源和生态优势，为人民群众提供更多优质的休闲、游憩、文化、教育等活动空间和服务，进一步享受青山常在、绿水长流、鱼翔浅底的美好生活；二是坚定文化自信、传承弘扬水文化的必然需求。水利风景区在传承弘扬水文化、开展水情教育、展示水利成就、弘扬水利精神等方面具有得天独厚的优势。为此，有必要通过制定《指导意见》，指导各地进一步提升水利风景区的水利工程文化品位，完善水文化设施，创新水利遗产保护与利用方式，强化治水实践的经验与成效展示，为水利部门增强文化自觉、树立文化自信、提升软实力提供重要平台。三是实现水利风景区高质量发展的必然需求。对标新阶段水利高质量发展要求，水利风景区发展质量、发展效率和发展动力都有待提高，有必要研究新对策、制定新举措，明确新阶段水利风景区发展总体要求、主要任务、保障措施，为实现新阶段水利风景区高质量发展提供制度保障。

问：《指导意见》的主要内容是什么？

答：《指导意见》主要包括总体要求、重点任务和保障措施 3 个部分。明确了 4 个方面的 9 项重点任务。在完善水利风景区总体布局方面，要推动水利风景区风光带和集群发展，建设一批特色鲜明的国家水利风景区。在加强水利风景区保护与利用方面，要提升文化内涵，完善水利风景区绿色安全服务设施，提升智慧服务水平。在强化水利风景区监督管理方面，要落实景区管理责任，强化监督管理。在加强水利风景区品牌建设和价值实现方面，要强化品牌建设，探索推动水利风景区水生态产品价值实现。

问：《指导意见》提出水利风景区高质量发展的指导思想是什么？

答：以习近平新时代中国特色社会主义思想为指导，深入贯彻习近平生态文明思想和习近平总书记“节水优先、空间均衡、系统治理、两手发力”

治水思路及关于治水重要讲话指示批示精神，完整、准确、全面贯彻新发展理念，加快构建新发展格局，统筹发展和安全，加强水利设施和水域岸线保护，强化水文化建设，在确保水利工程安全平稳运行、功能完全发挥的前提下推动水利风景区高质量发展，满足人民日益增长的美好生活需要。

问：《指导意见》提出新阶段水利风景区高质量发展应坚持的基本原则有哪些?

答：一是坚持生态优先、安全发展。践行绿水青山就是金山银山的理念，以资源环境为刚性约束，科学合理保护与利用水利风景资源，确保水利工程安全，维护河湖健康生命，守牢安全底线；二是坚持目标导向、服务民生。牢固树立以人民为中心的发展理念，为人民群众提供更多文化、休闲、游憩空间，提高人民群众获得感、幸福感、安全感；三是坚持依法依规、有序发展。强化法治思维，依法依规利用水利设施和水域岸线，加强水利风景区全生命周期管理，推动协调发展、有序发展，着力提高水利风景区发展质量；四是坚持水利特色、彰显文化。立足流域系统性，依托水利设施，突出水利特色，提升文化内涵，打造高质量水利风景区品牌，助力水利高质量发展。

问：《指导意见》提出了怎样的发展目标?

答：到2025年，完善水利风景区总体布局，建立健全水利风景区管理制度体系，监管能力得到明显提升；推动水利风景区风光带和集群发展，新建100家以上国家水利风景区，推广50家高质量水利风景区典型案例，水利风景区发展质量整体提升，使水利风景区成为幸福河湖、水美中国建设的突出亮点。

到2035年，水利风景区总体布局进一步优化，发展体制机制进一步完善，综合效益显著增强，更好地满足人民日益增长的美好生活需要，使水利风景区成为幸福河湖的重要标识、生态文明建设的水利名片。

问：《指导意见》对完善水利风景区总体布局是如何安排的?

答：一是推动水利风景区风光带与集群发展。以河流水系为轴线，水利工程、湖泊为载体，统筹上下游、左右岸水利风景资源，串联河流水系沿线不同特色景区，形成水利风景区风光带。结合国家战略和区域战略，重点在长江两岸、黄河沿岸、大运河沿线、南水北调工程沿线等推出一批国家水利风景区，发展水利风景区风光带。以区域为单元，结合水网建设，串联区域内河、湖、库、渠、塘等水利风景资源，发展水利风景区集群。

二是建设一批特色鲜明的国家水利风景区。结合重大水利工程建设，统筹水利风景资源，着力推动建设一批特色鲜明的国家水利风景区。在风景资源丰富、生态环境优良的大中型水库重点打造一批水库型水利风景区；在中东部河湖资源丰富、河网密集区域重点打造水清岸绿、环境优美的河湖型水利风景区；在长江中下游、黄河上中游、淮河流域、东部平原等大中型灌区分布密集地区重点打造具有田园风光、乡村特色的灌区型水利风景区；在长江流域上游、黄河流域上中游、松辽流域黑土分布区、滇桂黔石漠化片区等地区重点打造自然景观特色鲜明、文化科普内涵丰富的水土保持型水利风景区。

问：《指导意见》对加强水利风景区保护与利用提出了哪些意见?

答：一是提升文化内涵。要充分挖掘水利工程文化内涵，突出其文化功能和时代价值。开展水利风景区水利遗产资源调查，加强水利遗产和古代水利工程遗迹的保护与利用。在水利工程规划、设计、建设中融入水文化和当地人文元素，充分挖掘红色资源、廉洁文化，合理利用已有建筑、既有设施和闲置场所，开展文化、科普、教育等活动，推出一批传承红色基因的水利风景区名录。鼓励在国家水利风景区建设水情教育基地、水利科普教育基地、水利法治宣传教育基地、节水教育社会实践基地、水土保持科技示范园等。

二是完善绿色安全服务设施。在水利风景区内推广使用先进节水技术、节水器具和绿色低碳交通工具。污水集中处理达标排放，鼓励污水再生利用。严格执行水利工程设施安全运行、水旱灾害防御、水资源水生态保护、河湖管理等法律法规和规定，完善安全防护设施，因地制宜推进健身步道、休闲绿道、亲水平台等建设，为人民群众提供身边的休闲游憩空间。

三是提升智慧服务水平。搭建和完善国家水利风景区动态监管平台，加强对河湖水质、生态流量、水生态环境监测。推动物联网、大数据、云计算、区块链、人工智能、数字孪生等现代信息技术在景区服务中的应用，促进景区服务线上线下融合，及时发布水利风景区环境质量和服务等信息。鼓励高质量水利风景区率先推行智慧管理。

问：《指导意见》对强化水利风景区监督管理提出了什么要求？

答：一是落实景区管理责任。流域管理机构和地方各级水行政主管部门要进一步核实景区范围，明确涉及的河湖管理范围和水利工程管理与保护范围。水利风景区管理机构要进一步明确景区管理和运营主体责任边界，建立责任体系，完善管理制度和安全应急预案，落实安全保障措施和管理责任。

二是强化监督管理。建立水利风景区监督管理体系，完善激励约束机制，严把入口关，强化事中事后监管。水利部负责水利风景区监督指导，组织开展复核、重点抽查和专项检查。制定复核工作方案，落实退出机制。对因水利设施、水域及其岸线功能调整，不符合原认定条件的国家水利风景区，或者存在影响行洪安全、侵占水库库容及河湖岸线、发生侵害河湖健康生命行为的国家水利风景区，依法依规予以摘牌并全国通报。流域管理机构和地方各级水行政主管部门负责落实监督管理责任，按照管理权限对水利风景区开展复核和监督检查。

问：《指导意见》对加强水利风景区品牌建设和价值实现提出了怎样的意见？

答：一是强化品牌建设。开展高质量水利风景区遴选，持续开展“水美中国”品牌赛事活动，打造品牌标杆。通过各类媒体媒介、线上线下，推广景区高质量发展经验与成效。各地要利用自身优势资源，通过重大活动节点和各类媒介平台，深入开展系列宣传活动，提高水利风景区知名度、美誉度和社会影响力。

二是探索推动水利风景区水生态产品价值实现。开展水利风景区水生态产品价值实现机制试点，提出水生态产品清单，开展水生态产品价值评估，研究水利风景区水生态产品价值实现的路径，推进“水利风景区+”融合发展。鼓励水利风景区通过生态产品认证、生态标识等方式培育具有水利特色的生态产品区域公用品牌，提升水生态产品价值。积极推进水利风景区多元化投融资机制创新，挖掘水利风景区优势资源和水生态产品价值，拓展水利风景区市场融资途径，吸引社会资本参与水利风景区建设与管理。

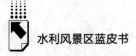

问：下一步相关工作有什么考虑?

答：为推动《指导意见》落地见效，下一步综合事业局将加快修订《水利风景区评价规范》《水利风景区规划技术导则》等技术规范，编制《国家水利风景区复核工作规程》，组织各流域管理机构和省级水行政主管部门对国家水利风景区进行复核，持续做好高质量水利风景区典型案例推介，积极探索建立水利风景区生态产品价值清单等工作，为《指导意见》顺利实施提供支撑。

附录五　国家水利风景区高质量发展典型案例及第二批重点推介名单

2022 年国家水利风景区高质量发展典型案例名单

序号	隶属	景区名称	备注
1	黄委(1)	兰考黄河水利风景区	
2	江苏(2)	江苏南京市玄武湖水利风景区	
3		江苏泰州引江河水利风景区	
4	浙江(1)	建德新安江—富春江水利风景区	
5	福建(1)	福建南靖土楼水乡水利风景区	
6	江西(1)	江西峡江水利枢纽水利风景区	
7	山东(1)	山东聊城位山灌区水利风景区	
8	湖北(1)	襄阳市三道河水镜湖水利风景区	
9	四川(2)	四川都江堰水利风景区	
10		四川米易迷易湖水利风景区	
11	陕西(1)	陕西汉中市石门水利风景区	
12	新疆(1)	新疆天山天池水利风景区	

第二批国家水利风景区高质量发展典型案例重点推介名单

序号	隶属	景区名称	备注
1	四川	四川都江堰水利风景区	
2	黄委	兰考黄河水利风景区	
3	长江委	丹江口大坝水利风景区	2021 年典型案例
4	江西	江西峡江水利枢纽水利风景区	
5	山东	山东聊城位山灌区水利风景区	
6	江苏	江苏淮安三河闸水利风景区	2021 年典型案例
7	浙江	建德新安江—富春江水利风景区	
8	陕西	陕西汉中市石门水利风景区	
9	湖北	襄阳市三道河水镜湖水利风景区	
10	福建	福建永春桃溪水利风景区	2021 年典型案例

资料来源：根据水利部景区办网站资料收集整理。

附录六　红色基因水利风景区名录

行政隶属(数量)	景区名称	备注
长江委(2)	丹江口大坝水利风景区	国家级
	陆水水库水利风景区	国家级
黄委(4)	济南百里黄河水利风景区	国家级
	山东菏泽黄河水利风景区	国家级
	河南台前将军渡黄河风景区	国家级
	兰考黄河水利风景区	国家级
太湖局(1)	吴江太湖浦江源水利风景区	国家级
北京(1)	十三陵水库水利风景区	国家级
河北(1)	邢台前南峪生态水利风景区	国家级
内蒙古(3)	乌兰浩特洮儿河水利风景区	国家级
	巴彦淖尔黄河三盛公水利风景区	国家级
	巴彦淖尔二黄河水利风景区	国家级
吉林(2)	长春市净月潭水库水利风景区	国家级
	临江鸭绿江水利风景区	国家级
江苏(5)	江都水利枢纽水利风景区	国家级
	淮安三河闸水利风景区	国家级
	盐城大纵湖水利风景区	国家级
	宿迁宿城古黄河水利风景区	国家级
	夹谷山水利风景区	省级
浙江(2)	建德新安江—富春江水利风景区	国家级
	衢州信安湖水利风景区	国家级
安徽(2)	阜南王家坝水利风景区	国家级
	六安横排头水利风景区	国家级
福建(4)	长汀水土保持科教园水利风景区	国家级
	泉州惠女水库水利风景区	省级
	莆田东圳水库水利风景区	省级
	漳州龙江颂歌水库水利风景区	省级

续表

行政隶属(数量)	景区名称	备注
江西(4)	井冈山市井冈湖水利风景区	国家级
	崇义客家梯田水利风景区	国家级
	峡江水利枢纽水利风景区	国家级
	宜黄县观音山水库水利风景区	省级
山东(3)	聊城位山灌区水利风景区	国家级
	金乡羊山湖水利风景区	国家级
	沂蒙红色影视基地水利风景区	省级
河南(1)	林州红旗渠水利风景区	国家级
湖北(4)	武汉江滩水利风景区	国家级
	荆州北闸水利风景区	国家级
	襄阳市三道河水镜湖水利风景区	国家级
	武穴梅川水库水利风景区	国家级
湖南(2)	湘潭韶山灌区水利风景区	国家级
	芷江和平湖水利风景区	国家级
广东(1)	广州白云湖水利风景区	国家级
广西(1)	桂林灌阳“红色沃土・幸福灌江”水利风景区	省级
海南(1)	儋州松涛水库水利风景区	国家级
四川(2)	会理仙人湖水利风景区	国家级
	石棉安顺场水利风景区	省级
陕西(1)	黄河壶口瀑布水利风景区	国家级
甘肃(3)	景电水利风景区	国家级
	民勤红崖山水库水利风景区	国家级
	迭部白龙江腊子口水利风景区	国家级

资料来源：根据水利部景区办网站资料收集整理。

附录七 “60秒看水美中国”专题活动评选获奖名单

奖项	标题	景区名称	作者单位
一等奖（3个）	水美中国　水韵江苏	江苏省水利风景区集锦	江苏省水利厅
	歌中仙境　梦里水乡	湖南永州金洞白水河水利风景区	金洞管理区河长制工作委员会办公室
	宿建德江	浙江建德新安江—富春江水利风景区	浙江省建德市水利局
二等奖（5个）	水美秦淮	江苏南京外秦淮河水利风景区	江苏省秦淮河水利工程管理处
	滇中画卷·明月湖水利风景区	云南九乡明月湖水利风景区	昆明市河（湖）长制工作领导小组办公室
	水美中国　诗画西海	江西庐山西海水利风景区	庐山西海风景名胜区管理委员会
	水美王家厂	湖南王家厂水利风景区	湖南澧县王家厂水库管理处
	水美中国·绿意海口	海南海口美舍河水利风景区	海口市河长制办公室
三等奖（12个）	丹山奇景锦水牵——韶关丹霞源水利风景区	广东韶关丹霞源水利风景区	韶关市河长办
	引滦明珠潘家口	河北迁西潘家口水利风景区	水利部海河水利委员会引滦工程管理局
	富水湖美百鸟飞	湖北通山富水湖水利风景区	湖北省富水水库管理局
	山清水秀九鹏溪	福建漳平九鹏溪水利风景区	漳平市河长制办公室
	江河安澜荡漾美好生活	浙江海宁钱江潮韵度假村水利风景区	嘉兴市杭嘉湖南排工程盐官枢纽管理所

续表

奖项	标题	景区名称	作者单位
三等奖（12个）	60秒看水美中国-水韵胥·浦·塘	江苏苏州胥·浦·塘水利风景区	苏州市水利工程管理处
	天湖锁钥安民生湖清河晏润江淮	江苏淮安三河闸水利风景区	江苏省三河闸管理所
	幸福河新汴河	安徽宿州新汴河水利风景区	灵璧县全面实施河长制办公室
	水之城-乌兰浩特	内蒙古乌兰浩特洮儿河水利风景区	乌兰浩特市水利局
	与水共舞	贵州绥阳双门峡水利风景区	遵义市河长制办公室
	水美玉湖	广东茂名玉湖水利风景区	茂名市河长办
	兴安灵渠	广西桂林灵渠水利风景区	兴安县河长办
优秀奖（40个）	邢襄古水韵，魅力七里河	河北邢台七里河水利风景区	邢台市七里河建设管理中心
	诗意大圣湖，幸福一方人	江苏连云港花果山大圣湖水利风景区	连云港市市区水工程管理处
	江南风物镜中看	江苏金坛愚池湾水利风景区	常州市金坛区愚池湾水利风景区管理处
	水美陆水	湖北陆水水库水利风景区	长江水利委员会陆水试验枢纽管理局
	60秒看水美中国-旺山水利风景区	江苏苏州旺山水利风景区	苏州市吴中区水务局
	江苏省泰州引江河风景区	江苏泰州引江河水利风景区	江苏省泰州引江河管理处
	60秒看水美中国	湖南边城茶峒水利风景区	花垣县河长办
	水美考亭——考亭水利风景区	福建南平考亭水利风景区	考亭水利风景区（南平市建阳区旅游发展有限公司）
	湘江源头美如画	湖南蓝山湘江源水利风景区	蓝山县水利局
	钟灵毓秀大别山源清流洁东淠河	安徽六安佛子岭水库水利风景区	霍山县河长办
	水美青龙潭	江苏常州青龙潭水利风景区	常州市城市防洪工程管理处（青龙潭水利风景区管理中心）
	红旗渠风景区欢迎您	河南红旗渠水利风景区	红旗渠风景区
	铜都翡翠-天井湖	安徽铜陵天井湖水利风景区	铜陵九鼎传媒

续表

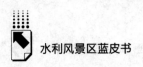

奖项	标题	景区名称	作者单位
优秀奖（40个）	江淮中流，手绘枢纽	江苏淮安水利枢纽水利风景区	江苏省灌溉总渠管理处
	绿水长流	福建华安九龙江水利风景区	华安县河长办
	60秒看最美青龙湖	安徽宁国青龙湾水利风景区	宁国市水利局
	水韵赤山湖	江苏句容赤山湖水利风景区	句容市赤山湖管理委员会
	淄博黄河水利风景区	山东淄博黄河水利风景区	山东黄河河务局淄博黄河河务局
	天然明镜，一汪深情	江苏昆山明镜荡水利风景区	昆山市水务局
	佛山市顺德区乐从水利风景区	广东佛山乐从水利风景区	佛山市顺德区乐从镇河长制工作领导小组办公室
	遇见滏阳河，我在磁县等你	河北衡水滏阳河水利风景区	河北省邯郸市磁县河湖长制办公室
	光武帝重游壶口	陕西黄河壶口瀑布水利风景区	陕西黄河壶口文化旅游发展有限责任公司
	幸福河湖魅力曲阳	保定易水湖水利风景区	河北省保定市曲阳县产德镇人民政府
	水韵护城河	山东惠民古城河水利风景区	惠民县河长制办公室
	醉美龙河口	安徽六安龙河口（万佛湖）水利风景区	舒城县河长办
	看燕赵水利风景区	河北省水利风景区集锦	河北省河湖长制办公室
	水美月城	江苏江阴芙蓉湖水利风景区	江阴市水利局
	水美方与圆	福建南靖土楼水乡水利风景区	南靖县河长办
	氿见灵湖　福至一方	江苏阳羡湖水利风景区	宜兴市油车水库管理所
	水美淠史杭	安徽横排头水利风景区	安徽省淠史杭灌区管理总局
	水美江滩	湖北武汉江滩水利风景区	武汉市江滩管理办公室
	“河长制”守护下的“醉美”岱仙湖	福建德化岱仙湖水利风景区	德化县河长制办公室 德化县水口镇人民政府
	醉美丰都龙河	重庆丰都龙河谷水利风景区	重庆市丰都县龙河示范河湖建设办丰都县河长办公室

续表

奖项	标题	景区名称	作者单位
优秀奖（40个）	水美八马醉游人	江西新余八马水利风景区	江西省新余市八马水利风景区
	幸福河湖入画来	河北迁西滦水湾水利风景区	迁西县河长制办公室
	陶都宜兴　醉氧竹海	江苏宜兴竹海水利风景区	无锡市竹海公园服务有限公司
	亲清横山水　饮水当思源	江苏宜兴横山水库水利风景区	宜兴市横山水库管理所
	梯子坝国家水利风景区	山东梯子坝水利风景区	邹平黄河河务局
	新疆喀什吐曼河国家水利风景区宣传短片	新疆喀什吐曼河水利风景区	喀什市水利局
	河畅、水美，幸福河湖	福建省水利风景区集锦	福建省水利风景区建设管理办公室
优秀组织奖（10个）	江苏省水利厅		
	广东省水利厅		
	河北省水利厅		
	苏州市河长办		
	安阳市河长制办公室		
	广安市河长制办公室		
	黔南州河湖长制办公室		
	苏州市姑苏区河长办		
	黄山市徽州区水利局		
	红旗渠风景区		

资料来源：根据水利部景区办网站资料收集整理。

附录八　水利风景区微信公众号一览表

公众号显示水利风景区				
序号	名称	注册时间	发布内容（数量）	发布单位
1	福建省水利风景区协会	2015年3月	帮助公众更多地了解福建省内的水利风景区（共发布224条消息）	福建省水利风景区协会
2	湖北省水利风景区	2017年6月	每周推送湖北水利风景区最新资讯（共发布482条消息）	湖北省水利经济管理办公室
3	江苏省水利风景区协会	2021年8月	保护会员权益，实现行业自律；搭建宣传平台，共享交流渠道；引导行业发展，加强文化教育；传递政策导向，营造良好生态（共发布84条消息）	江苏省水利风景区协会
4	国家水利风景区发展研究中心	2020年1月	开展水利风景区规划建设、经营管理及水生态文明规划建设、水利旅游等方面的理论研究和实践探索工作，为解决水利风景区和水生态文明建设面临的重大理论和技术问题提供智力支持（共发布1条消息）	南宁师范大学
5	水利风景区	2016年10月	加强水利风景区建设与管理，是落实科学发展观，促进人与自然和谐相处，构建社会主义和谐社会的需要（共发布1497条消息）	中水风景（北京）旅游资源开发有限公司
6	水利风景区综合服务平台	2017年10月	综合计算机、互联网、大数据等技术，帮助水利风景区管理者整合景区资源，让景区、游客二位一体，打造景区整体名片，实现景区宣传、品牌推广、景区咨询等功能，同时丰富水利风景区市场服务的内容，提高效率和水平（共发布7条消息）	北京水木泽鼎科技有限公司
7	水利风景区规划	2018年11月	介绍国内外水利风景区建设规划相关的资讯（共发布4条消息）	上海沐生科技有限公司

续表

公众号显示水利风景区				
序号	名称	注册时间	发布内容（数量）	发布单位
8	德岭山水库国家水利风景区	2017年6月	德岭山水库国家水利风景区（共发布19条消息）	内蒙古绿野山水生态农业开发有限公司
9	曹魏故都水利风景区	2017年8月	为游客了解曹魏故都许昌、曹魏故都水利风景区提供最有价值、可靠、实用的出游信息，更好地服务游客（共发布16条消息）	许昌市河湖水系水源调度中心（许昌市曹魏故都水利风景区服务中心）
10	三盛公水利风景区	2017年6月	发布景区动态信息、全方位介绍景区运营情况、开展宣传促销活动（共发布27条消息）	巴彦淖尔市三盛公旅游开发有限公司
11	兰考黄河水利风景区	2018年5月	发布风景区工作动态（共发布0条消息）	兰考县水利局
12	千层河水利风景区	2018年6月	搜索岚皋好玩地，网罗各路美食，还有神田草原、巴山湫池、千层河景区导览介绍及出游指南（共发布4条消息）	岚皋县旅游集团有限责任公司
13	盘锦饶阳湖水利风景区	2019年3月	旅游接待；信息咨询；旅游产品开发销售（共发布488条消息）	盘锦绕阳湖旅游发展有限公司
14	汾河二库国家水利风景区	2021年4月	为广大游客提供最新、最快的旅游咨询（共发布10条消息）	山西汾河二库管理有限公司
15	察尔森水库水利风景区	2021年5月	及时掌握景区最新动态、趣闻报道、优惠信息、教育科普、自然景观摄影作品；了解国家水利风景区法律法规条文等相关资讯（共发布22条消息）	科右前旗新源水电工程有限责任公司
16	兴隆水利风景区	2021年6月	为游客提供智慧旅游服务，发布景区公告，通知等信息；用于网络推广；回复公众咨询（共发布2条消息）	潜江市南水北调工程建设管理局
17	永春桃溪水利风景区管理委员会	2021年10月	景点介绍，定期发布景区信息、旅游信息、美景美图、小城故事分享（共发布2条消息）	永春县河务服务中心
18	中运河宿迁枢纽水利风景区	2022年3月	主要展示景区建设与管理内容；宣传水利知识及水文化；弘扬新时代水利精神（共发布5条消息）	骆马湖水利管理局宿迁水利枢纽管理局

续表

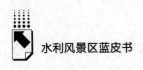

序号	名称	注册时间	发布内容(数量)	发布单位
公众号显示水利风景区				
19	浙江龙泉瓯江源龙泉溪水利风景区	2022年4月	集山水生态游赏、乡野水韵度假、古城文化休闲于一体的水利风景区(共发布3条消息)	龙泉市河湖管理站
20	娄星区高灯河水利风景区管委会	2022年7月	娄星区高灯河水利风景区介绍(共发布3条消息)	娄底市娄星区双江水库管理所(娄星区高灯河水利风景区管理中心)
21	山东菏泽黄河水利风景区	2022年11月	上起东明高村、下至鄄城董口,全长50公里,面积100平方公里,2011年被水利部命名为国家级水利风景区,为自然河湖类。划分为一带三区的百里景区,结合治河历史文化,赋予四点一基地红色内涵,实现融合多元化(共发布1条消息)	山东黄河河务局菏泽黄河河务局
公众号简介显示水利风景区				
序号	名称	注册时间	发布内容(数量)	发布单位
1	石河子市桃源旅游区	2013年9月	国家4A级景区、国家水利风景区、全国乡村旅游示范点、全国休闲农业旅游示范点(共发布592条消息)	石河子西部新丝路旅游开发有限公司桃源农业生态旅游区
2	江西龟峰旅游	2014年2月	世界自然遗产、世界地质公园、国家级风景名胜区、国家5A级旅游景区、国家森林公园、国家级水利风景区,华东旅游经济圈上的一颗璀璨明珠(共发布2700条消息)	上饶市龟峰旅游产业发展有限公司
3	德兴市凤凰湖景区	2014年4月	国家3A级景区,国家级水利风景区(共发布491条消息)	德兴市凤凰湖景区管理委员会
4	红旗渠旅游	2015年4月	国家5A级旅游景区,国家水利风景区、全国爱国主义教育示范基地、全国廉政教育基地、全国研学旅游示范基地、国家水情教育基地(共发布911条消息)	林州市红旗渠风景区旅游服务有限责任公司

续表

公众号简介显示水利风景区				
序号	名称	注册时间	发布内容(数量)	发布单位
5	北京青龙峡	2015年4月	国家4A级景区、国家水利风景区(共发布278条消息)	北京市青龙峡旅游度假有限责任公司
6	宿州市新汴河景区	2015年8月	集观光、休闲、健身、娱乐、旅游于一体的综合性旅游风景区(共发布302条消息)	宿州市新汴河景区管理服务中心
7	南湾湖	2016年2月	国家4A级风景区、国家森林公园、国家水利风景区(共发布563条消息)	信阳市南湾湖风景旅游发展有限公司
8	金湖荷花荡景区	2016年5月	国家4A级旅游景区、国家水利风景区和全国知名的赏荷目的地(共发布399条消息)	江苏金湖绿莲生态旅游发展有限公司
9	金龙峡风景区	2016年6月	国家4A级旅游景区,国家水利风景区,提供一站式综合服务(共发布条122消息)	西安金龙峡风景区旅游有限公司
10	陇南晚霞湖景区	2016年6月	国家4A级旅游景区、国家水利风景区(共发布345条消息)	陇南晚霞湖景区管委会
11	南京玄武湖景区	2016年9月	国家4A级旅游景区,国家水利风景区,国家重点公园,被誉为城市客厅(共发布2660条消息)	南京市玄武湖公园管理处
12	扬州运河三河湾景区	2016年12月	世界文化遗产、国家4A级旅游景区、国家水利风景区,了解景区最新动态(共发布569条消息)	扬州三湾投资发展有限公司
13	重庆大足龙水湖旅游度假村	2017年4月	依托龙水湖国家级水利风景区,集观光、体验、休闲、疗养于一体的旅游度假区(共发布248条消息)	重庆财信龙水湖旅游文化发展有限公司
14	武陟县嘉应观景区管理局	2017年9月	万里黄河第一观、全国重点文物保护单位、国家4A级旅游景区、国家级水利风景区,提供景区信息资讯、交流互动、在线体验与订购服务(共发布325条消息)	武陟县嘉应观景区管理局
15	江西天柱峰景区	2018年1月	景区包括天柱峰国家森林公园和九龙湖国家水利风景区两部分(共发布114条消息)	铜鼓汴景旅游运营管理有限公司

续表

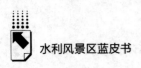

公众号简介显示水利风景区				
序号	名称	注册时间	发布内容(数量)	发布单位
16	紫鹊界梯田景区	2018 年 2 月	全球重要农业文化遗产、世界灌溉工程遗产、国家自然与文化遗产、国家级风景名胜区、国家水利风景区、国家 4A 级旅游景区(共发布 397 条消息)	新化县紫鹊界风景名胜旅游开发有限公司
17	瑞金罗汉岩景区	2018 年 3 月	国家 4A 级景区、国家风景名胜区、国家水利风景区,景区服务咨询,门票、商品销售(共发布 89 条消息)	瑞金市旅游开发投资有限公司
18	寿光巨淀湖景区	2018 年 6 月	首批国家湿地旅游示范基地、国家 4A 级景区、国家水利风景区,了解景区最新票务和游览信息(共发布 231 条消息)	山东巨淀文化旅游发展有限公司
19	南京珍珠泉旅游度假区	2018 年 11 月	国家 4A 级旅游景区、国家级水利风景区(共发布 1078 条消息)	南京珍珠泉旅游经营有限公司
20	我在常德柳叶湖	2019 年 5 月	认证主体为柳叶湖国家水利风景区管理处,走进眼前的诗与远方,饱览湖光山色,感受浪漫风情(共发布 1511 条消息)	常德柳叶湖旅游度假区中心景区管理处(柳叶湖国家水利风景区管理处)
21	金乡羊山景区	2020 年 7 月	国家 4A 级景区、国家国防教育示范基地、全国爱国主义教育基地、全国红色旅游经典景区、全国重点文物保护单位、全国重点烈士纪念建筑物保护单位、国家级水利风景区(共发布 1 条消息)	金乡羊山景区运营管理有限公司
22	淮安市洪泽湖古堰景区	2021 年 9 月	世界物质文化遗产、国家 4A 级景区、国家级水利风景区、全国重点文物保护单位(共发布 2 条消息)	淮安洪泽湖古堰景区旅游管理有限公司
23	上游湖风景区	2021 年 11 月	国家水利风景区、国家 3A 级旅游景区,主要承担工程管理、建设、维护及灌区灌溉等工作动态、景区风景、党建群团、职工风采等信息发布(共发布 37 条消息)	高安市上游水库工程管理局
24	浮龙湖旅游度假区	2021 年 12 月	国家 4A 级旅游景区、国家水利风景区、国家湿地公园(共发布 12 条消息)	单县浮龙湖投资开发有限公司

资料来源：根据各地、各景区微信公众号资料收集整理。

Abstract

2022 is an important year for the implementation of the "14th Five-Year Plan", and special plans such as the "14th Five-Year Plan Water Security Plan" "14th Five-Year Plan Water Culture Construction Plan", and "14th Five-Year Plan Water Science and Technology Innovation Plan" have clarified the relevant work tasks of Water Parks. This book takes the basic situation and main work carried out in the development of China's Water Parks in 2022 as the research object, summarizes the main work carried out by water conservancy departments at all levels in the aspects of system construction, planning implementation, supervision and management, communication and publicity, personnel training, platform construction, etc., and in-depth promotion of high-quality development of Water Parks. The Water Park has made great progress in the aspects of ecology, economy, society and culture. In 2022, water conservancy departments at all levels have adapted to the development requirements of the new era and accumulated development experience in establishing incentive mechanisms for scenic spots, cracking funding problems for scenic spot construction, optimizing integrated development paths, mining cultural connotations, and polishing brand construction. Focusing on the development situation of compre-hensively promoting the construction of water conservancy infrastructure, reviving the ecological environment of rivers and lakes, promoting cultural self-confidence and self-improvement, and accelerating the construction of digital China, it is proposed that the development of Water Parks in the new stage should actively respond to the national strategy, rely on the advantages of water resources, give play to the comprehensive service function of the water conservancy industry, strengthen the construction of cultural connotation, improve the intelligent operation, and innovate the investment and financing mechanism. Effectively maintain the healthy life of rivers and lakes, help the construction of happy rivers and lakes, and let the masses of people enjoy together the latest achievements of high-quality water conservancy development.

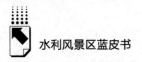

Development Report Water Park in China (*2023*) The book focuses on the interpretation of management methods of Water Parks in the new stage, the realization path of high-quality development of Water Parks in the new stage, the assessment of the development status of national Water Parks in the Yellow River Basin, and the investment and financing innovation mode of development and management of water conservancy scenic resources in the new stage. It carries out in-depth research from the theoretical level, and proposes that the overall planning should be carried out in the new stage to promote the strategic layout of Water Parks. To further improve the planning system, shape the brand of Water Parks, strengthen supervision and management, that the local should be combined with the actual situation, as soon as possible to introduce relevant Water Parks management measures, create a new situation of high-quality development of Water Parks with their own characteristics. The evaluation index system of the current situation of national Water Park in the Yellow River Basin, which includes 3 objectives, 11 criteria and 41 indicators, is constructed, and high-quality development countermeasures and suggestions are put forward to improve the top-level design, improve the development quality of the scenic area, and optimize the management mechanism of the scenic area. In view of the existing investment and financing models and main problems in the development and management of water conservancy landscape resources, this paper puts forward an investment and financing innovation model that broadens the channel of financial capital investment, strengthens the strength of bank and enterprise capital investment, and makes reasonable use of various financial instruments.

The book summarizes the typical practice and experience of construction management in Jiangxi Province, Lishui City in Zhejiang Province, Lankao Yellow River Water Park, Taihu Pujiangyuan Water Park, Xiangyang Sandaohe Shuijinghu Water Park, Shanghai Pudong New Area Dishui Lake Water Park and Wugang Shimantan Reservoir Water Park.

Development Report Water Park in China (*2023*) is divided into four parts:

general report, special reports, development reports of typical provinces and scenic areas, appendix.

Keywords: Water Parks; High-quality Development; Brand-building; Happy Rivers and Lakes

Contents

Ⅰ General Report

Abstract: 2022 is the year of the 20th Party National Congress, and it is also a key year for promoting the implementation of the "14th Five-Year Plan". The report analyzes the development status of Water Parks in 2022 from the perspective of national strategy and industry needs, and it summarizes the main work carried out by Ministry of Water Resources at all levels in system construction, planning implementation, supervision and management, communi-cation and publicity, and the development results achieved in ecology, economy, societyand culture, letc. Development experience in the establishment of scenic incentive mechanism, solve the problem of scenic spot construction funds, optimize the integrated development path, excavate cultural connotation, polishing brand construction. Focusing on comprehensively promoting the construction of water conservancy infrastructure, Recovery the ecological environment of rivers and lakes, promoting cultural confidence and self-improvement, and accelerating the construction of digital China and other development situation, it is proposed that the development of Water Parks in the new stage should actively respond to the national strategy, rely on the advantages in water resources, give play to the comprehensive service function of the water conservancy industry, strengthen the construction of cultural connotation, improve the intelligent operation, and innovate the investment and financing mechanism.

Keywords: Water Parks; High-quality Development; Brand Image

Ⅱ Special Reports

B.2 Interpretation of Water Park Management Measures in the New Stage

Abstract: In order to adapt the requirements of promoting high-quality development of Water Parks in the new development stage, the Ministry of Water Resources revised the "Management Measures for Water Parks" in 2022. This report analyzes the background of the revision of the management methods of Water Parks, and proposes that in the new development stage, the planning system should be further improved, supervision and management should be strengthened, and brand image should be improved. The local government should combine the actual situation andpublish relevant management methods of Water Parks as soon as possible to provide institutional guarantee for the high-quality development of Water Parks in the new development stage.

Keywords: Water Park; Management Approachs; High-quality Development

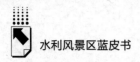

B.3 The Realization Path of the High-quality Development of Water Park in the New Stage

Wu Yining, Wu Dianting, Kong Lili, Qiu Ying, Yang Shuo, Xiang Zheng and Yang Wei / 048

Abstract: The high-quality development of Water Parks in the new stage is an inevitable requirement to meet the people's growing needs for a better life. The paper analyzes the background of high-quality development of Water Parks, and proposes that the high-quality development of Water Parks in the new stage should be overall planning to overall promotion of anchoring the strategic layout of Water Parks, culture leads the green development to shaping the brand of Water Parks, strengthen supervision and management to improve the system construction of Water Parks; All localities should combine the local reality to create a new situation of high-quality development of Water Parks with their own characteristics.

Keywords: Water Park; High-quality Development; Water Culture Construction

B.4 Evaluation of the Development Status of National Water Park in the Yellow River Basin

Zhao Min, Han Lingjie, Li Junlin, Zhao Peng and Wu Zhaodan / 059

Abstract: This report constructs the evaluation index system for the development status of the National Water Park in the Yellow River Basin, and takes 2021 as the evaluation base year to evaluate the development status of the scenic area. According to the evaluation results, the results and existing problems of the development of scenic spots are analyzed, According to the connotation requirements of high quality development, and the influencing factors of high quality development of scenic spots are analyzed. Guided by high-quality development goals and combined with national key strategic needs, this paper puts forward countermeasures and suggestions for high-quality development of scenic spots in the new stage. The evaluation index system of national Water Park in the Yellow River basin can provide reference for the evaluation of other river basins and local Water Parks. The proposed high-quality development countermeasures and suggestions can provide reference for the high-quality development of the National Water Park in the Yellow River Basin, and can also provide reference for the development of other regional Water Parks in China, promote the two-way transformation of "green water and green mountains" and "Jinshan and silver mountains", and promote the implementation of the national strategy of ecological protection and high-quality development of the Yellow River basin.

Keywords: The Yellow River Basin; Water Parks; High-quality Development

Abstract: The development and management of water scenic resources is an important way to practice the "two mountains" theory and promote the High-quality development of water conservancy and the Chinese-style modernization construction in the new development stage. However, hydro-scenic resources have a certain public welfare, and the development and utilization of such resources are still insufficient, and the corresponding profit potential has not been fully utilized. In addition, the current domestic and foreign economic environment is still unstable and uncertain factors, making the development and management of hydro-scenic resources face certain financing difficulties, and it is urgent to innovate the corresponding investment and financing mode. It sorts out the existing investment and financing modes and the main problems in the development and management of water conservancy landscape resources, analyzes the opportunities faced by the investment and financing reform in the new development stage, and explores the innovation mode of investment and financing.

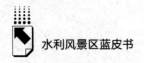

Keywords: Water Scenic Resources; Investment and Financing; REITs

Ⅲ Development Reports of Typical Provinces and Scenic Areas

Abstract: The river network in Jiangxi Province is dense, the water system is developed, and the water conservancy projects are spread all over the place, which creates rich water conservancy scenery resources. In practicing the "two mountains" theory, promoting rural revitalization, inheriting and promoting water culture, Jiangxi Province has innovatively explored the construction and management practice of Water Parks through a series of measures such as top-level design, demonstration leadership, and brand creation. The report system sorted out the development status, development results and basic experience of Jiangxi Water Parks, studied and judged the main problems currently existing, and proposed to strengthen the inheritance of water culture, expand investment and financing channels, strengthen brand publicity, and further promote the High-quality development of Jiangxi Water Park.

Keywords: Water Parks; Water Scenic Resources; Water Culture; Jiang Xi

Abstract: The development of Lishui Water Park in Zhejiang Province is based on the local good ecological advantages and deep cultural deposits, innovative ideas, active practice of the concept of "two mountains", and sing the "praise of Lishui" to help rural revitalization. Lishui City has the first Graduated Incubation Mechanism (GIM) of municipal Water Park in China, taking the lead in breaking the industry boundaries and exploring the path of water tourism integration; Take the lead in the whole chain planning, overall consideration, and high standard planning, transform ecological advantages into economic advantages, transform ecological resources into ecological capital, realize the transformation of ecological value, enhance the comprehensive value of the scenic spot, and explore a new path for the High-quality development of Water Parks.

Keywords: Graduated Incubation Mechanism (GIM); Integrated Development of Water and Tourism; Ecological Product Value; Li Shui

Abstract: The Lankao Yellow River Water Park is built based on the East dam head of the Yellow River in Lankao and the waters of the Yellow River. It is a natural river-lake scenic spot and was recognized as a national Water Park by the Ministry of Water Resources in 2021. The scenic spot is located in Lankao, the last bend of the Yellow River, with a unique geographical position, with many historical relics such as the Tongwaxiang Breach major diversion site, Nanbeizhuang 1933 breach site, and Siming Tang two breaches of the Old gate. The construction of the scenic spot adheres to the deep integration of the three colors of "red, yellow and green", takes green as the background color and red as the spirit, integrates the Yellow River culture, makes overall use of the "culture +" integration thinking, and is committed to building Lankao's unique historical and cultural advantages into a comprehensive benefit display highland integrating water ecology, water culture, water rule of law and water economy. Form a new situation of High-quality development that protects the ecology of the Yellow River, inherits the culture of the Yellow River, and integrates red research and learning, so that the Yellow River will become a happy river that benefits the people.

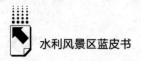

Keywords: Water Parks; Yellow River Culture; Red Culture; Harmonious Coexistence of River and Land; Lan Kao

B.9 Taihu Lake Pujiangyuan Water Park Development Report

Abstract: Taihu Lake Pujiangyuan Water Park is a natural river and lake scenic spot built based on the East Taihu Lake, Taihu Lake levee, Taipu Gate project and the natural river green space on the lake bank. Since it was identified as a national Water Park by the Ministry of Water Resources in 2011, the scenic area has actively practiced the concept of green development, coordinated and promoted the construction management, enlarged and strengthened the brand of cultural characteristics, and continuously expanded the investment channels. Through a series of measures, the scenic area has built the most beautiful shore line of Taihu Lake, improved the functional quality of urban and rural areas, improved the cultural base of the scenic area, stimulated the endogenous vitality of the scenic area, and promoted the integration of water conservancy, culture and tourism. Drive the economic development of the territory and help rural revitalization.

Keywords: Water Parks; Tntegration of Water Conservancy and Cultural Tourism; Rural Revitalization

Abstract: Xiangyang Sandaohe Shuijing Lake Water Park is built on the basis of Sandaohe Reservoir (Shuijing Lake) and Changqu (Baiqi Canal) and other projects and Located in Nanzhang, Xiangyang with a long history, the allusions of "Baiqi Baibaiyan", "Bian He Xian Yu" and "Water mirror recommended Zhuge" were all derived from this. In 2005, the Ministry of Water Resources granted it the National Water Park, which belongs to the reservoir Water Park and has the characteristics of irrigation area.. At present, the scenic spot has built a spatial pattern of "one core (three rivers mirror lakes) and four districts (the first channel in China-Baiqi Canal, Boshille primary and secondary school students' research camp, three national scenic spots Shuijingzhuang, Tianchi Mountain ecological health Area)". In recent years, the scenic spot is closely linked to the two major themes of landscape ecology and cultural science popularization, committed to carrying forward water culture, protecting water ecology, building happy rivers and lakes, helping rural revitalization, and creating good economic, social and ecological benefits for the local area, drawing a beautiful ecological picture of "clear water, green shore, beautiful scenery, and people", which has become the benchmark model of High-quality development of national Water Parks.

Keywords: Water Park; Mountain-Water Ecology; Cultural Popularization; Happy River and Lake; Shuijing Lake Water Park

Abstract: Dishui Lake Water Park in Pudong New Area of Shanghai relies on the construction of Dishui Lake water area and water conservancy facilities. In 2009, it was identified as a national Water Park by the Ministry of Water Resources, and it is an urban river and lake water park. The water park has promoted water conservancy construction according to local conditions and created a river layout model of "one lake, four streams and seven streams" integrating water conservancy, ecology and cultural landscape characteristics. Give full play to the linkage role of cultural hotels and urban operation and maintenance business sectors to promote the construction of water culture; Promote the system construction of water protection, constantly explore the practical feasibility of water management according to law, and create the most dynamic world-class coastal open space around the lake and urban river-lake national water park benchmark. Dishui Lake Water Park is a vivid example of urban development and ecological civilization in harmony with people and water.

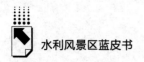

Keywords: Water Park; Urban River-Lake; Water Culture; Port City Development; Dishui Lake Water Park

B.12 Development Report of Shimantan Reservoir Water Park in Wugang city, Henan Province

Wu Yining, Xia Yan and Huang Shiying / 161

Abstract: Wugang Shimantan Reservoir Water Park, relying on the construction of Shimantan reservoir, has a beautiful ecological environment, unique water conservancy history, belongs to the reservoir type Water Park. Since it was identified as a national Water Park by the Ministry of Water Resources in 2001, through the organic combination of high-level planning, scenic spot construction and water conservancy projects, fully tap water conservancy historical events, create a water conservancy eco-tourism brand integrating "75 · 8" water culture, patriotic education, landscape tourism, sports and other functions, and explore the "exquisite stone Flood Beach" management mode. Form an innovative model of integrated development of scenic area and city.

Keywords: Water Parks; Water Culture; Inte-gration of Scenic Area and City; Shimantan Reservoir

皮书

智库成果出版与传播平台

✧ 皮书定义 ✧

皮书是对中国与世界发展状况和热点问题进行年度监测，以专业的角度、专家的视野和实证研究方法，针对某一领域或区域现状与发展态势展开分析和预测，具备前沿性、原创性、实证性、连续性、时效性等特点的公开出版物，由一系列权威研究报告组成。

✧ 皮书作者 ✧

皮书系列报告作者以国内外一流研究机构、知名高校等重点智库的研究人员为主，多为相关领域一流专家学者，他们的观点代表了当下学界对中国与世界的现实和未来最高水平的解读与分析。截至 2022 年底，皮书研创机构逾千家，报告作者累计超过 10 万人。

✧ 皮书荣誉 ✧

皮书作为中国社会科学院基础理论研究与应用对策研究融合发展的代表性成果，不仅是哲学社会科学工作者服务中国特色社会主义现代化建设的重要成果，更是助力中国特色新型智库建设、构建中国特色哲学社会科学“三大体系”的重要平台。皮书系列先后被列入“十二五”“十三五”“ 十四五”时期国家重点出版物出版专项规划项目；2013~2023 年，重点皮书列入中国社会科学院国家哲学社会科学创新工程项目。

皮书网

（网址：www.pishu.cn）

发布皮书研创资讯，传播皮书精彩内容
引领皮书出版潮流，打造皮书服务平台

栏目设置

◆ **关于皮书**

何谓皮书、皮书分类、皮书大事记、皮书荣誉、皮书出版第一人、皮书编辑部

◆ **最新资讯**

通知公告、新闻动态、媒体聚焦、网站专题、视频直播、下载专区

◆ **皮书研创**

皮书规范、皮书选题、皮书出版、皮书研究、研创团队

◆ **皮书评奖评价**

指标体系、皮书评价、皮书评奖

◆ **皮书研究院理事会**

理事会章程、理事单位、个人理事、高级研究员、理事会秘书处、入会指南

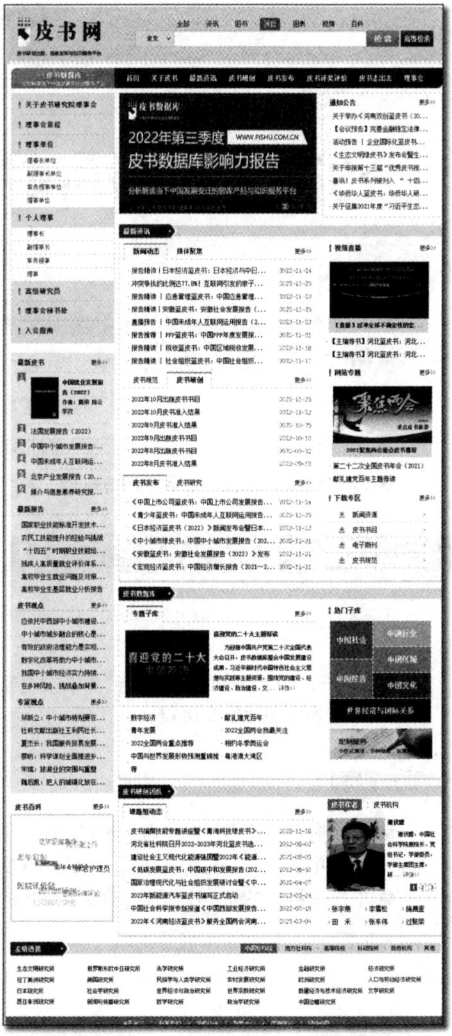

所获荣誉

◆ 2008 年、2011 年、2014 年，皮书网均在全国新闻出版业网站荣誉评选中获得“最具商业价值网站”称号；

◆ 2012 年，获得“出版业网站百强”称号。

网库合一

2014年，皮书网与皮书数据库端口合一，实现资源共享，搭建智库成果融合创新平台。

皮书网　　“皮书说”微信公众号　　皮书微博

S 基本子库
UB DATABASE

中国社会发展数据库（下设 12 个专题子库）

紧扣人口、政治、外交、法律、教育、医疗卫生、资源环境等 12 个社会发展领域的前沿和热点，全面整合专业著作、智库报告、学术资讯、调研数据等类型资源，帮助用户追踪中国社会发展动态、研究社会发展战略与政策、了解社会热点问题、分析社会发展趋势。

中国经济发展数据库（下设 12 专题子库）

内容涵盖宏观经济、产业经济、工业经济、农业经济、财政金融、房地产经济、城市经济、商业贸易等12个重点经济领域，为把握经济运行态势、洞察经济发展规律、研判经济发展趋势、进行经济调控决策提供参考和依据。

中国行业发展数据库（下设 17 个专题子库）

以中国国民经济行业分类为依据，覆盖金融业、旅游业、交通运输业、能源矿产业、制造业等 100 多个行业，跟踪分析国民经济相关行业市场运行状况和政策导向，汇集行业发展前沿资讯，为投资、从业及各种经济决策提供理论支撑和实践指导。

中国区域发展数据库（下设 4 个专题子库）

对中国特定区域内的经济、社会、文化等领域现状与发展情况进行深度分析和预测，涉及省级行政区、城市群、城市、农村等不同维度，研究层级至县及县以下行政区，为学者研究地方经济社会宏观态势、经验模式、发展案例提供支撑，为地方政府决策提供参考。

中国文化传媒数据库（下设 18 个专题子库）

内容覆盖文化产业、新闻传播、电影娱乐、文学艺术、群众文化、图书情报等 18 个重点研究领域，聚焦文化传媒领域发展前沿、热点话题、行业实践，服务用户的教学科研、文化投资、企业规划等需要。

世界经济与国际关系数据库（下设 6 个专题子库）

整合世界经济、国际政治、世界文化与科技、全球性问题、国际组织与国际法、区域研究 6 大领域研究成果，对世界经济形势、国际形势进行连续性深度分析，对年度热点问题进行专题解读，为研判全球发展趋势提供事实和数据支持。

法律声明